中国特色哲学社会科学
“三大体系”研究丛书

主编 权 衡 王德忠

新时代中国特色社会主义法治基本问题研究

姚建龙 李建伟 等◎著

上海人民出版社

本书由上海社会科学院智库建设基金会资助研究出版

总　序

发挥国家高端智库优势　推动“三大体系”建设

2016年5月17日，习近平总书记在哲学社会科学工作座谈会上发表重要讲话，从坚持和发展中国特色社会主义必须高度重视哲学社会科学，坚持马克思主义在我国哲学社会科学领域的指导地位，加快构建中国特色哲学社会科学以及加强和改善党对哲学社会科学工作的领导四个方面，全面系统阐释和深刻回答了进入新时代，坚持和发展中国特色社会主义为什么要构建当代中国哲学社会科学体系，怎样构建具有中国特色、中国风格、中国气派的哲学社会科学等一系列重大理论和实践问题。这是一篇体现马克思主义立场观点和方法、闪耀着真理之光的讲话，是新时代繁荣和发展中国特色哲学社会科学的纲领性文件。为响应习近平总书记关于构建中国特色哲学社会科学、推动“三大体系”建设讲话精神，上海社会科学院组织专家学者深入学习习近平总书记讲话精神，开展我国哲学社会科学学科体系、学术体系、话语体系“三大体系”研究阐释工作。

科学把握中国特色哲学社会科学“三大体系”建设的重大意义

习近平总书记在讲话中明确指出，哲学社会科学是人们认识世界、改造世界的重要工具，是推动历史发展和社会进步的重要力量，其发展水平反映了一个民族的思维能力、精神品格、文明素质，体现了一个国家的综合国力和国际竞争力。习近平总书记还强调，一个没有发达的自然科学的国家不可能走在世界前列，一个没有繁荣的哲学社会科学的国家也不可能走在世界前列。新形势下，我国哲学社会科学地位更加重要、任务更加繁重，要按照立足中国、借鉴国外，挖掘历史、把握当代，关怀人类、面向未来的思路，着力构建中国特色哲学社会科学，不断推进学科体系、学术体系、话语体系建设和创新。我们认为，为实现以上目标，必须科学理解和把握中国特色哲学社会科学与“三大体系”建设的重要内涵。

构建彰显中国自主知识体系的哲学社会科学。当前，世界正处于百年未有之大变局，我国正处于实现中华民族伟大复兴的关键时期。习近平总书记强调：“面对快速变化的世界和中国，如果墨守成规、思想僵化，没有理论创新的勇气，不能科学回答中国之问、世界之问、人民之问、时代之问，不仅党和国家事业无法继续前进，马克思主义也会失去生命力、说服力。”进入新时代，我们要坚持以习近平新时代中国特色社会主义思想为指导，坚持把马克思主义基本原理同中国具体实际相结合、同中华优秀传统文化相结合，正本清源、守正创新，立足中国实践，形成中国理论，在回答中国之问、世界之问、人民之问、时代之问中，构建彰显中国自主知识体系的哲学社会科学。

聚焦“三大体系”是构建中国特色哲学社会科学的重要内容和方向。坚持和发展中国特色社会主义，需要加快构建中国特色哲学社会科学。构建中国特色哲学社会科学，要坚持马克思主义理论的指导地位，立足于中国发展实践，学习借鉴国外哲学社会科学积极成果，更好形成学科建设、学术研究与社会实践发展紧密结合、融为一体的新局面，为加快构建具有中国特色哲学社会科学学科体系、学术体系、话语体系注入新动力和活力。

形成“三大体系”有机统一、相互支撑、共同发展的学科发展新路径。在推动学科体系、学术体系、话语体系建设中，要坚持学科体系是基础、学术体系是核心，话语体系是表述，三者是一个有机统一、不可分割、相互支撑、共同发展的整体。要进一步夯实和健全我国哲学社会科学发展的学科体系和学术体系，把马克思主义理论学科做大做强，把基础学科做扎实，把优势学科巩固好，把新兴学科、冷门学科、特色学科、交叉学科等发展好。要推动习近平新时代中国特色社会主义思想系统化、学理化研究，把党的创新理论成果与“三大体系”建设融会贯通，深入挖掘新思想蕴含其中的哲理、道理和学理。要聚焦新时代中国改革开放和创新发展实践，突出问题导向，加快理论提炼和总结概括，构建中国自主知识体系的学科体系、学术体系和话语体系。

要加快提升中国国际传播能力建设，深化国际传播理论体系建设和实践创新发展，讲好中国故事，传播好中国声音，向世界展示真实、立体、全面的中国。

在国家高端智库工作中推动“三大体系”建设

为深入贯彻落实习近平总书记关于加快构建中国特色哲学社会科学的重要讲话精神和上海市委关于推动上海哲学社会科学大发展大繁荣的战略工作部署，近年来，上海社会科学院立足作为综合性人文社会科学研究机构的学科特色优势和国家高端智库优势，持续推动党的创新理论系统化、学理化研究，持续深化我国和上海发展的重大理论和现实问题研究。

我们注重发挥学科综合优势和国家高端智库优势，不断推动学科发展和智库建设，加快推动中国特色哲学社会科学建设。特别是2023年以来，结合主题教育和大调研活动，进一步发挥国家高端智库优势，加快推动中国特色哲学社会科学学科体系、学术体系、话语体系研究和建设。

一是面对复杂的国际国内环境，必须加快构建中国特色哲学社会科学体系。当前，我国正处于复杂的国际国内发展环境下，解决意识形态巩固的问题、各种思想交锋的问题、经济社会发展的问题、深层次矛盾和风险挑战的问题及全面从严治党的问题，都迫切需要哲学社会科学更好发挥作用。当今中国正日益走向世界舞台中央，中国的思想学术和文化也必须跟上来，不能落后，也不能缺席。这就必须依赖于中国特色哲学社会科学提供有力支撑。

二是建设中国特色哲学社会科学要正确理解学科体系、学术体系、话语体系三者之间关系。哲学社会科学体系是学科体系、学术体系和话语体系的有机统一，其中学科体系是基础、学术体系是核心，话语体系则是表达呈现。近年来，上海社会科学院坚持学科发展与智库建设“双轮驱动”战略，努力推进建设一流的“智库型学府、学府型智库”，坚持和发展马克思主义，立足中国国情与中国优秀传统文化，积极吸收国外哲学社会科学的有益资源，服务中国实践、构建中国理论，努力将党的创新理论成果和重要思想、重要主张等转化为知识话语、研究范式、学术理论，建构中国自主知识体系，融通国内外的新概念、新范畴、新表述，形成更大国际传播力和影响力。

三是发挥国家高端智库优势和实施大调研，把“三大体系”建设与中国实践、中国经验、中国理论的提炼总结相结合。当前中国哲学社会科学体系的构建，必须持续从我国经济社会发展的实践中挖掘新材料、发现新问题、总结新经验，要加强对改革开放和现代化建设的观点总结和理论提炼，这是中国特色哲学社会科学发展的着力点。上海社会科学院在近些年的理论研究和学科建设中，努力发挥国家高端智库的优势，广泛推动社会调研活动，注重从我国改革发展实践中挖掘新材料、发现新问题、提出新观点、构建新理论，注重对习近平新时代中国特色社会主义思想的系统化研究和学理化阐释，形成我国哲学社会科学的特色和优势，在学界推动建设具有领先水平和较强影响力的学科体系、学术体系和话语体系。

四是努力构建系统性和专业性相统一的学科体系、学术体系和话语体系。在“三大体系”建设中，必须重视系统性和专业性相统一。其中，系统性从理论逻辑、历史逻辑及实践逻辑三大逻辑把握。理论逻辑是在顶层设计中坚持和发展马克思主义基本原理，深化拓展马克思主义理论研究和党的创新理论成果的研究阐释；历史逻辑体现在必须更好地传承中华优秀传统文化和思想体系，提出并展现体现中国立场、中国智慧、中国价值的理念、主张和方案；实践逻辑是要求立足于实际发展并解决实际问题。从三大逻辑出发，我院坚持以马克思主义为指导，聚焦十八大以来党的创新理论成果和经济社会发展现实问题，注重学科前沿和学科交叉等研究方法，努力构建中国特色的学科、学术和话语体系。在专业性方面，上海社会科学院设有 17 个研究所，学科门类齐全，传统学科基础好，新兴学科布局早，特色学科发展快，拥有一批学科建设的领军人才，在谋划和推进构建中国特色哲学社会科学方面，也具备较为扎实的基础。

五是在“三大体系”建设中培育更多高水平哲学社会科学人才。推动哲学社会科学大发展大繁荣，关键要素还是人才。中国特色哲学社会科学事业是党和人民的重要事业，构建中国特色哲学社会科学是一项极为繁重的系统科学工程，需要广大哲学社会科学工作者在坚持党的领导、坚持和发展马克思主义的基础上，不断开拓学术研究、倡导先进思想、引领社会风尚。作为“智库型学府、学府型智库”，上海社会科学院在大调研基础上，积极稳妥推进科研管理体制机制改革和优化，加快建立和完善符合新时代哲学社会科学发展规律、体现上海社会科学院优势特色、有利于出高质量成果和高水平人才的科研管理体制机制。

以学科发展与智库建设“双轮驱动”推动“三大体系”建设

上海社会科学院创建于1958年，是新中国最早建立的社会科学院，也是上海唯一的综合性人文和社会科学研究机构。成立65年来，上海社会科学院为我国哲学社会科学的繁荣发展作出了积极贡献。

党的十八大以来，在上海市委和市委宣传部的领导下，上海社会科学院守正创新、勇毅前行，加强哲学社会科学大发展，在理论创新研究、服务决策咨询、人才队伍建设、引导主流舆论等方面取得了丰硕成果。

2023年，上海社会科学院认真开展主题教育工作，组织专家学者深入学习党的二十大报告提出的一系列新思想、新观点、新论断，深入研究阐释习近平总书记关于加快构建中国特色哲学社会科学的重要讲话精神，进一步聚焦党的创新理论，注重基础研究与应用研究融合发展、相互促进，注重系统化研究、学理化阐释和学术化表达，全院以构建中国特色哲学社会科学自主知识体系为聚焦点，以中国实践为出发点，以理论创新为着力点，在全国率先开展哲学社会科学“三大体系”建设。院党委举全院之力、聚全院之智，17个研究所齐上阵，全面、完整、系统开展有组织研究；我们也邀请部分全国和上海知名专家一起参与研究，撰写完成了中国特色哲学社会科学“三大体系”研究丛书。这是当前对推动我国哲学社会科学“三大体系”建设和研究做的一次有益探索，以期为促进我国哲学社会科学繁荣发展作出自己的贡献。

衷心希望我院科研工作者在建设社会主义现代化国家新征程中，牢记嘱托、砥砺前行，为不断开创我国哲学社会科学大发展大繁荣的崭新局面作出更大贡献。

上海社会科学院党委书记、研究员　权　衡

上海社会科学院院长、研究员　王德忠

2023年8月

作者简介（以执笔章节为序）

姚建龙，上海社会科学院法学研究所所长、研究员、博士生导师，习近平法治思想研究中心、党内法规研究中心主任，受聘为国务院妇儿工委办、最高人民法院、最高人民检察院、共青团中央等相关领域咨询专家，以及上海市重大行政决策咨询论证专家、市政府立法专家、市教委法律顾问、浦东新区区委区政府（中国（上海）自由贸易试验区管委会）法律咨询专家等。近年来主持国家级及省部级课题十余项，承担国家部委、地方省市委托课题三十余项，在《中国法学》等期刊发表论文200余篇，出版个人著作10余部，获得全国未成年人思想道德建设工作先进工作者、全国杰出青年法学家提名奖、上海市十大杰出青年、上海市十大优秀中青年法学家、上海市曙光学者等荣誉。

段占朝，上海社会科学院法学研究所党内法规研究中心执行主任，习近平法治思想研究中心助理研究员，上海政法学院党内法规研究中心特约研究员。主要研究方向为党内法规学、习近平法治思想。在《社会科学》《政治与法律》《观察与思考》《广西社会科学》等期刊发表党内法规学方面的学术论文近20篇，多篇论文被《中国社会科学文摘》、人大复印报刊资料、《高等学校文科学术文摘》转载。参与编写10余部专著章节，主持或参与国家级、省部级课题和横向课题十多项。

彭辉，上海社会科学院法学研究所研究员，上海市法学会法社会学研究会副秘书长，中国法学会立法学研究会理事，上海社会科学院创新工程（第二轮）创新团队首席专家（2021—2025），上海社会科学院创新工程青年创新人才（2014—2018）。先后在加拿大不列颠哥伦比亚大学法学院，香港大学法学院，德国马克斯—普朗克知识产权法、竞争法研究所进行访问交流。研究领域为司法改革、法社会学等。出版专著5部，在《比较法研究》《现代法学》《法学》《东方法学》《行政法学研究》等期刊发表论文30余篇，主持国家级课题2项、省部级课题10余项。相关研究成果获得“第十一届上海市决策咨询研究成果奖”一等奖等。

邓少岭，上海社会科学院法学研究所副研究员、法学博士，上海市法学会法理法史学研究会副会长、中国法学会立法学研究会理事。长期研习法理学、法哲学、法文化等理论法学领域，目前研究重心为当代中国法治问题。

肖军，上海社会科学院法学研究所副研究员、法学博士，兼任中国法学会行政法学研究会理事、日本公法学会会员、上海市黄浦区人民政府法律顾问。曾留学访学于日本东京大学、一桥大学、德岛大学等。著有《日本城市规划法研究》《城市地下空间利用法律制度研究》《国家补偿法》等著作。在《法学家》《行政法学研究》等刊物上发表论文50余篇。主持国家级和省部级科研项目5项。撰写刊发专报10余篇，其中多篇得到省部级领导肯定批示。

李建伟，上海社会科学院法学研究所副所长，经济法研究室主任、研究员，兼任上海市习近平法治思想学习实践宣讲团成员、上海市市场监督管理学会副会长、上海市民营经济研究会副会长、上海市法学会国家安全法律研究会和涉外法治研究会副会长。主持“习近平新时代中国特色国家安全理论研究”“新时代国有资产管理体制改革完善研究”等课题20余项。在《法学》《政治与法律》、*European Business Law Review*等发表《把握好习近平法治思想的实践性》《总体国家安全观的理论要义阐释》等论文30余篇。出版《新时代国有企业综合改革研究》《技术创新的金融支持：理论与政策》等著作7部。

马斌，上海社会科学院法学研究所助理研究员、法学博士，主要研究领域为经济法、财产法、数据法。曾在《北大法律评论》《科学学研究》等核心期刊发表论文多篇，并参与编写专著《中华人民共和国个人信息保护法条文解读与法律适用》。参与国家社科基金项目、司法部科研项目，以及多项数据法领域的横向课题。独立主持中国法学会民法学研究会青年学者项目。

彭峰，上海社会科学院法学研究所研究员、硕士生导师，武汉大学法学博士，法国埃克斯马赛大学公法博士，法国拉罗舍尔大学法学博士后。中国法学会环境资源法学研究会常务理事，上海市浦江人才。主持国家社会科学基金青年项目“气候变化背景下碳捕捉与储存利用法律问题研究”、国家社会科学基金重点项目“长江保护立法研究”等。曾任荷兰海牙国际法学院国际关系与国际法研究中心国际环境法项目组研究人员，多次访问英国、德国、西班牙等国家学术机构。

何卫东，上海社会科学院法学研究所副研究员、法学博士，中国环境资源法学研究会理事，曾被评为上海东方讲坛优秀讲师。主要研究领域为环境资源法学。长期从事环境资源法学研究与教学工作，主讲硕士研究生《中国环境法学》《国际环境法学》等课程。先后主持国家社科基金、中国法学会、上海市哲学社会科学等国家与地方研究课题多项，承担或参与国际合作项目 2 项，多次参与国家、地方环境立法活动，获得国家留学基金项目、中加高级访问学者项目、法国外交部人文社科精英项目等资助，多次出访加拿大、法国、日本、澳大利亚等国。著有《生态环境法治实施——评估体系与实证考察》等专著；主编、参编著作及教材 10 余部，先后在专业核心等刊物上发表论文 30 余篇。

孟祥沛，上海社会科学院法学研究所研究员、法学博士。著有《中日民法近代化比较研究》《房地产法律制度比较研究》等著作，在《比较法研究》《社会科学》等期刊发表学术论文 20 余篇，在国外法学期刊发表学术论文 4 篇。日本广岛大学、美国密歇根大学等校访问学者，兼任中国民法学研究会、中国法律史学研究会理事，上海市民法典宣讲团成员。

王海峰，上海社会科学院法学研究所研究员、国际法室主任，区域经济一体化研究中心主任、国际法学科带头人，哈佛大学肯尼迪政府学院访问学者，上海市浦江人才。中国贸促会联合国贸法会观察员专家团成员；中国共产党上海市浦东新区委员会、浦东新区人民政府、中国（上海）自由贸易试验区管委会法律顾问；浦东新区人民政府、中国（上海）自由贸易试验区管委会立法专家团成员；上海仲裁协会副会长，上海法学会仲裁法学研究会副会长，世界知识产权组织（WIPO）、非洲统一商法组织（OHADA）、中国国际经济贸易仲裁委员会、上海国际经济贸易仲裁委员会（上海国际仲裁中心）、上海仲裁委员会等多家机构仲裁员；同济大学发展研究院高级研究员、上海财经大学上海国际金融中心研究院学术委员会委员；《中国世界贸易组织评论》《国际经贸治理评论》杂志编委；上市公司独立董事。在《法商研究》《法学》《国际贸易》《哈佛亚洲季刊》等国内外学术期刊发表中英文论文近百篇，专著及合著数十部，主持或参与国家哲社、教育部、上海市哲社、上海市政府决策咨询重点课题等多项，完成上海市人大、上海市政协、上海市高级人民法院、上海市商务委、上海市法学会等部门委托课题多项。

涂龙科，上海社会科学院法学研究所副所长、研究员、博士生导师。主要研究方向为经济刑法、网络刑法。兼任中国刑法学研究会理事、上海市法学会理事、最高人民检察院网络犯罪研究中心特邀研究员等，曾担任上海市杨浦区人民检察院副检察长（挂职）。在法学核心期刊等发表论文 70 余篇，出版学术著作 4 部，主持多项国家社科基金项目和省部级项目等。

陈庆安，上海社会科学院法学研究所研究员、博士生导师，法学研究所学术委员会委员。兼任中国刑法学研究会理事、中国犯罪学研究会理事。研究方向以刑法学为主，同时关注刑事诉讼法热点问题。出版个人专著 2 部、参编 4 部。主持国家社科基金项目、中国博士后科学基金项目、司法部法治建设与法学理论研究课题、最高人民检察院检察理论调研课题、上海市社科基金项目等课题 30 余项，公开发表论文 80 余篇，其中 CSSCI 来源期刊 42 篇，多篇论文被人大复印报刊资料（刑法学）全文转载。撰写的法治专报曾获得过正国家级领导人的肯定性批示。

目 录

第九章 坚持全面推进科学立法、严格执法、公正司法、全民守法

第十章 统筹推进国内法治和涉外法治

第十一章 坚持建设德才兼备的高素质法治工作队伍

第十二章 坚持抓住领导干部这个“关键少数”

后 记

序

近年来，上海社会科学院深入贯彻落实习近平总书记关于加快构建中国特色哲学社会科学的重要讲话精神和上海市委关于推动上海哲学社会科学大发展大繁荣的战略部署，围绕构建中国特色哲学社会科学学科体系，积极推进具有中国特色、中国风格、中国气派的中国特色哲学社会科学学科建设。法学研究所按照工作部署，组织本所专门力量，以习近平法治思想为指引，聚焦新时代中国特色社会主义法治基本问题研究，形成了这部著作。

习近平法治思想是新时代以来以习近平同志为核心的党中央在坚持全面依法治国、推进中国特色社会主义法治现代化的伟大实践中创立的内涵丰富、系统完备的科学理论体系，是“马克思主义法治理论中国化的新发展新飞跃”，“开辟了马克思主义法治理论中国化时代化新境界”。①习近平法治思想将马克思主义法治理论普遍原理同中国法治建设具体实践相结合、同中华优秀传统法律文化相结合，创造性回答了新时代建设中国特色社会主义国家为什么实行全面依法治国、怎样实行全面依法治国等一系列重大问题，实现了马克思主义法治理论中国化的新的历史性飞跃，是原创性的马克思主义法治理论、21 世纪的马克思主义法治理论，为深入推进新时代全面依法治国提供了根本遵循，为构建中国特色社会主义法学自主体系建设提供了行动指南。

本书坚持以习近平新时代中国特色社会主义思想为指导，重点研究新时代中国特色社会主义法治的基本问题，以推进习近平法治思想的学理化阐释、学术化表达、体系化构建，推动新时代中国特色法学学科体系、学术体系、话语体系的形成。

习近平总书记指出，坚持和发展中国特色社会主义，需要不断在实践和理论上进

① 中央全面依法治国委员会办公室：《习近平法治思想开辟马克思主义法治理论中国化时代化新境界》，载《求是》2022 年第 24 期。

行探索。本书是上海社会科学院法学研究所研究人员以习近平法治思想为指导和引领，围绕新时代党和国家法治建设发展大局，立足新时代法治实践、研究新时代法治问题、提出新时代法治方案阐释的一次重要探索，希望能对形成中国特色、中国风格、中国气派的自主法学知识体系作出积极的贡献。

姚建龙

2023 年 8 月 25 日

第一章　中国特色社会主义法治理论的历史性新飞跃

习近平法治思想是新时代以来以习近平同志为核心的党中央坚持全面依法治国，推进中国特色社会主义法治现代化的伟大实践中创立的科学理论体系。习近平法治思想内涵丰富、论述深刻、逻辑严密、系统完备，是“马克思主义法治理论中国化的新发展新飞跃”，① “开辟了马克思主义法治理论中国化时代化新境界”。② 习近平法治思想是将马克思主义法治理论同中国法治建设具体实践相结合、同中华优秀传统法律文化相结合的重大理论创新成果，③ 深刻回答了新时代为什么实行全面依法治国、怎样实行全面依法治国等一系列重大问题，实现了马克思主义法治理论中国化新的历史性飞跃，是原创性的当代中国马克思主义法治理论、21 世纪马克思主义法治理论，是习近平新时代中国特色社会主义思想的重要组成部分，是新时代推进全面依法治国的根本遵循和行动指南，是必须长期坚持的指导思想。④

第一节　建构自主法学知识体系

党和国家历来重视哲学社会科学的发展。党的十八大以来，中国特色哲学社会科学迎来了新的发展和繁荣。习近平总书记在哲学社会科学工作座谈会上明确指出，要“以我国实际为研究起点，提出具有主体性、原创性的理论观点”，“推进学科体系、学术体系、话语体系建设和创新”，“构建具有自身特质的学科体系、学术体系、话语体

---

① 王晨：《习近平法治思想是马克思主义法治理论中国化的新发展新飞跃》，载《中国法学》2021 年第 2 期。

② 中央全面依法治国委员会办公室：《习近平法治思想开辟马克思主义法治理论中国化时代化新境界》，载《求是》2022 年第 24 期。

③ 同上。

④ 栗战书：《习近平法治思想是全面依法治国的根本遵循和行动指南》，载《求是》2021 年第 2 期。

系”，[①]全面阐释了加快构建中国特色哲学社会科学“三大体系”的重要性、必要性和基本原则。2017 年，中共中央印发《关于加快构建中国特色哲学社会科学的意见》，对加快构建中国特色哲学社会科学作出全面部署。[②]2022 年，中共中央办公厅印发《国家“十四五”时期哲学社会科学发展规划》，对“十四五”时期哲学社会科学发展作出总体性规划，这也是新中国成立以来首个哲学社会科学发展规划。[③]2022 年 4 月 25 日，习近平总书记在考察中国人民大学时指出：“加快构建中国特色哲学社会科学，归根结底是建构中国自主的知识体系。”[④]习近平总书记在讲话中充分表达了对中国特色哲学社会科学的高度重视和热切期待，习近平总书记的重要讲话，为推动新时代哲学社会科学繁荣发展指明了前进方向、提供了根本遵循。

法学是哲学社会科学重要的组成学科，是关乎国家长治久安的一门重要学问。法学教育和法学理论研究承担着为法治中国建设培养高素质法治人才、提供科学理论支撑的光荣使命，在推进全面依法治国中具有重要地位和作用。[⑤]2023 年 2 月，中办、国办印发《关于加强新时代法学教育和法学理论研究的意见》，指出：“紧紧围绕新时代全面依法治国实践，切实加强扎根中国文化、立足中国国情、解决中国问题的法学理论研究，总结提炼中国特色社会主义法治具有主体性、原创性、标识性的概念、观点、理论，把论文写在祖国的大地上，不做西方理论的‘搬运工’，构建中国自主的法学知识体系。”[⑥]

2020 年 11 月召开的中央全面依法治国工作会议，正式提出习近平法治思想，并将其确立为新时代全面依法治国的指导思想。习近平法治思想是马克思主义法治理论中

---

① 习近平：《在哲学社会科学工作座谈会上的讲话》(2016 年 5 月 17 日)，载《人民日报》2016 年 5 月 19 日，第 2 版。

② 中共中央：《关于加快构建中国特色哲学社会科学的意见》，载新华网，http://www.xinhuanet.com/politics/2017-05/16/c_1120982602.htm，2023 年 4 月 16 日访问。

③《中办印发〈国家“十四五”时期哲学社会科学发展规划〉》，载《人民日报》2022 年 4 月 28 日，第 1 版。

④ 习近平：《坚持党的领导传承红色基因扎根中国大地　走出一条建设中国特色世界一流大学新路》，载《人民日报》2022 年 4 月 26 日，第 1 版。

⑤⑥ 中共中央办公厅、国务院办公厅：《关于加强新时代法学教育和法学理论研究的意见》，载《人民日报》2023 年 2 月 27 日，第 1 版。

国化的最新成果，是习近平新时代中国特色社会主义思想的“法治篇”。[①] 构建中国特色社会主义法学学科体系、学术体系和话语体系建设，建构自主法学知识体系，必须准确把握习近平法治思想的理论体系。习近平法治思想科学系统地回答了建设什么样的中国特色社会主义法学“三大体系”，怎样建设中国特色社会主义法学“三大体系”。新时代推进法学“三大体系”建设，必须坚持以习近平法治思想为引领，统筹法学学科发展、着力提升法学理论研究的自主性、增强法学话语体系的感召力。

一、不存在唯一的法治模式和法治理论

从亚里士多德算起，西方法治传统至今已经延续两千余年。在漫长的发展过程中，法治的内涵不断变得醇厚，边界不断拓展，形成了人类社会制度中最为耀眼的一颗明星。许多思想家和政治家都认为，西方世界的发达很大程度上归功于法治的实施，西方也一直宣传和推行其自有的法治思想和模式。从现今世界各国的法律制度和法律思想来看，西方法治的影响是十分广泛的。西方法治资源对世界文明进步产生了重要的作用。但是，在看到西方法治优点和成效的同时，也必须看到，资本主义制度用了300多年的努力，只解决了20多个国家和十分之一的世界人口迈进发达国家的行列，剩下160多个资本主义国家和近90%的人口仍属于发展中国家。[②] 这些国家在采取资本主义制度的同时，基本都接受了当今西方“法治样板国”的思想和体制。但是这些国家的法治文明程度却参差不齐。

孟德斯鸠曾说：“为某一国人民而制定的法律，应该是非常适合于该国的人民的；所以如果一个国家的法律竟能适合于另外一个国家的话，那只能是非常凑巧的事。”[③] 近现代以来，西方国家对全世界范围内的民族主权国家的建立、人民主权观念的形成产生了重要的影响。法治逐渐成为全人类共同的价值和追求。但这并不意味着世界各国的法治实践是亦步亦趋，仅有一种法治实践和法治模式。反而，世界因多样而精彩，文化因多元而纷呈。世界上不存在定于一尊的法治模式，也不存在放之四海而皆准的

① 《习近平法治思想研究（试用）》，中央党校（国家行政学院）教务部2022年3月编，第1页。
② 郝铁川：《开辟人类第二条法治现代化道路》，http://ycdf.jsjc.gov.cn/wenhua/201805/t20180524_427960.shtml，2023年5月15日访问。
③ ［法］孟德斯鸠：《论法的精神》（上册），张雁深译，商务印书馆1961年版，第6页。

法治道路。习近平总书记指出:“走什么样的法治道路、建设什么样的法治体系，是由一个国家的基本国情决定的。”[①] 这一重要的论断深刻揭示了法治发展规律——国情决定道路，道路决定发展方向。法治道路的探索与确立须立足于一个国家的具体国情，深刻认识到国情与法治发展道路间的内在联系，对于国家前途、民族命运及人民幸福具有重要意义。

各国国情不同，法治道路也不会相同。我国国情的特殊性，正是坚持走中国特色社会主义法治道路的旨归所在，符合我国国情的法治道路只能靠自己一步一步走出来，而我国国情既是我国法治视域不得不面对的复杂实际，亦是创新发展我国法治道路可依凭的丰厚资源。“物之不齐，物之情也。”[②] 世界各国各地区均有其自身的法治文明形态，这既是当今世界的客观形势，亦是社会历史发展的必然，法治文明的交流互鉴不应以独尊某种法治文明为前提。中国共产党自成立之日起就致力于人民当家作主，提出了关于未来国家制度的主张，并领导人民为之进行不懈斗争。新中国成立后，我们党创造性地运用马克思主义国家学说，为建设社会主义国家制度进行了不懈努力，逐步确立并巩固了新国家的国体、政体、根本政治制度、基本政治制度、基本经济制度等各项重要制度。中国特色社会主义制度不断完善，中国特色社会主义法律体系也不断健全。党的十八大以来，中国共产党领导人民推进全面深化改革，中国特色社会主义制度日趋成熟、日臻完善，推动党和国家发展事业取得历史性成就、发生历史性变革。习近平法治思想科学指明了新时代全面依法治国的正确道路。“我们推进全面依法治国，决不照搬别国模式和做法，决不走西方所谓‘宪政’、‘三权鼎立’、‘司法独立’的路子。”[③] 要真正把握中国法治道路，不能仅仅关注法律条文本身，还要对中国法律历史文化以及法治现实有深刻的研究，关注、解决、回应和总结好中国的现实问题，才能走好中国特色社会主义法治道路。

---

① 习近平:《加快建设社会主义法治国家》(2014 年 10 月 23 日)，载习近平:《论坚持全面依法治国》，中央文献出版社 2020 年版，第 110 页。

② 孟子:《孟子·滕文公上》。转引自:《物之不齐，物之情也——习近平谈治国理政中的传统文化智慧》，载共产党员网，https://www.12371.cn/2019/03/06/VIDE1551855854730877.shtml，2023 年 5 月 18 日访问。

③ 习近平:《坚定不移走中国特色社会主义法治道路　为全面建设社会主义现代化国家提供有力法治保障》，载《求是》2021 年第 5 期。

中华文明源远流长、博大精深，有着辉煌灿烂的历史，蕴含着十分丰富的智慧和资源，是中华民族独特的精神标识。贯彻中国特色社会主义法治理论，必须正确处理好汲取中华法律文化精华和借鉴国外法治有益经验的关系。[①] 要坚持马克思主义法治理论的指导，深入研究我国古代法制传统和成败得失，挖掘和传承中华法律文化精华，汲取营养、择善而用。“我国古代法制蕴含着十分丰富的智慧和资源，中华法系在世界几大法系中独树一帜。要注意研究我国古代法制传统和成败得失，挖掘和传承中华法律文化精华，汲取营养、择善而用。”[②] 习近平总书记的重要讲话对社会上存在的言法必及希腊罗马，鄙薄中国古代法的不良风气予以根本的否定，为推进新时代法治指明了方向。

新时代推进全面依法治国，须立足我国基本国情，坚持从我国实际出发，紧紧围绕我国经济社会发展需要学习借鉴各国立法经验。习近平总书记指出：“法治是人类文明的重要成果之一，法治的精髓和要旨对于各国国家治理和社会治理具有普遍意义，我们要学习借鉴世界上优秀的法治文明成果。”[③] 坚持以我为主、为我所用，认真鉴别、合理吸收，不搞“全盘西化”，不搞“全面移植”，决不照搬照抄。

鞋子合不合脚，自己穿了才知道。中国特色社会主义走什么样的法治道路、建设什么样的法治体系，是由中国的基本国情所决定的。习近平总书记指出：“世界上没有完全相同的政治制度模式，政治制度不能脱离特定社会政治条件和历史文化传统来抽象评判，不能定于一尊，不能生搬硬套外国政治制度模式。要长期坚持、不断发展我国社会主义民主政治，积极稳妥推进政治体制改革，推进社会主义民主政治制度化、规范化、程序化，保证人民依法通过各种途径和形式管理国家事务，管理经济文化事业，管理社会事务，巩固和发展生动活泼、安定团结的政治局面。”[④] 推进中国特色社会主义法治建设，必须立足于中国基本国情，扎根于中国法治实践。必须坚持党的领导，

---

① 陈训秋：《坚定不移走中国特色社会主义法治道路》，载中国人大网，http://www.npc.gov.cn/npc/c30834/202106/1393c570af2b48fea7c4dcec1cd7ee20.shtml，2023 年 5 月 21 日访问。

② 习近平：《加快建设社会主义法治国家》，载《求是》2015 年第 1 期。

③ 同上。

④ 习近平：《决胜全面建成小康社会　夺取新时代中国特色社会主义伟大胜利——在中国共产党第十九次全国代表大会上的报告》(2017 年 10 月 18 日)，载《求是》2017 年第 21 期。

坚持用习近平法治思想指导新时代中国法治实践。

二、坚持马克思主义法治理论的基本立场

马克思主义是内容丰富、科学严谨的庞大理论系统。自马克思主义诞生，社会发生着极其深刻的变化，深刻体现着马克思主义理论的逻辑张力。马克思主义法治理论是其宏大理论系统中重要的组成部分。坚持和发展马克思主义法治理论是当代法学研究的重要任务，深入钻研马克思主义经典作家的法律思想，才能完整准确地把握其基本精神，借以为推进全面依法治国提供法学基础理论指导。

马克思主义法治理论的产生，经历了一个辩证的发展过程。马克思、恩格斯的法律思想经历了从唯心主义法学观到历史唯物主义法学观、从革命民主主义到共产主义的转变过程。1845 年 9 月到 1846 年初，马克思、恩格斯共同创作了《德意志意识形态》，第一次将社会的基本矛盾归之于生产力与“交往形式”（即生产关系）之间的矛盾。揭示了法的现象的产生、发展和消亡的规律性，对法的现象的本质和特征等一系列法学领域的重大基本问题作出了科学的探讨，这标志着马克思主义法学理论体系已经形成。1848 年 2 月出版的由马克思、恩格斯共同写作的《共产党宣言》是科学社会主义的第一个纲领性文献，也是闪烁着历史唯物主义法学光辉的重要著作，标志着历史唯物主义哲学的公开问世，表明马克思主义法学进入了一个新的历史发展阶段。1848 年欧洲革命失败以后，马克思、恩格斯在对这场革命进行理论总结的过程中，陆续发表了一些论著，进一步论述了历史唯物主义法律观。19 世纪五六十年代，马克思倾注了大量心血和精力，进行政治经济学领域的研究工作，创作了《资本论》及其手稿。这样的鸿篇巨制，把马克思主义法学推向新的理论高峰。进入 19 世纪 70 年代以后，马克思总结了巴黎公社的经验，论述无产阶级专政国家的新型民主和新型法制。在同拉萨尔主义的论战中，马克思发表了《哥达纲领批判》，深刻分析了从资本主义到共产主义过渡时期法权现象的性质。从 19 世纪 70 年代中期到 1883 年 3 月 14 日马克思逝世前夕，马克思以极大的精力研究世界范围内的古代公社历史，阅读了各种有关的学术著作，并对其中的一些著作作了精心摘要评注、删节、改造和补充，这些著作被称为马克思晚年的“人类学笔记”。在这些笔记中，马克思分析了古代社会法权关系

的本质特征，揭示了国、家和法的现象的历史起源的一般规律。马克思逝世以后，恩格斯勇敢地捍卫了马克思的思想学说，并且根据新的历史条件，先后写出《家庭、私有制和国家的起源》《路德维希·费尔巴哈和德国古典哲学的终结》等著述，推进了马克思主义法学的新发展。

马克思主义法学是科学性和阶级性的高度统一，第一次以社会经济关系为基础，以唯物史观为指导，阐明了法的现象产生、发展和消亡的规律性；第一次科学地揭示出法律是统治阶级意志和利益的集中体现，法是一定社会经济关系的意志化形态；第一次明确指出法学的阶级性，公开申明历史唯物主义法学是为工人阶级的伟大斗争服务的，从而实现了文明社会法学发展史上的伟大变革。

关于“人”的立场的属性鲜明的法治理论。在马克思看来，资本主义的法治是一种“物”的法治，通过对人类历史上法治发展的梳理，马克思认为资本主义的法治相对于封建专制的法治取得了极大的进展，但是在资本主义制度下，“法治”在资本的作用下被异化为“物”的法治，即实现了有限的、仅仅是资产阶级这一统治群体的“人”的法治。在这种异化的“物”的统治下，只有上述人——即处于统治阶级地位的资产阶级的自由得到发展，而且，这一统治阶级自由的发展是以大多数人的，即被统治阶级的不自由作为代价的，无产阶级作为大多数服从于资产阶级，而资产阶级则是一种“人格化”的“物”的体现，主体个性的自由发展完全屈服于这种“离开彼此发生关系的个人本身而独立的物”①或者“资本”的权力统治。

马克思将关注焦点从“物”重新转移到“人”的身上，试图从揭示人的本质这一问题出发来理解法治的价值追求，而在这一层面，马克思关注人的“社会性”的本质，提出了“人的社会性”与“社会的人性”联系之间的辩证统一关系，一方面反对脱离社会关系和社会实践生活而强调个体的“抽象人本主义”立场，另一方面，也反对把社会和国家作为大写符号进行强调，进而导致了与个体进行对立的“抽象社会主义”立场，阐明法和法律是个人的社会化和社会的个性化的工具。需要明确的是，尽管马克思实现了对近代古典自然法学派和德国古典哲理法学派的理性自由观的超越，但这

① 《马克思恩格斯全集》(第四十六卷下册)，人民出版社1995年版，第161页。

种超越更多是对于康德“应然—实然”二元法治理论的超越，而不是对于其法治价值追求——人的自由的超越。

在这种崭新的社会制度和社会关系中，消除了在社会生活中存在的不人道的法律或法律异化的现象，因而“在合乎本性的关系中，刑罚将真正只是犯了过失的人自己给自己宣布的判决”。① 马克思也对这一制度进行了分析和设想，其在《法兰西内战》中总结了巴黎公社的经验教训，在立法环节对于人民性的设想主要体现为认为公社应当实行普选制和撤换制，所有的代表和官吏都可以毫无例外地随时撤换，这样，就可以有效实现对于立法机关的监督，包括立法机关在内的公职人员是人民的公仆。同时为了有效地将立法的决议能够快速执行，应当在立法机关实行“议行合一”的基本原则。在这种社会制度下“人”实现了个体与集体的统一，“人”就转化为了“人民”，“人”的法治就转化为了“人民”的法治。可以说，在马克思的法治理论中，都是追求通过法治保障和实现人的价值与尊严，实现人的自由，对于人的价值的重视、对人的解放的追求贯穿于其理论的基本立场。

三、马克思主义法治理论中国化的探索

中国共产党十分重视推进法治建设，并取得了丰硕的成果。回顾党推进法治建设的历史、总结其经验教训，厘清马克思主义法治理论中国化的脉络具有十分重要的意义。马克思主义法治理论中国化的探索进程可划分为几个阶段：

马克思主义法治理论在中国的早期传播与实践。马克思主义传入中国与当时中国社会的实际情况密切相关，马克思主义理论在中国的迅速传播，是马克思主义法治理论在中国广泛传播的前提条件，由于中国人民选择了马克思主义，也就当然地接受了马克思有关法律的思想理论体系。② 中国共产党人对中国特色社会主义法治道路的选择，是基于近代以来中国人民追求现代化建设过程中正反两方面的经验总结。

自晚清民国以来，中国人民经历了从器物上学习西方的“洋务运动”，从制度上移

① 《马克思恩格斯全集》(第四十六卷下册)，人民出版社 1995 年版，第 229 页。

② 张小军：《马克思主义法学理论在中国的传播与发展（1919—1966）》，中国人民大学出版社 2016 年版，第 24 页。

植欧陆的“戊戌变法”，从思想上模仿泰西的“辛亥革命”，而这些尝试与革新非但没有能够让中国强大起来，还使得中国人“对欧洲文明之权威大生疑念”。①晚清中国学人就曾在许多文献中提到马克思及其思想，在中国史籍中，第一次提到马克思及其学说，是1899年2月出版的《万国公报》。这是美国传教士林乐知于1868年在上海创办的一种刊物。该报很早就登载过巴黎公社和第一国际日内瓦大会消息。随后，它还介绍欧美各派社会主义。1899年3月，在《万国公报》第121期上发表了英国传教士李提摩太节译、蔡尔康撰文的《今世景象》，此文把马克思的学说称为“安民新学”，并说“德国有讲求安民学者有名人焉，一曰马克思，二曰恩格斯。其以百工领袖著名者，英人马克思也”。随后，梁启超、马君武、宋教仁等均介绍过马克思主义理论和学说。②十月革命的成功，不仅给予中国人民极大的鼓舞，还加速了马克思主义在中国的传播，正如毛泽东所说：“十月革命一声炮响，给我们送来了马克思列宁主义。”③

十月革命后，马克思主义在中国的传播由自发译介发展到自觉研究的阶段。在这个时期，陈独秀、李大利、李达等一大批马克思主义者看到，向西看信仰已然破灭，民国初年宪政实践亦陷入绝境。他们深刻认识到民主主义宪政法治道路是走不通的，唯有暴力革命才能实现法治夙愿，因而把目光转向了以批判现实为特征的马克思主义。④1915年9月，陈独秀在上海创办了《青年杂志》(而后改为《新青年》)，成为宣传马克思主义的主要阵地。陈独秀认为，法律作为国家意志的体现，其权威并不是生生不可犯，“因为它不是永远的真理，也不是全国人民总意的表现，它的存废是自然跟着一阶级一党派能够造成国家的权力而变化的”。⑤同时，他还主张要关注工人、妇女为代表的劳苦群众的生存状况和基本权利，要充分保障民众的言论自由，“因为言论要有逾越现行法律以外的绝对自由，才能够发现现在文明的弊端，现在法律的缺点”。⑥

① 李大钊：《李大钊全集》(第二卷)，人民出版社2006年版，第218页。
② 颜德如、曾子洋：《马克思学说初入中国的三个问题》，载《北京科技大学学报（社会科学版）》2017年第4期。
③ 《毛泽东选集》(第四卷)，人民出版社1991年版，第1471页。
④ 宋秉武、杨栋：《五四时期陈独秀法律思想述论》，载《兰州大学学报（社会科学版）》2015年第6期。
⑤ 陈独秀：《陈独秀文章选编》(中册)，三联书店1984年版，第11—12页。
⑥ 陈独秀：《陈独秀文章选编》(上册)，三联书店1984年版，第440页。

李大钊作为放弃民主派立场的中国最早的马克思主义者，他看到了民主共和国雏形的中华民国在袁世凯、段祺瑞等军阀的破坏下已是面目全非，使他还渐渐认识到只有社会主义才是中国的出路。1918 年 11 月起，李大钊先后在《新青年》发表《庶民的胜利》《布尔什维克主义的胜利》《我的马克思主义观》，并且认为“只有社会主义制度才能真正包容他理想中的民主、法治和自由的观念”，必须整顿吏治、撤裁都督、明确中央与地方的权限，制定一部反映国民公意的宪法，使任何政治势力都必须在宪法规定的范围内活动，极大地推动了马克思主义在中国的传播。①

李达作为中国传播马克思主义的先驱者之一，1920 年在《新青年》上发表了《马克思还原》的文章，认为“马克思的社会主义，已经在俄国完全实现了。可是许多人正在那里怀疑，实在有替他们解释的必要”，并且指出“一切生产关系、财产关系，是社会制度的基础；一切社会宗教、哲学、法律、政治等组织，均以这经济基础而定”。②在 1947 年《法理学大纲》中，更是运用马克思主义基本原理分析了西方各派法理学的共同缺陷，指出各派法理学之所以都未构成一个科学的法律观，均在于把观念论作为哲学基础，没有历史主义观点，缺乏社会现象相互联系的观点，站在不公平的基础上去求觅公平。③他尖锐地批判了西方法学的种种理论和学说，深刻地阐述了马克思主义法学的基本原理和重要范畴。李达坚持运用马克思主义研究法律问题，形成了系统的法学理论体系，对马克思主义法治理论的中国化作出了重要贡献，被认为是当时“少有的马克思主义法学家”。④

中国共产党成立伊始，在法治方面提出一系列开创性的主张，囿于一切处于起步阶段，为了维护人民的权利，遂利用和改造旧的法制内容以达到过渡性作用。“八七会议”后，我们党确立了土地革命及开展武装斗争的总方针，并建立起农村革命根据地和工农民主政权。依托自己的政权，才开始真正的法治道路。以马克思主义法律思想为指导，结合农村革命根据地的实际情况，中国共产党人开始系统地提出各方面的法治主张并落实到实践当中，呈现出鲜明的革命根据地特征。

① 侯欣一：《李大钊法律思想研究》，载《甘肃政法学院学报》1996 年第 2 期。
② 李达：《李达文集》（第一卷），人民出版社 1980 年版，第 30 页。
③ 同上书，第 707—709 页。
④ 韩德培：《一位少有的马克思主义法学家》，载《武汉大学学报（哲学社会科学版）》1981 年第 1 期。

革命根据地的建立，使中国共产党人在建设政权的同时积极开展各方面工作。为了最大程度地维护人民的利益，颁布了一系列法律法规，以《中华苏维埃共和国宪法大纲》为核心的土地法、婚姻法、劳动法、刑事法等符合革命根据地建设和革命战争的民族性与阶级性。

近代以来，中华民族贫穷落后的根源在于长期受到帝国主义侵略及封建阶级压迫。社会的主要矛盾即帝国主义与中华民族的矛盾、封建阶级与人民大众的矛盾。反帝反封建的重大任务除运用外交、军事等途径，更离不开法律武器。清政府曾学习西方资产阶级国家变革法律制度，但其以维护皇权为核心，仅在形式上淡化封建专制色彩；南京临时政府尽管以三权分立创建法治，但其自身的软弱性及对帝国主义的幻想尚存，未触动反帝反封建的根本任务；北洋政府的一系列立法活动均未能改变现实中军阀专制之实，反而维护封建专制。可以说以上各阶段的法律制度皆未完全发挥反帝反封建斗争中应有的作用，大都充当帝国主义和专制主义的保护伞。中国共产党提出以民族整体利益为先的彻底反帝反封建的革命纲领，并在法治建设中鲜明反映出来。在宪法中，“不承认帝国主义在华政治上经济上一切特权”；在刑罚方面，坚持反对封建主义色彩浓厚的酷刑，如1922年在《中国共产党对于时局的主张》中明确废止肉刑及死刑。在经济方面彻底铲除封建专制经济基础，井冈山革命根据地创建后，彻底废除封建剥削的土地制度，实行耕者有其田及减租减息政策。在婚姻家庭方面，以婚姻法规明确规定一夫一妻、婚姻自由、男女平等及一系列对于妇女儿童救济的主张。可见，彻底的反帝反封建的法律观克服了此前各历史时期的根本缺陷，表现出中国共产党在革命根据地时期秉持鲜明的民族性及反帝反封建的彻底性推进法治工作。

中国共产党是无产阶级的先锋队组织，以国内各民族劳动人民翻身解放为己任，在法治的创建中明确对其利益的保护。革命根据地政权建立后，以《井冈山土地法》《兴国土地法》为纲要，没收封建地主土地归贫苦农民所有，并对封建土地所有制进行根本性变革，以《中华苏维埃共和国土地法令》《中国土地法大纲》完善贫苦农民的财产权益，耕者有其田的梦想成为广大农民看得到的现实，将工农阶级的各项利益上升到法律地位。中国共产党的一系列主张从农村根据地实际出发，带有鲜明的战时性色彩，革命根据地时期的法治观对当时乃至此后的法治革命和建设产生重大影响。

1949年至1956年，中华人民共和国成立后的法治探索。1949年2月，中共中央发出《关于废除国民党的六法全书与确定解放区的司法原则的指示》；而后一个月，华北人民政府发布《为废除国民党的六法全书及一切反动法律的训令》，从而一举废除国民党政府的法律体系。以毛泽东为核心的党的第一代中央领导集体领导人民制定了涉及国家政治、经济制度及国家权力配置的重要法律法规，开创了中国特色社会主义法治建设的新局面。随着中华人民共和国的成立，中国的法学教育也走上一条新道路，法学教育体系和法律人才培养模式发生了根本性的变革，推出一大批马克思主义法学研究成果，在一定程度上推动了马克思主义法治理论在中国的传播及影响。此外，人民代表大会制度作为我国根本政治制度得以建立，国家政权机关的建设和社会主义法治原则得以确立。自中华人民共和国成立到1956年的立法和政权建设，我国法治建设取得重大成就。

1957年至1976年，社会主义法治建设的曲折道路。自1957年“反右斗争扩大化”开始到“文化大革命”结束，法律虚无主义盛行，使我国法治建设及马克思主义法学在中国的传播和中国化受到了阻碍。纠正对马克思主义法治建设理论的认识偏差，不断探索马克思主义法学中国化成为新时期中国共产党的新任务、新使命。

改革开放后，法治逐渐恢复和发展。1978年12月，中国共产党第十一届三中全会总结了历史经验和教训，实现拨乱反正。1997年9月，党的十五大在总结了我国社会主义民主法治建设的历史经验基础上，第一次提出了“依法治国，建设社会主义法治国家”的治国方略，将依法治国看作社会主义市场经济的客观要求，“伴随着我国经济社会持续发展，中国特色社会主义法治建设取得了重大进步，为实现法治现代化、建成社会主义法治强国打下了坚实基础，积累了一系列宝贵经验”。[①] 经过改革开放长期的探索，中国特色社会主义法治理论和实践得到了长足的发展。

从新民主主义革命到社会主义建设，再到改革开放新时期，是一个连续的过程，在宗旨原则、价值指向上具有内在的一致性。根据地的法治实践，不只是一段逝去的历史，更具有鲜明的时代价值。实事求是是中国共产党的优良传统，更是革命精神的

① 张文显：《改革开放以来我国法治建设的宝贵经验》，载《人民日报》2018年12月11日，第7版。

重要体现。根据地的刑事立法始终围绕着当时的革命目标，针对根据地政权面临的突出问题，因地制宜、因时制宜。苏区时期的惩治反革命、贪污浪费，抗日根据地时期的锄奸反特、惩治盗匪，都是实事求是立法的体现。根据地法治工作坚持教育感化、团结和睦、有利生产等原则，从苏区到抗日根据地，无论是刑事政策、立法，还是刑事司法审判，都坚持马克思主义法治观，以阶级性、社会性的视角看待犯罪。革命根据地法治遵循团结和睦、有利生产的原则，与特定的政治背景相关联。

苏区长期面临“围剿”，陕甘宁边区初建于抗日战争烽火中，如何团结社会各方面力量，有效地实现群众动员，是各个根据地面临的突出任务。人民群众之间的矛盾纠纷、乡村社会的轻微犯罪是破坏社会团结的主要因素，而涉讼耗时耗力，也影响到正常的农耕生产。更重要的是，如果法庭处理不公，还会影响群众对革命政权的信任。因此，注重维系团结、发展生产成为开展法治工作的重要原则。革命根据地的刑事司法审判中，除了打击犯罪、实现正义，同样能够发现司法工作者力图发挥积极社会作用的努力。根据地不提倡严刑峻法，但对严重的违法犯罪给予必要的惩罚，通过这样的方式，为社会大众树立扬善抑恶的典型示范。除了必要的惩罚，根据地更注重对犯罪者的教育感化，苏区时期的劳动感化制度、陕甘宁边区的“劳役交乡执行”等，都将犯罪者看作可以改造的对象，通过学习、劳动等方式使其转变思想，重新回归社会。综上可见，革命根据地时期法治建设具有实事求是、因时制宜、为民服务等特色，这一时期，我们党高度重视发挥法治在推进社会主义建设中的重要作用，不断完善国家制度体系和法律制度体系，构筑起较为完整的立法、行政、司法体系，为巩固政权和革命胜利成果，建立政治、经济、社会与法律秩序提供了有力保障。

推进国家治理体系和治理能力现代化，必须将法治摆在更加突出的位置。新时代以来，以习近平同志为核心的党中央坚持将马克思主义法治理论的普遍原理与中国法治实践相结合、与中华优秀传统法律文化相结合，形成了习近平法治思想，为中国特色社会主义法治体系建设提供了根本遵循和行动指南。建构中国特色社会主义自主法学知识体系，必须坚持习近平法治思想的指导。习近平法治思想为建构自主法学知识体系提供了科学理论指引。2022 年 4 月 25 日，习近平总书记在考察中国人民大学时指出：“加快构建中国特色哲学社会科学，归根结底是建构中国自主的知识体系。”① 按照面向2035年的时间表，把建构中国自主法学知识体系这一重大工程分为四个阶段推进：第一阶段，开展自主法学知识体系建构的基础理论和方法论研究；第二阶段，宪法学和部门法学自主知识体系建构研究；第三阶段，领域法学、新兴交叉法学知识体系建构研究；第四阶段，中国自主法学知识体系集成性系统化建构研究。②

第二节　习近平法治思想的形成与理论意义

2020年11月16日至17日，党的历史上首次召开的中央全面依法治国工作会议提出并系统阐述“习近平法治思想”，这是在习近平新时代中国特色社会主义思想的理论体系和框架之下，继习近平强军思想、习近平新时代中国特色社会主义经济思想、习近平外交思想、习近平生态文明思想之后，在全国性会议上全面阐述、明确宣示的又一重要思想。③ 习近平法治思想扎根于中国悠久传统法律文化，立足于中国特色社会主义法治实践，是习近平新时代中国特色社会主义思想的重要组成部分，是新时代的马克思主义法治理论，为推进中国特色社会主义法治实践，推进中国式法治现代化建设提供了根本遵循和行动指南，具有高度的理论价值和现实意义。

一、马克思主义法治理论中国化的最新成果

改革开放以来，我国踏上了探索中国特色社会主义法治道路的新征程，并逐步形成了习近平法治思想这一马克思主义法治理论中国化的最新成果。

1978年党的十一届三中全会首次提出“有法可依、有法必依、执法必严、违法必究”的十六字方针，1997年党的十五大正式确立依法治国的基本方略，2002年党的十六大将“依法治国基本方略得到全面落实”列入全面建设小康社会的重要目标，2007年党的十七大提出加快建设社会主义法治国家，2012年党的十八大正式确立了“科学立法、严格执法、公正司法、全民守法”的新十六字方针。2014年，党的十八届

① 习近平：《坚持党的领导传承红色基因扎根中国大地　走出一条建设中国特色世界一流大学新路》，载《人民日报》2022年4月26日，第1版。

② 张文显：《为建构中国自主法学知识体系建功立业》，载中国法学会法学期刊研究会官网，http://zgfxqk.chinalaw.org.cn/portal/article/index/id/3438.html，2023年6月5日访问。

③ 姚建龙：《坚持全面依法治国　推进法治中国建设》，载《文汇报》2023年4月29日，第6版。

四中全会作出《中共中央关于全面推进依法治国若干重大问题的决定》。共产党专门作出全面推进依法治国的决定，在世界共产主义运动160多年的历史上，中国共产党成立90多年的历史上，新中国成立70余年的历史上，改革开放40年的历史上，都是史无前例、彪炳千秋的第一次。2019年党的十九届四中全会再次庄严宣告："必须坚定不移走中国特色社会主义法治道路。"2022年党的二十大报告以"坚持全面依法治国，推进法治中国建设"为题，在党代会政治报告中首次将法治单列进行了论述和部署，这显然并非巧合，而是蕴含着中国式现代化与法治之间的内在关联性。除了依法治国外，党的二十大报告与以往党代会报告相比还突出了教育科技人才、国家安全，将其同样单列作出部署，体现了党对中国式现代化规律性认识的深化，体现了抓关键、补短板、防风险的战略考量。①

2020年11月，党中央召开中央全面依法治国工作会议，明确提出习近平法治思想"是马克思主义法治理论中国化最新成果"。② 习近平法治思想是习近平新时代中国特色社会主义思想的重要组成部分，也是马克思主义法治理论中国化的最新成果，深入研究和系统阐释习近平法治思想——马克思主义法治理论中国化的最新成果，对于推进全面依法治国，发挥法治在国家治理体系和治理能力现代化中的积极作用，③ 具有重要意义。习近平法治思想呈现出鲜明的时代特征，为法治中国建设绘就宏伟蓝图，为进一步推进中国特色社会主义法治国家提供了强大的理论指引和思想武器。

从法治角度来看，中国特色社会主义进入新时代，也是中国特色社会主义法治建设进入全面依法治国历史方位、时代方位的新时代。新时代是全面依法治国的新时代，人民日益增长的美好生活需要，既包括人民群众对治理现代化层面的需要，还包括对精神价值层面的需要，体现出多层次特征。这些方面的需要都和社会主义法治建设、全面依法治国存在紧密关联。

习近平总书记不仅深刻洞察到新时代社会主要矛盾的变化，而且具体指明了解决

① 姚建龙：《中国式现代化进程中的法治：功能与定位》，载《政治与法律》2023年第1期。
② 习近平：《坚定不移走中国特色社会主义法治道路　为全面建设社会主义现代化国家提供有力法治保障》，载《求是》2021年第5期。
③ 参见习近平：《推进全面依法治国，发挥法治在国家治理体系和治理能力现代化中的积极作用》，载《求是》2020年第22期。

新时代社会主要矛盾的基本方法和路径，将法治建设与国家制度建设、治理现代化建设、弘扬践行社会主义核心价值观等紧密联系，在立足新时代的时代特征、洞悉新时代的时代要求、顺应新时代的时代发展、把握新时代的时代脉搏基础上，创造性地指明了满足人民日益增长的美好生活需要以及解决新时代社会主要矛盾的法治方案和路径，将法治建设与国家制度建设、治理现代化建设、弘扬践行社会主义核心价值观紧密联系，形成了习近平法治思想，推进了马克思主义法治理论中国化、时代化，对马克思主义法治理论作出了原创性贡献。

习近平总书记指出："评价一个国家政治制度是不是民主的、有效的，主要看国家领导层能否依法有序更替，全体人民能否依法管理国家事务和社会事务、管理经济和文化事业。"① 习近平法治思想创造性地阐明了法治建设是国家制度建设的应有之义和主要内容。新中国成立以来，国家层面的制度建设主要是通过宪法法律制度来加以确定和规范的。新时代，要继续推进国家制度层面的法治建设，使中国特色社会主义制度朝着更加规范化、民主化、法治化的方向发展，为满足人民美好生活需要提供国家制度保障。

习近平总书记指出："推进国家治理体系和治理能力现代化，当然要高度重视法治问题，采取有力措施全面推进依法治国。"② 习近平法治思想创造性地阐明了法治是推进国家治理体系和治理能力现代化的有效依托和重要保障。新时代，我们把法治进一步嵌入国家治理体系中，使法治成为其中最为活跃、最为可靠的组成部分；新时代，我们也更好地将法治能力融入国家治理能力中，使法治思维和法治方式成为国家治理能力现代化的充分彰显。新时代，在推进全面依法治国基础上，提升法治促进国家治理体系和治理能力现代化的效能，目的就是为满足人民美好生活需要提供国家治理保障。

习近平总书记指出："全面推进依法治国需要全社会共同参与，需要全社会法治观念增强。"③ 习近平法治思想创造性地阐明了社会主义法治观是社会主义核心价值观的重要组成部分，树立和增强社会主义法治观，是推进全面依法治国的文化要求。法治中

① 《习近平谈治国理政》（第三卷），外文出版社 2020 年版，第 122 页。
② 《习近平关于全面依法治国论述摘编》，中央文献出版社 2015 年版，第 3 页。
③ 《习近平关于社会主义政治建设论述摘编》，中央文献出版社 2017 年版，第 90 页。

国是否得到实现，最重要的还是看全体社会成员的法治观念是否真正得到树立、增强和弘扬。新时代，通过正确法治价值观念的培育和践行，以及在此基础上的法治信仰确立，可以让持久稳定的法治环境成为人民美好生活的重要依托和体现。新时代，我们不断增强全社会法治观念，目的就是为满足人民美好生活需要提供更好的社会主义法治文化支撑。

新时代是全面依法治国的新时代。实行全面依法治国，就是要从新时代社会发展规律出发，从制度、治理和文化观念等多个层面，全方位地推进全面依法治国。党的十八大以来，以习近平同志为核心的党中央从坚持和发展中国特色社会主义的全局和战略高度，成功领导"全面依法治国实践取得重大进展"，① 带领中国人民进入新时代全面依法治国新征程。

习近平法治思想从中国特色社会主义的全局和战略高度，创新发展了中国特色社会主义法治理论，对全面依法治国作出一系列重大决策部署，体现了"全面依法治国是中国特色社会主义的本质要求和重要保障"② 的时代要求，是马克思主义法治理论中国化的最新成果。

二、马克思主义法治理论中国化的新飞跃

党的百年奋斗历程，始终坚持追求法治、探索法治、建设法治、推进法治、厉行法治。可以说，党的百年法治奋斗史，就是一部中国共产党带领中国人民矢志不渝地运用法治为中国人民谋幸福、为中华民族谋复兴的法治建设奋斗史。

在党的百年法治奋斗历程中，以毛泽东同志为主要代表的中国共产党人，在新民主主义革命时期以及社会主义革命和建设时期，形成了毛泽东思想的法治理论，成为毛泽东思想的重要组成部分；以邓小平同志、江泽民同志、胡锦涛同志为主要代表的中国共产党人，在改革开放和社会主义现代化建设时期，不断推进中国特色社会主义法律体系建设，形成中国特色社会主义法治理论，成为中国特色社会主义理论体系的重要组成部分。

---

① 习近平：《论坚持全面依法治国》，中央文献出版社 2020 年版，第 2 页。
② 《中共中央关于党的百年奋斗重大成就和历史经验的决议》，人民出版社 2021 年版，第 42 页。

以习近平同志为核心的党中央“第一次提出建设法治中国，第一次以中央全会名义通过《中共中央关于全面推进依法治国若干重大问题的决定》，第一次组建中央全面依法治国委员会，第一次召开中央全面依法治国工作会议，凸显了以习近平同志为核心的党中央坚定推进全面依法治国的决心”，① 带来了国家治理的一场深刻革命。党的十八大以来，以习近平同志为核心的党中央创造性地运用马克思主义基本原理，在领导建设中国特色社会主义法治这一历史性课题上，通过创新实践、重大实践、特色实践、成功实践，不仅实现了全面依法治国的有力推进，更加重要的是，在这过程中习近平总书记对为什么要全面依法治国、怎样全面依法治国等一系列重大问题，进行了全面分析、深入思考、仔细研判、全面回答，发表了一系列关于全面依法治国的重要论述，提出了一系列全面依法治国新理念新思想新战略，作出了一系列关于全面依法治国的重大决策部署，形成了习近平法治思想，成为习近平新时代中国特色社会主义思想的重要组成部分。

毛泽东思想的法治理论的形成发展逻辑，是在坚持推进马克思主义中国化过程中，将马克思主义法治理论同中国革命和建设实际相结合。毛泽东思想的法治理论引领创造了新民主主义革命时期革命根据地和新中国法治建设历史成就，推进和实现了马克思主义法治理论中国化；作为中国特色社会主义理论体系重要组成部分的中国特色社会主义法治理论的形成发展逻辑，也是在坚持推进马克思主义中国化过程中将马克思主义法治理论同改革开放和社会主义现代化建设实际相结合，中国特色社会主义法治理论引领创造了改革开放和社会主义现代化建设新时期法治建设历史成就，推进和实现了马克思主义法治理论中国化；作为习近平新时代中国特色社会主义思想重要组成部分的习近平法治思想的形成发展逻辑，更是在坚持推进马克思主义中国化过程中将马克思主义法治理论同新时代的中国具体实际相结合、同中华优秀传统法律文化相结合，习近平法治思想引领创造了中国特色社会主义新时代法治建设的历史性成就，推进和实现了马克思主义法治理论中国化。毛泽东思想的法治理论、中国特色社会主义法治理论、习近平法治思想，有着一脉相承、与时俱进的关系。

① 段凡：《习近平法治思想形成发展的历史逻辑和实践逻辑》，载《学术界》2021 年第 3 期。

习近平法治思想是从新时代波澜壮阔的治国理政实践中形成和发展起来的，彰显了一脉相承的中国化马克思主义法治理论的“脉”即马克思主义中国化，没有马克思主义中国化的理论之脉、规律之脉、经验之脉、历史之脉、实践之脉，就不可能有马克思主义法治理论中国化的法治之脉。推进马克思主义中国化是中国共产党百年奋斗历史经验和实践发展规律的有机结合，推进马克思主义法治理论中国化是中国共产党百年法治奋斗历史经验和法治实践规律的有机结合。马克思主义法治理论中国化，是马克思主义中国化的重要范畴和重要概念，是中国共产党将领导法治建设与坚持把马克思主义基本原理同中国具体实际相结合、同中华优秀传统法律文化相结合进行有机统一过程中，以及将推进马克思主义中国化时代化与推进马克思主义法治理论中国化进行有机统一过程中，引领促进揭示人类法治发展一般规律的马克思主义法治理论在中国落地生根、联系实际、与时俱进、创新发展的法治实践过程，是马克思主义法治理论中国化能够不断生成的历史由来，是中国共产党在各个历史时期能够带领人民取得法治建设成就的经验法宝和实践规律。中国共产党是马克思主义法治理论中国化的推进者和实现者，马克思主义法治理论中国化是中国共产党创造和发展的马克思主义法治理论。

习近平法治思想之所以是马克思主义法治理论中国化的新飞跃，在于习近平法治思想站在贯通中国共产党领导百年法治建设波澜壮阔历史基础上，站在中国共产党“两个一百年”奋斗目标历史交汇点上，站在新时代开启中华民族伟大复兴伟大新征程上，准确把握了马克思主义中国化的时代脉搏，充分彰显了马克思主义中国化的实践品格，高度契合了马克思主义中国化的价值目标。习近平总书记是习近平法治思想的主要创立者和杰出贡献者，习近平法治思想得以形成，根本上是习近平总书记对马克思主义中国化历史过程规律和科学实践经验有着根本把握，在推进全面依法治国过程中也推进和实现了马克思主义法治理论中国化，形成了习近平新时代中国特色社会主义思想的法治篇章，引领“推动我国社会主义法治建设发生历史性变革、取得历史性成就”，① 是全面依法治国的根本遵循和行动指南，是马克思主义法治理论的新飞跃。在

① 《习近平谈治国理政》(第四卷)，外文出版社2020年版，第290页。

胸怀两个大局、迈上新的征程之际，习近平法治思想的基本精神、核心要义开创了新时代法治中国建设的新局面。

三、重塑法治理论中国话语体系的重大意义

建党百年来，中国共产党在应对各种困难挑战中，在带领中国人民实现中华民族伟大复兴的过程中，追求法治、探索法治，取得了重大成就、积累了宝贵的历史经验。党的二十大报告指出“全面依法治国总体格局基本形成”，这是社会主义法治建设的历史性成就。党的十八大以来，在习近平法治思想的指引下，党领导人民建设法治、推进法治、厉行法治，深刻把握全面依法治国的历史逻辑、实践逻辑、理论逻辑、制度逻辑，以科学的范式、方法、程序来指导法治化建设，加快建设中国特色社会主义法治体系，用与时俱进的法治观塑造主流意识，形成了构建法治话语权的具有中国特色的制度化战略，彰显着中国共产党的治理智慧。

不谋全局者，不足以谋一域。全面依法治国是一个系统工程，涉及治国理政的方方面面，必须更加注重系统性、整体性、协调性，统筹协调、全面推进。1999 年宪法修正案第五条第一款规定：“中华人民共和国实行依法治国，建设社会主义法治国家。”表明中华人民共和国治国方略发生重大转变。学界围绕社会为何要由规则治理、社会应该由什么样的规则治理、规则如何才能治理得好这三个法治的基本命题，展开了激烈的讨论，在本土法治资源和建立中国特色的法治话语体系的衔接方面焕发出前所未有的活力。党的十八大以来，我们党从全局和战略高度对全面依法治国作出了一系列重大决策部署。党的十八届四中全会明确“依法治国，是坚持和发展中国特色社会主义的本质要求和重要保障，是实现国家治理体系和治理能力现代化的必然要求”，体现了我国法治话语权的核心内涵。《法治中国建设规划（2020—2025 年）》以及法治政府实施纲要、法治社会实施纲要的相继出台，擘画了全面依法治国的总蓝图。中国共产党领导下所进行的法治实践，并不是对西方法治发展的简单复刻，而是从战略高度认识到构建中国法治话语体系的重大现实意义，并从长远性、战略性、全局性等角度加以谋划。在融入世界潮流的现代化进程中，成功开创了中国法治话语的主流叙事，用中国的法律制度和价值以及法学知识，建构了自己独特的法治话语体系。

建立系统完备的法治体系，首先需要从法理层面精准把握法律法规体系的内涵。法治体系是法治话语体系的框架，健全完备的法治体系是全面推进我国法治话语体系建构的根基。健全法律制度，形成了中国特色社会主义法治体系，深刻回答了当代中国法治建设举什么旗、走什么路、建设什么样的法治国家、怎样建设法治国家等重大问题，为法治话语体系的建构奠定了坚实的制度基础。注重运用法律思维和法治手段去处理和解决问题，将公众认同转化为对法律规范及其权力结构的认同。在法律实施层面，引导公众遵守社会主义法治倡导的行为规范，恪守法治底线，“更好发挥法治固根本、稳预期、利长远的保障作用，在法治轨道上全面建设社会主义现代化国家”。在法律运行过程中，坚持“重大改革于法有据”的法治路径，实现立法和改革决策相衔接，立法主动适应改革和经济社会发展需要。

规范引导主流法治意识。以公平正义为核心的法治价值理念，代表了人类共同利益的法治需求。法治话语权在一国的确立，彰显的是民众对法治的信仰和价值选择，更体现了话语背后的现代文明形态。我国宪法规定，任何组织或者个人都不得有超越宪法和法律的特权。法治国家要求其公民必须遵守宪法和法律规范，这是不证自明的道理，也是公民的基本义务。但是，由于法律意识的差异，并不是每个公民都能够这样信守。以公平正义为主的法治核心价值观，代表着人类共同利益的法治需求，法治话语权在一国的确立，彰显的是民众对法治的信任和价值选择，更体现了话语背后的现代文明形态。建设具有强大凝聚力和引领力的社会主义国家，需要在党的领导下，建立以法治为特征的公共权力体系和价值整合方式。推进社会主义核心价值观的法治化，体现了中国共产党始终坚持法治为民、奉法强国的强大决心意志，实现了国家治理价值性和法治性的结合。以社会主义核心价值体系作为支撑，国家法律意识形态进行了有效的主体建构。在推动核心价值观入法的过程中，对法治的表现形式、载体、工具、手法等的科学运用和规范，确保了我国法治建设始终沿着正确方向前进。通过法治中国的建设建构法治的意识形态，以日趋进步的法治文化与法治思维来增强全社会的规则认同感，营造彰显社会主义法治理念的良好法治环境。

我们党始终坚持从国情出发，坚持用中国特色法学和法治理论阐释中国法治实践，强化问题意识和问题导向，加大对法学领域重大理论问题、重大现实问题、重大实践经验研究总结的力度，不断增强理论解释力、话语说服力、实践推动力，逐步改变了中国法学受制于西方的概念框架、知识体系和评价标准的现状。但应当看到，用中国理论、中国学术解读中国法治实践尚需拓展，法治理论对主流意识形态的学理支撑尚不充分。在构建起能够充分展现中国智慧和中国方案应有的价值和力量，具有鲜明中国特色的法治现代化的理论、概念、指标体系方面，我国法学学术界还需要作出更大的努力和贡献。为此，需要用马克思主义的哲学科学观来指导法治化建设，不断深化对法治基本理论、基本路线、基本方略的研究，深化对中国特色社会主义法治道路、理论、制度、文化的研究，为法学理论创新创造提供学理支撑。立足中国特色社会主义法治实践，以新的视野、新的认识赋予法治话语体系新的时代内涵，回答时代法治之问，破解时代法治命题，在推进国家建设、民族建设、经济发展和社会转型中，充分发挥社会主义法治体系的支撑和保障作用。

第三节　习近平法治思想的内在逻辑体系与核心要义

习近平法治思想内涵丰富、论述深刻、逻辑严密、系统完备，具有深厚的理论基础和充分的现实依据。习近平法治思想是当代中国马克思主义法治理论，是21世纪的马克思主义法治理论，是我们党立足于新时代现实基础上，在法治领域的最新理论创新成果，是新时代全面依法治国的根本遵循和行动指南。习近平法治思想的主要方面，集中体现为习近平总书记在中央全面依法治国工作会议重要讲话中精辟概括的“十一个坚持”。习近平法治思想从历史和现实相贯通、国际和国内相关联、理论和实际相结合的逻辑出发，深刻回答了新时代为什么实行全面依法治国、怎样实行全面依法治国等一系列重大问题。

一、习近平法治思想内在逻辑体系

“法令行则国治，法令弛则国乱。”[①] 习近平法治思想作为科学的理论体系，从根本政治方向、重大工作部署、重要力量保障这三个内在逻辑层次上，实现了理论逻

① 王符：《潜夫论·述赦》。

辑、历史逻辑和实践逻辑的辩证统一，开辟了马克思主义法治理论的新境界，为新时代建设中国特色社会主义法治道路指明了方向，具有鲜明的科学性、时代性和指导性。“十一个坚持”紧紧围绕坚持全面依法治国这个鲜明的时代主题，从根本政治方向、重大工作部署和重要保障力量三个层面展开，在结构上有序排列、环环相扣、相互贯通，共同构成了新时代推进全面依法治国的规划图、路线图和施工图，既是重大工作部署，也是重大战略思想。①

（一）层次一：根本政治方向

党的领导是推进全面依法治国的根本保证。“党政军民学，东西南北中，党是领导一切的。”② 中国发展取得的一切成就归根到底都取决于中国共产党的坚强领导。“没有共产党，就没有新中国”，没有共产党，就没有新中国的一切成就。纵观新中国成立以来，尤其是党的十八大以来我国在法治领域取得的一切成就，最根本的原因就是始终坚持党在社会主义法治建设中总揽全局、协调各方的领导核心地位。“党的领导是中国特色社会主义最本质的特征，是社会主义法治最根本的保证。坚持中国特色社会主义法治道路，最根本的是坚持中国共产党的领导。”③ 推进中国特色社会主义法治体系建设，构建法治国家，必须牢牢坚持党的领导。

坚持以人民为中心的根本立场。人民性是马克思主义的本质属性，人民立场是中国共产党的根本政治立场。④ 相信谁、依靠谁、为了谁，是否始终站在最广大人民立场上，是区分唯物史观和唯心史观的分水岭，也是判断马克思主义政党的试金石。自中国共产党成立之日起，就把全心全意为人民服务作为党的根本宗旨。“全面依法治国最广泛、最深厚的基础是人民，必须坚持为了人民、依靠人民……推进全面依法治国，根本目的是依法保障人民权益……不断增强人民群众获得感、幸福感、安全感，用法治保障人民安居乐业。”⑤ 中国共产党为人民利益而生，除了工人阶级和最广大人民群众

① 《习近平法治思想研究（试用）》，中央党校（国家行政学院）教务部 2022 年 3 月编，第 13 页。
② 习近平：《中国共产党的领导是中国特色社会主义最本质的特征》，载《求是》2020 年第 14 期。
③ 习近平：《毫不动摇坚持和加强党的全面领导》，载《求是》2021 年第 18 期。
④ 人民日报评论员：《始终坚持人民至上》，载《人民日报》2023 年 3 月 17 日，第 1 版。
⑤ 习近平：《坚定不移走中国特色社会主义法治道路　为全面建设社会主义现代化国家提供有力法治保障》，载《求是》2021 年第 5 期。

的利益，没有自己特殊的利益。推进全面依法治国，必须始终坚持人民至上，坚持以人民为中心的根本立场。

中国特色社会主义法治道路是建设社会主义法治国家唯一正确道路。“方向决定前途，道路决定命运。”① 世界上有200多个国家和地区，不同的宗教、不同的民族和习俗，孕育了不同的文明，同样也决定了每个国家的发展道路、法治道路不尽相同，甚至大相径庭。世界因多样而精彩。走什么样的法治道路、建设什么样的法治体系，是由一个国家的基本国情决定的。“鞋子合不合脚，只有穿的人才知道。”一个国家的法治道路合不合适，只有这个国家的人民最有发言权。“中国特色社会主义法治体系是中国特色社会主义制度的重要组成部分，必须牢牢把握中国特色社会主义这个定性，坚定不移走中国特色社会主义法治道路……我们要建设的中国特色社会主义法治体系，必须是扎根中国文化、立足中国国情、解决中国问题的法治体系，不能被西方错误思潮所误导。”②

坚持依宪治国、依宪执政是建设社会主义法治国家的首要任务和基础性工作。党的十八大以来，以习近平同志为核心的党中央把维护宪法权威摆在全面依法治国的突出位置，采取一系列有力措施，与时俱进修改宪法，加强对宪法个别条款和部分内容的必要修正，依宪治国、依宪执政取得重大成就。习近平总书记在党的二十大报告中指出，“坚持依法治国首先要坚持依宪治国，坚持依法执政首先要坚持依宪执政”。③ 这一论断深刻指出了宪法在治国理政中的重要作用。新时代以来，我国法治建设的历史性成就也充分证明，宪法作为治国安邦的总章程，具有最高的法律地位、法律权威、法律效力。我国现行宪法有力地坚持了中国共产党的领导，保障了人民当家作主，有力地促进了改革开放和社会主义现代化建设，有力地维护了国家安全、民族团结、社会安定。④

---

① 习近平：《在庆祝改革开放40周年大会上的讲话》，载《人民日报》2018年12月19日，第2版。

② 习近平：《坚持走中国特色社会主义道路　更好推进中国特色社会主义法治体系建设》，载《求是》2022年第4期。

③ 习近平：《高举中国特色社会主义伟大旗帜　为全面建设社会主义现代化国家而团结奋斗——在中国共产党第二十次全国代表大会上的报告》，人民出版社2022年版，第41页。

④ 《为什么说坚持依法治国首先要坚持依宪治国、坚持依法执政首先要坚持依宪执政？》，载共产党员网，https://www.12371.cn/2023/02/08/ARTI1675846024046290.shtml，2023年6月8日访问。

（二）层次二：重大工作部署

坚持在法治轨道上推进国家治理体系和治理能力现代化是推进中华民族伟大复兴的时代使命。法治是中国人民共同的价值追求，依法治国是党领导人民治理国家的基本方略。习近平总书记在党的二十大报告中庄严宣誓，“从现在起，中国共产党的中心任务就是团结带领全国各族人民全面建成社会主义现代化强国、实现第二个百年奋斗目标，以中国式现代化全面推进中华民族伟大复兴”。[①] 推动国家治理体系和治理能力现代化是中国式现代化的题中之义。推动国家治理体系的变革和完善，必须坚持在中国共产党的领导下，在法治的轨道上进行。“全面依法治国是国家治理的一场深刻革命，关系党执政兴国，关系人民幸福安康，关系党和国家长治久安。必须更好发挥法治固根本、稳预期、利长远的保障作用，在法治轨道上全面建设社会主义现代化国家。”[②]

中国特色社会主义法治体系是推进全面依法治国的总抓手。推进全面依法治国，必须将完善中国特色社会主义法治体系放在重要的位置，“要加快形成完备的法律法规体系、高效的法治实施体系、严密的法治监督体系、有力的法治保障体系，形成完善的党内法规体系”。[③] 良法促善治，善治须良法。重视法治、厉行法治，发挥法治固根本、稳预期、利长远的保障作用，必须从加快完善中国特色社会主义法治体系入手，推动我国法治体系更加科学完备、统一权威。

坚持依法治国、依法执政、依法行政共同推进，法治国家、法治政府、法治社会一体建设的工作布局。习近平总书记明确指出，“全面依法治国是一个系统工程，要整体谋划，更加注重系统性、整体性、协同性。依法治国、依法执政、依法行政是一个有机整体，关键在于党要坚持依法执政、各级政府要坚持依法行政。法治国家、法治政府、法治社会相辅相成，法治国家是法治建设的目标，法治政府是建设法治国家的重点，法治社会是构筑法治国家的基础”。[④] 推进全面依法治国，必须坚持联系、发展、

---

① 习近平：《高举中国特色社会主义伟大旗帜　为全面建设社会主义现代化国家而团结奋斗——在中国共产党第二十次全国代表大会上的报告》，人民出版社 2022 年版，第 21 页。

② 同上书，第 40 页。

③ 习近平：《坚定不移走中国特色社会主义法治道路　为全面建设社会主义现代化国家提供有力法治保障》，载《求是》2021 年第 5 期。

④ 同上。

全面的思维，协调推进，有序展开。

全面推进科学立法、严格执法、公正司法、全民守法是全面依法治国的重要环节。早在18世纪法国思想家卢梭曾言，“一切法律之中最重要的法律，既不是刻在大理石上，也不是刻在铜表上，而是铭刻在公民的内心里”。法律体现着一个国家最基本的道德准绳，体现着全体人民的共同意志，彰显着全体人民共同的价值追求。习近平总书记曾指出，“宪法法律的权威源自人民的内心拥护和真诚信仰，加强宪法学习宣传教育是实施宪法的重要基础”。① 建设中国特色社会主义现代化法治国家，必须在立法、执法、司法、守法、普法等各个环节入手，推动在全社会形成尊法、崇法、守法的良好法治生态。

坚持统筹推进国内法治和涉外法治是未来一段时期的迫切任务。和平与发展虽仍是当今世界时代主题，但国际环境不稳定性不确定性明显上升，百年未有之大变局加速演进。经过40年的改革开放，尤其是党的十八大以来取得的历史性成就，我国比以往任何时候都更接近中华民族伟大复兴的宏伟目标，都更加走近世界舞台中央。为更好维护国家主权、安全、发展利益，提升涉外司法效能，引导企业、公民在走出去过程中运用法治和规则维护自身合法利益，必须加快完善涉外法律法规体系，推动构建人类命运共同体。

（三）层次三：重要保障力量

坚持建设德才兼备的高素质法治工作队伍是推进全面依法治国的基础性保障。“全面推进依法治国，首先要把专门队伍建设好。”② 党的十八大以来，习近平总书记高瞻远瞩、亲自筹划，作出人才是实现民族振兴、赢得国际竞争主动的战略资源的重大判断，作出全方位培养、引进、使用人才的重大部署，推动新时代人才工作取得历史性成就、发生历史性变革。坚持全面依法治国，统筹推进中国式现代化，建设社会主义现代化法治国家，都必须把人才摆在突出的战略位置。

坚持抓住领导干部这个“关键少数”是实现全面依法治国目标任务的关键所在。之所以要抓住领导干部这个关键少数，是因为领导干部掌握着全面推进依法治国的重

① 习近平：《更加注重发挥宪法重要作用　把实施宪法提高到新的水平》，载《人民日报》2018年2月26日，第1版。

② 习近平：《坚定不移走中国特色社会主义法治道路　为全面建设社会主义现代化国家提供有力法治保障》，载《求是》2021年第5期。

要法治资源；领导干部在国家法治建设中起到关键的示范角色作用，领导干部对法治的态度直接决定着社会对法治的态度；领导干部如果不能带头做到尊法学法守法用法，就可能阻碍全面依法治国的进程，影响了党和国家的形象和威信，损害了政治、经济、文化、社会、生态文明领域的正常秩序。① 因此，推动全面依法治国，必须牢牢坚持抓住领导干部这个“关键少数”，打造政治素质过硬、规矩意识强烈、法治理念牢固的干部人才队伍。

二、习近平法治思想的核心要义

毫不动摇坚持党对全面依法治国工作的绝对领导。习近平总书记指出：“党的领导是我国社会主义法治之魂，是我国法治同西方资本主义国家法治最大的区别。” ② 习近平总书记的这一论述深刻揭示了党的领导是中国特色社会主义法治最本质的特征和最根本的保证。党政军民学、东西南北中，党是领导一切的。推进全面依法治国，必须坚持党的集中统一领导。推进全面依法治国，绝不是要削弱党的领导，而是要加强和改善党的领导，不断提高党依法治理国家的能力和水平，巩固党的执政地位。坚持党对全面依法治国的绝对领导，必须加强党的政治建设、思想建设、组织建设、作风建设、纪律建设、制度建设，推进党的领导制度化、法治化，把党的领导贯彻到全面依法治国的全过程和各方面，落实到党领导立法、保证执法、支持司法、带头守法的各环节。

牢固树立以人民为中心的根本立场，依法保障人民权益。人民是国家的主人，是国家治理的主体。习近平总书记指出：“历史充分证明，江山就是人民，人民就是江山，人心向背关系党的生死存亡。” ③ 党的百余年光辉历程，就是不断为中国人民谋幸福，为中华民族谋复兴。“党除了人民利益之外没有自己的特殊利益，党的一切工作都是为了实现好、维护好、发展好最广大人民根本利益。” ④ 推进全面依法治国，必须牢

① 徐显明：《坚持抓住领导干部这个“关键少数”》，载《人民日报》2021 年 3 月 23 日，第 11 版。

② 习近平：《坚定不移走中国特色社会主义法治道路　为全面建设社会主义现代化国家提供有力法治保障》，载《求是》2021 年第 5 期。

③ 习近平：《在党史学习教育动员大会上的讲话》（2021 年 2 月 20 日），载《求是》2021 年第 7 期。

④ 习近平：《在“不忘初心、牢记使命”主题教育工作会议上的讲话》（2019 年 5 月 31 日），载《求是》2019 年第 13 期。

固树立以人民为中心的根本立场，全心全意为人民服务，依法保障人民群众各项权益，不断增强人民群众的获得感、幸福感、安全感，努力让人民群众在每一项法律制度、每一个执法决定、每一宗司法案件中感受到公平正义。

坚定走中国特色社会主义法治道路。建设法治中国，必须坚持马克思主义普遍真理，不断传承中华优秀传统文化，从中国国情和实际出发，探索适合自己的法治道路。习近平总书记强调："坚定不移走中国特色社会主义法治道路，为全面建设社会主义现代化国家提供有力法治保障。"[①] 推进中国特色社会主义法治体系建设，也要学习借鉴人类法治文明有益成果，但绝不能照抄照搬别国的模式和做法，决不走西方"宪政""三权鼎立""司法独立"的路子，"而是要从我国现实条件创造性地前进"。[②] 中国特色社会主义法治道路，为推进中国式现代化、实现中华民族伟大复兴奠定坚实的法治基础，提供牢固的法治保障。

始终坚持依宪治国、依宪执政。"宪法是国家的根本法，是党和人民意志的集中体现，具有最高的法律地位、法律权威、法律效力。"[③] 坚持依法治国首先要坚持依宪治国，坚持依法执政首先要坚持依宪执政。中国共产党是中国特色社会主义事业的领导核心，居于总揽全局、协调各方的地位。推进中国特色社会主义法治建设必须坚持党的领导，党的领导必须依靠社会主义法治。坚持依宪治国、依宪执政，就是党领导人民制定宪法和法律，使人民的意志汇聚为党的主张，并通过法定程序上升为国家意志，充分体现了党的领导、人民当家作主和依法治国的有机统一。

坚持在法治轨道上推进国家治理体系和治理能力的现代化。国家治理体系和治理能力现代化是中国式现代化的重要组成部分，法治化是治理体系和治理能力现代化的重要保障和表现。法治，即良法与善治，良法是善治的前提，善治是良法的追求。从逻辑关系上看，法治既是国家治理体系和治理能力现代化的重要标志，同时也是实现国家治理体系和治理能力现代化的必要条件。[④] 国家治理体系现代化的实现，必须依靠

① 习近平：《坚定不移走中国特色社会主义法治道路　为全面建设社会主义现代化国家提供有力法治保障》，载《求是》2021年第5期。

② 习近平：《牢记历史经验历史教训历史警示　为国家治理能力现代化提供有益借鉴》，载《人民日报》2014年10月14日，第1版。

③ 习近平：《在中央人大工作会议上的讲话》（2022年10月13日），载《求是》2022年第5期。

④ 廖永安：《在法治轨道上全面建设社会主义现代化国家》，载《光明日报》2022年11月17日，第6版。

法治路径，确保治理各主体在法治框架下有效运作、高效协同。治理能力的现代化必然是法治化，必然在宪法及各法律的框架下实现。

坚持和完善中国特色社会主义法治体系。中国特色社会主义法治体系是中国特色社会主义制度的重要组成部分，是中国特色社会主义制度在法律层面的表现。“建设中国特色社会主义法治体系……是坚持和发展中国特色社会主义的内在要求。”① 中国特色社会主义法治体系贯通法治国家、法治政府、法治社会建设各个领域，涵盖立法、执法、司法、尊法、守法各个环节，涉及法律规范、法治实施、法治监督、法治保障各个方面，对全面推进依法治国具有纲举目张的重要意义。习近平总书记明确指出：“全面推进依法治国涉及很多方面，在实际工作中必须有一个总揽全局、牵引各方的总抓手，这个总抓手就是建设中国特色社会主义法治体系。”② 加快构建中国特色社会主义法治体系，才能不断从法治上为解决党和国家事业发展面临的一系列问题提供制度化方案，才能不断开辟中国特色社会主义事业的光明前景。

坚持依法治国、依法执政、依法行政共同推进，法治国家、法治政府、法治社会一体建设。全面推进依法治国是一个系统工程，必须统筹兼顾、把握重点、整体谋划，更加注重系统性、整体性、协同性。依法治国、依法执政、依法行政是一个有机整体，关键在于党要坚持依法执政、各级政府要坚持依法行政。法治国家、法治政府、法治社会三者各有侧重、相辅相成，法治国家是法治建设的目标，法治政府是建设法治国家的主体，法治社会是构筑法治国家的基础。法治政府建设是重点任务和主体工程，要重点推进，率先突破。

坚持全面推进科学立法、严格执法、公正司法、全民守法。科学立法对于提高立法质量、完善中国特色社会主义法治体系、保障法治社会运行具有重要的意义。“要加强重要领域立法……要坚持问题导向，提高立法的针对性、及时性、系统性、可操作性，发挥立法引领和推动作用。”③ 立良法，亦须行善治。习近平总书记指出：“法律的

---

① 《中共十九届四中全会在京举行》，载《人民日报》2019 年 11 月 1 日，第 1 版。

② 习近平：《关于〈中共中央关于全面推进依法治国若干重大问题的决定〉的说明》，载《人民日报》2014 年 10 月 29 日，第 2 版。

③ 习近平：《在庆祝全国人民代表大会成立六十周年大会上的讲话》（2014 年 9 月 5 日），载《求是》2019 年第 18 期。

生命力在于实施，法律的权威也在于实施。”[①] 法律的制定不是追求惩罚，而是寻求公平正义。努力在全社会形成尊法、守法之风，让崇法尚德引领社会风尚。

坚持统筹推进国内法治和涉外法治。当今世界正经历百年未有之大变局，国际竞争风云变幻、日趋激烈。中国深度融入全球化时代，为更好维护国家主权、安全、发展利益，要求我们强化法治思维，运用法治方式，敢于斗争、善于斗争，有效应对风险、防范挑战，提高运用涉外法律武器进行积极有效反制的能力。对此，习近平总书记明确强调：“要加快涉外法治工作战略布局，协调推进国内治理和国际治理。”[②]

要坚持建设德才兼备的高素质法治工作队伍。推进中国特色社会主义法治建设，关键在于人。政法机关作为建设法治国家的重要主体，在党和国家法治体系中具有重要的地位和作用。习近平指出：“政法机关在保障人民安居乐业、服务经济社会发展、维护国家安全和社会稳定中具有十分重要的作用。全国政法机关要……坚持依法治国基本方略，以党和国家工作大局为重，以最广大人民利益为念，切实肩负起中国特色社会主义事业建设者、捍卫者的职责使命。”[③] 德才兼备的高素质法治队伍，为全面依法治国提供了重要的组织保障、人才保障。

坚持抓住领导干部这个“关键少数”。马克思主义唯物辩证法的“两点论”与“重点论”要求在认识复杂事务的发展过程中，既要看到主要矛盾，也不能忽视次要矛盾；要着重抓住处于支配地位、对事物发展起决定作用的主要矛盾。抓住“关键少数”是马克思主义唯物辩证法的重要体现，同时也是党的优良传统。“各级领导干部要坚决贯彻落实党中央关于全面依法治国的重大决策部署，带头尊崇法治、敬畏法律、了解法律、掌握法律。”[④] 不断提高运用法治思维和法治方式深化改革、推动发展、化解矛盾、维护稳定、应对风险的能力。

---

① 习近平：《在庆祝全国人民代表大会成立六十周年大会上的讲话》（2014年9月5日），载《求是》2019年第18期。

② 习近平：《坚定不移走中国特色社会主义法治道路　为全面建设社会主义现代化国家提供有力法治保障》，载《求是》2021年第5期。

③ 习近平：《建设一支德才兼备的高素质法治队伍》，载中国共产党新闻网，http://jhsjk.people.cn/article/27015703，2023年6月14日访问。

④ 习近平：《坚定不移走中国特色社会主义法治道路　为全面建设社会主义现代化国家提供有力法治保障》，载《求是》2021年第5期。

三、习近平法治思想的鲜明特色

如前所述，世界上不存在定于一尊的法治模式，也不存在放之四海而皆准的法治道路。中国特色社会主义法治道路，是社会主义法治建设成就和经验的集中体现，是建设社会主义法治国家的唯一正确道路。习近平法治思想是习近平新时代中国特色社会主义思想的重要组成部分，其以科学的理论思维、深邃的历史眼光和宽广的世界视野，把握人类法治发展的本质和规律，回答了国家治理和全球治理的中国之问、世界之问、时代之问、人类之问，彰显了党领导各方的政治定力、以人民为中心的政治底色、依法治国的坚定决心、守正创新的理论品格。

（一）党领导各方的政治定力

中国共产党是中国特色社会主义事业的领导核心。中国特色社会主义最本质的特征就是坚持党的领导。习近平法治思想旗帜鲜明地指出了为什么要坚持党的领导，“党的领导是推进全面依法治国的根本保证”。① 只有在党的领导下才能确保我国法治建设的社会主义旗帜不动摇、人民本色不变色；坚持党的领导是法治建设的根本思想保证，只有在马克思主义法治思想、中国特色社会主义法治理论的指导下，全面依法治国、建设法治中国才有不竭的思想动力和可靠的科学支撑；坚持党的领导是法治建设的根本行动指南，只有坚持党的集中统一领导，遵循党中央的顶层设计，全面依法治国才有明确的总目标、总抓手、战略布局、重大任务、重要保障，才能够行稳致远；新时代我国社会主义法治建设发生历史性变革、取得历史性成就，也充分证明全面依法治国、建设法治中国必须始终不渝地坚持党的全面领导，坚持以习近平同志为核心的党中央对全面依法治国的集中统一领导。

（二）以人民为中心的政治底色

中华人民共和国是人民民主专政的社会主义国家，人民是国家的主人。强烈的人民性是习近平法治思想最鲜明的特征和最明亮的政治底色。坚持人民至上、以人民为中心，是中国特色社会主义法治区别于资本主义法治的根本所在，也是习近平法治思

① 习近平：《坚定不移走中国特色社会主义法治道路　为全面建设社会主义现代化国家提供有力法治保障》，载《求是》2021 年第 5 期。

想区别于其他各派法治理论的根本所在。

习近平法治思想始终奉行以人民为中心的理念，把人民作为全面依法治国最广泛、最深厚的基础，把为人民谋幸福作为根本使命，饱含亲民、爱民、为民的深厚情怀。习近平法治思想始终把人民放在心中最高的位置，反复强调法治建设为了人民、依靠人民、造福人民、保护人民，要把体现人民利益、反映人民愿望、维护人民权益、增进人民福祉贯彻到依法治国全过程，把实现好、维护好、发展好最广大人民根本利益作为法治建设的核心价值，使法律及其实施充分体现人民意志，尊重和保障人权，促进人的全面发展，推动社会全面进步。

（三）依法治国的坚定决心

习近平法治思想以历史唯物主义视角对人类社会数千年风雨沧桑、兴衰交替的历史进行回观和反思，揭示出“法治兴则国兴、法治强则国强”的历史规律，提出“一个现代化国家必然是法治国家”的科学论断，把法治梦融入强国梦，教育全党和全国人民要坚定不移地走奉法强国之路。习近平法治思想关于依法治国的新理念新思想强化了全党和全国人民坚持法治、反对人治的坚定信念，指引党和人民在全面建成社会主义现代化强国的新征程上加快推进法治中国建设，以法治有力保障政治稳定、经济发展、文化繁荣、社会和谐、生态优美、民族团结、人民幸福、社会安宁、国家统一。

（四）守正创新的理论品格

守正创新是习近平法治思想鲜明的理论品格，也是其具有强大理论优势和生机活力的奥妙所在。习近平总书记指出：“马克思主义是不断发展的开放的理论……一部马克思主义发展史就是马克思、恩格斯以及他们的后继者们不断根据时代、实践、认识发展而发展的历史，是不断吸收人类历史上一切优秀思想文化成果丰富自己的历史。因此，马克思主义能够永葆其美妙之青春，不断探索时代发展提出的新课题、回应人类社会面临的新挑战。”① 在长期的领导实践中，特别是党的十八大以来，习近平总书记不断深入推进中国特色社会主义法治理论创新、实践创新、制度创新，为全党和全国人民树立了守正创新的光辉典范。习近平法治思想充分展示了守正创新的伟大理论成

① 习近平：《在纪念马克思诞辰200周年大会上的讲话》（2018年5月4日），载《人民日报》2018年5月5日，第2版。

果，集中反映了我们党在法治领域的辉煌理论成就。

经过数十年的实践和发展，尤其是党的十八大以来，以习近平同志为核心的党中央团结带领全党全军全国各族人民，在推进中国特色社会主义全面依法治国的伟大实践中，形成了习近平法治思想。习近平法治思想作为一套体系完整、内涵丰富的科学理论体系，为新时代推进中国特色社会主义法治国家建设、推进中国式法治现代化提供了根本遵循和行动指南，同时也引领了全球法治思想的发展。

构建中国特色自主法学体系建设，是推进中国法治建设创新的内在要求。推进中国特色社会主义法治国家建设，必须坚持习近平法治思想的理论指导，这就需要构建中国自主法学知识体系。构建中国自主法学知识体系对于法治国家建设、现代化国家治理体系、推进文化自信、道路自信具有重要的意义。在推进中国特色社会主义法治国家建设的同时，积极探索具有自主独特性的法学理论和法治实践，才能准确把握时代发展趋势，更好面向未来，为中国社会的发展和法治建设提供强有力的支撑。

中国特色社会主义法治理论通过总结历史经验和实践，形成了套基于中国国情和历史文化的习近平法治思想。习近平法治思想内涵丰富，其核心要义是“十一个坚持”，即：坚持党对全面依法治国的领导；坚持以人民为中心；坚持中国特色社会主义法治道路；坚持依宪治国、依宪执政；坚持在法治轨道上推进国家治理体系和治理能力现代化；坚持建设中国特色社会主义法治体系；坚持依法治国、依法执政、依法行政共同推进，法治国家、法治政府、法治社会一体建设；坚持全面推进科学立法、严格执法、公正司法、全民守法；坚持统筹推进国内法治和涉外法治；坚持建设德才兼备的高素质法治工作队伍；坚持抓住领导干部这个“关键少数”。

习近平法治思想强调了以人民为本的法律价值观念，即依法保障公民的权利和自由，让法治真正成为人民的守护者。中国特色社会主义法治理论的成熟和发展，也得益于中国特殊的国情和经济社会发展状况。中国特色社会主义法治理论提倡科学、规范、纪律、公正的法治理念，在发展中国家探索法治之路，以及在维护世界和平、促进全球发展中都具备了积极的意义与影响。中国特色社会主义法治理论的系统完善与创新贡献，构成了中国特色社会主义法治理论的核心，并成为中国法治形成之路不断前行的重要理论支撑。此外，也为许多发展中国家构建现代法治制度提供了有益借鉴和有力支持。中国特色社会主义法治理论凝聚着中华民族的智慧和创造力，其民主政治、市场经济、法治建设的经验赢得了世界的瞩目。

总之，中国特色社会主义法治理论不断创新发展，促进了中国法治建设，增强了中国对外交流合作的影响力，同时也为全球法治建设提供了深入思考。构建中国自主法学知识体系是一个需要长期不懈努力的过程，需要有不断探索、不断创新的精神。只有在加强理论研究、培养法学人才、前沿领域研究、制度机制改革等多个领域统筹协调的基础上，才能真正构建有中国特色、彰显中国精神、适应中国国情、服务于中国发展的自主法学知识体系。我们相信，在中国特色社会主义法治理论的指导下，中国未来的法治建设将会更加广阔和美好！

第二章　坚持党对全面依法治国的领导

在党的二十大报告中，习近平总书记指出，“全面依法治国是国家治理的一场深刻革命，关系党执政兴国，关系人民幸福安康，关系党和国家长治久安”。① 这一重大论断深刻指出了全面依法治国对强国建设、民族复兴的重大作用。② 全面依法治国事关强国建设和民族复兴，事关党和国家战略全局，必须坚持党对全面依法治国的领导。坚持党对全面依法治国的领导具有重要的战略保障意义，从主体和功能来说，党的领导为全面依法治国实践提供了政治保障。坚持党对全面依法治国的领导是习近平法治思想核心要义中“十一个坚持”的第一个坚持，在习近平法治思想中居于首要地位、支配地位，并对其他“十个坚持”具有统领作用和决定作用。坚持党对全面依法治国的领导具有丰富的内涵，其蕴含的基本理论主要包括党对全面依法治国的领导的定位论、方向论、本体论和方法论等。其一，在定位论上，党对全面依法治国的领导具有战略保障作用；其二，在方向论上，党的领导是推进全面依法治国的根本保证；其三，在本体论上，党的领导是中国特色社会主义法治模式的本质特征；其四，在方法论上，坚持依法治国与依规治党有机统一，坚持把党的领导贯穿全面依法治国全过程和各方面。

第一节　定位论：党对全面依法治国的领导在习近平法治思想中的地位

党的十八大以来，习近平总书记在不同场合关于党对全面依法治国的领导的重要论述，系统回答了为什么坚持党对全面依法治国的领导、如何坚持党对全面依法治国

① 习近平：《高举中国特色社会主义伟大旗帜　为全面建设社会主义现代化国家而团结奋斗——在中国共产党第二十次全国代表大会上的报告》(2022 年 10 月 16 日)，载《求是》2022 年第 21 期。

② 《党的二十大报告学习辅导百问》，党建读物出版社、学习出版社 2022 年版，第 115 页。

的领导等重大理论和实践问题，为我们深入研究党对全面依法治国的领导提供了科学指引和根本遵循。

一、习近平法治思想中党对全面依法治国的领导的精髓要义

习近平法治思想是指导党对全面依法治国的领导的理论研究、制度构建、实践发展的根本遵循。坚持党对全面依法治国的领导是习近平法治思想的重要方面，不仅体现在习近平总书记在不同场合提出的关于党对全面依法治国的领导的重要论述中，而且还体现在党的十八大以来历次党代会报告中涉及的相关内容，这些内容构成了党对全面依法治国的领导的丰富思想，对我们研究党对全面依法治国的领导具有重要指导意义。

党对全面依法治国的领导的核心要义包括有机统一的五个方面，即党法关系、党的领导的战略价值、全面依法治国的领导者、领导范围和内容、领导方式和方法。具体而言就是，全面依法治国，最根本的是坚持党对全面依法治国的领导，核心是坚持党的领导、人民当家作主、依法治国有机统一；党的领导是中国特色社会主义法治模式最基本的特征，是推进全面依法治国的根本保证，对全面依法治国全过程各方面具有统领作用；重点是坚持党领导立法、保证执法、支持司法、带头守法，把依法治国基本方略同依法执政基本方式统一起来，把依法治国与依规治党统一起来，健全党的领导制度体系，推进党的领导制度化、法治化、规范化，通过法治保障党的路线方针政策有效实施。

党的二十大报告凝练了习近平新时代中国特色社会主义思想的世界观和方法论，“六个必须坚持”“从世界观和方法论高度，系统概括了习近平新时代中国特色社会主义思想的立场观点方法”，① “是习近平新时代中国特色社会主义思想的世界观和方法论的集中体现”，② 基本内容包括，必须坚持人民至上、必须坚持自信自立、必须坚持守正创新、必须坚持问题导向、必须坚持系统观念、必须坚持胸怀天下。党对全面依法

① 北京市习近平新时代中国特色社会主义思想研究中心：《学好用好习近平新时代中国特色社会主义思想的世界观和方法论》，载《求是》2023 年第 2 期。

② 徐艳玲：《深刻把握习近平新时代中国特色社会主义思想的世界观和方法论》，载《求是》2023 年第 4 期。

治国的领导的核心要义深刻体现了习近平新时代中国特色社会主义思想的世界观、方法论和贯穿其中的立场。党对全面依法治国的领导，坚持人民至上的立场和理念，以为中国人民谋幸福、为中华民族谋复兴、为世界谋大同的胸怀天下的视野和格局，坚持系统观念，在中国式现代化、习近平新时代中国特色社会主义思想的宏大系统内构建中国特色社会主义法治理论、建设中国特色社会主义法治体系，以中国特色社会主义法治引领和保障中国式现代化建设，在法治轨道上推进中国式现代化，体现了坚持问题导向、在新时代中国特色社会主义法治实践基础上对马克思主义法治理论的守正创新，体现出对中国特色社会主义法治道路、中国特色社会主义法治模式的自信自立。

二、党对全面依法治国的领导是习近平法治思想的重要方面

党对全面依法治国的领导是习近平法治思想的政治基石。坚持党对全面依法治国的领导具有重大政治导航的战略价值，是新时代推进全面依法治国实践最为根本的遵循。

党对全面依法治国的领导是习近平法治思想核心要义的核心内容。习近平总书记关于党对全面依法治国的领导的系列论述科学回答了党法关系、谁来领导、为何领导、领导什么、怎么领导等一系列重大理论和实践问题，确立了新时代党领导全面依法治国的新理念新思想新战略，是对马克思主义法治理论关于党法关系的创造性发展。① 对党法关系的科学回答和正确安排，是基于历史和人民的选择，具有深刻的历史逻辑，是对我国法治实践经验的科学总结，具有深刻的实践逻辑，是对马克思主义历史主体唯物史观的具体运用，具有深刻的理论逻辑，是全面推进依法治国的政治保障，具有深刻的政治逻辑。与其他“十个坚持”相比，坚持党对全面依法治国的领导是最高原则、第一原则、最大原则，是指导依法治国法治实践、理论研究、体系建设所必须坚持的首要原则。

① 黄文艺：《坚持党对全面依法治国的领导》，载《法治现代化研究》2021 年第 1 期。

三、党对全面依法治国的领导是我国依法治国取得的重大理论成果

全面依法治国不仅是个法治问题，更是一个重大政治问题，厘清和确立全面依法治国的领导主体是全面依法治国的首要问题并具有重大理论和现实意义。党对全面依法治国的领导具有深刻的宪法依据，党的领导地位是历史和人民的选择，宪法序言对此予以宣示并进行了确认，① 宪法修正案第三十六条强化了党的全面领导，② 党的领导的全面性当然地包含了党对全面依法治国的领导。始终坚持党对全面依法治国的领导，确保了全面依法治国的正确方向，是全面依法治国不断取得重大进展的基本经验，是全面依法治国取得的重大理论成果，是中国特色社会主义法治同西方资本主义法治的显著区别和制度优势。党对全面依法治国的领导体现了对马克思主义法治理论的坚持和发展，是习近平新时代中国特色社会主义思想世界观和方法论在法治领域的具体运用，是习近平法治思想的核心要义之核心。党对全面依法治国的领导，“是马克思主义法治思想中国化的最新成果，是全面依法治国的根本遵循，必须长期坚持、不断丰富发展”。③

党对全面依法治国的领导体现了党法关系的辩证统一。坚持党对全面依法治国的领导，在人类法治发展史上第一次提出了法治的领导者的思想，是习近平法治思想中富有原创性的法治概念，是对马克思主义法治理论的丰富和发展。坚持党对全面依法治国的领导，从理论上回答了全面依法治国所必须厘清的首要问题即党的领导与法治的关系问题，明确和规定了全面依法治国的政治道路和法治方向，蕴含了必须坚持中国特色社会主义制度、坚持中国特色社会主义法治理论的基本要求。全面依法治国，核心是坚持党的领导、人民当家作主、依法治国有机统一，最根本的是坚持党对全面依法治国的领导，这体现了“人民至上”的世界观和方法论，体现了马克思主义关于人民群众是历史主体和历史创造者的历史唯物主义立场。全面依法治国的主体是人民群众，人民群众推进全面依法治国实践是在党的领导下进行的，党的领导和人民主体

① 蒋清华：《中国共产党党的领导法规制度基础理论研究》，人民出版社 2019 年版，第 66 页。
② 同上书，第 84 页。
③ 习近平：《加强党对全面依法治国的领导》（2018 年 8 月 24 日），载《求是》2019 年第 4 期。

地位、党的领导和依法治国不是对立的，而是统一的，统一于党带领人民推进全面依法治国的伟大实践。

党对全面依法治国的领导中的党法关系原理体现了自信自立的世界观和方法论，体现了对中国特色社会主义制度的自信和坚持。“党的领导是我国社会主义法治之魂，是我国法治同西方资本主义国家法治最大的区别”① 的观点，体现了法治领域对“四个自信”的贯彻和运用，彰显了对中国特色社会主义法治道路以至于中国特色社会主义道路、对中国特色社会主义法治制度以至于中国特色社会主义制度的自信和坚持。自信自立的世界观和方法论“坚持和发展了马克思主义的实践观和认识论，体现了客观规律性和主观能动性的辩证统一”。② 自信自立的世界观和方法论蕴含着历史唯物主义哲理，即人民的历史主体性不是被动的，而是在尊重客观规律的前提下，能够发挥人的主观能动性的，新时代推进全面依法治国的实践是在坚持人民主体地位、坚持党的领导和中国特色社会主义制度的前提下，党带领人民不断推进中国特色社会主义法治制度创新的实践。

党对全面依法治国的领导中的党法关系原理体现了“系统观念”的世界观和方法论，体现了对中国特色社会主义理论在自信基础上的创新。“党和法的关系是一个根本问题，处理得好，则法治兴、党兴、国家兴；处理得不好，则法治衰、党衰、国家衰”③ 的观点，彰显了以习近平同志为核心的党中央站在事关中国特色社会主义法治事业、中国特色社会主义事业的成败得失的战略高度，深刻认识到处理好党法关系的极端重要性，系统思考和谋划党法关系、党法关系中坚持中国特色社会主义法治理论的思想和观点，把坚持中国特色社会主义法治理论放在坚持中国特色社会主义理论框架下系统谋划，并将坚持中国特色社会主义法治理论和坚持党的领导、坚持中国特色社会主义制度“三位一体”作为全面依法治国的三项基本要求。党对全面依法治国的领导

① 习近平：《坚定不移走中国特色社会主义法治道路 为全面建设社会主义现代化国家提供有力法治保障》(2021 年 11 月 16 日)，载《求是》2021 年第 5 期。

② 徐艳玲：《深刻把握习近平新时代中国特色社会主义思想的世界观和方法论》，载《求是》2023 年第 4 期。

③ 习近平：《在省部级主要领导干部学习贯彻党的十八届四中全会精神全面推进依法治国专题研讨班上的讲话》(2015 年 2 月 2 日)，载中共中央文献研究室编：《习近平关于全面依法治国论述摘编》，中央文献出版社 2015 年版，第 33 页。

中的党法关系原理蕴含着对中国特色社会主义法治理论的创新，其内在坚持了历史逻辑、理论逻辑和实践逻辑的有机统一，在理论渊源上坚持以马克思主义法治学说为指导、以中国特色社会主义理论为根本遵循，在历史渊源上坚持对中华优秀传统法律文化的继承和发展，在实践逻辑上对中国特色社会主义理论在法治领域进行展开，不断推进全面依法治国的实践创新，并推进实践基础上的中国特色社会主义法治理论创新。

第二节　方向论：党的领导是推进全面依法治国的根本保证

习近平总书记指出："党的领导是推进全面依法治国的根本保证。"①"只有在党的领导下依法治国、厉行法治，人民当家作主才能充分实现，国家和社会生活法治化才能有序推进。"②"全面推进依法治国这件大事能不能办好，最关键的是方向是不是正确、政治保证是不是坚强有力，具体讲就是要坚持党的领导，坚持中国特色社会主义制度，贯彻中国特色社会主义法治理论。党的领导是中国特色社会主义最本质的特征，是社会主义法治最根本的保证。"③这些论述深刻体现了党对全面依法治国的领导的根本保证价值。

一、党的领导在推进全面依法治国中的三项根本保证

党的领导在推进全面依法治国中的根本保证作用体现在三个方面，即在价值立场上引领人民至上的价值方向，在性质本质上保障中国特色社会主义法治的路径走向，在法治实践上确保中国特色社会主义法治事业的有序推进。党的领导是全面依法治国的第一原则、首要原则、最高原则。

（一）党对全面依法治国的领导确保了人民至上的价值

坚持党对全面依法治国的领导，站稳了人民立场，确保了人民在依法治国中的历

---

① 习近平：《以科学理论为指导，为全面建设社会主义现代化国家提供有力法治保障》(2020年11月16日)，载《习近平谈治国理政》(第四卷)，外文出版社2022年版，第286页。

② 《中共中央关于全面推进依法治国若干重大问题的决定》，载《人民日报》2014年10月29日，第1版。

③ 习近平：《关于〈中共中央关于全面推进依法治国若干重大问题的决定〉的说明》(2014年10月20日)，载《求是》2014年第21期。

史主体地位、实践主体地位、价值主体地位，体现了马克思主义的历史唯物论。确立人民至上的根本政治立场，是由中国共产党的理想信念、性质宗旨、初心使命所决定和体现的，党领导的全面依法治国，从根本上说是保障人民当家作主的法治实践，是保障党为中国人民谋幸福、为中华民族谋复兴的初心使命的法治实践。从出发点和落脚点来看，全面依法治国是中国特色社会主义事业的法治保障，其根本目的和价值是增进人民的福祉，中国特色社会主义事业是人民的事业、是党和国家的事业，是党领导全面依法治国的目的所在、价值所在。党对全面依法治国的领导确保人民至上的价值，在根本的政治立场上起到了以人民为主体的价值引领作用，实现了价值主体和目的价值的内在统一。

（二）党对全面依法治国的领导确保了依法治国的政治方向

作为全面依法治国的根本保证，党的领导决定和保障了全面依法治国的根本性质和政治方向。全面依法治国是党带领人民进行的中国特色社会主义法治的伟大实践，它以马克思主义法治思想为理论渊源，以习近平法治思想为根本遵循，是在中国特色社会主义法治理论指导下走出的中国特色社会主义法治道路，这条道路的显著特征是，始终坚持党对全面依法治国的领导，坚持中国特色社会主义制度，贯彻中国特色社会主义法治理论，而党的领导是中国特色社会主义法治道路最本质的特征和最关键的决定因素。质言之，党的领导决定了全面依法治国的社会主义性质。党对全面依法治国的领导是社会主义法治建设的根本所在、命脉所在，是中国特色社会主义法治的总根基，是法治中国建设沿着正确方向前进的“定海神针”。[①] 党的领导从根本上确保了全面依法治国的政治方向、政治原则、政治道路的正确性，确保全面依法治国始终沿着中国特色社会主义法治方向前进。

（三）党对全面依法治国的领导确保了中国特色社会主义法治事业的巨轮乘风破浪

政治保障是一个国家的最大优势，党的领导是中国特色社会主义法治事业的政治保障，是中国特色社会主义制度的最大优势，也是中国特色社会主义法治制度的最大

① 袁曙宏：《加强党对全面依法治国的领导》，载《党建研究》2018 年第 12 期。

优势，正是凭借党的领导的制度优势，全面依法治国才能有序推进。“实践证明，党的领导是党和国家事业不断发展、全面依法治国实践取得重大进展的‘定海神针’。我国社会主义法治建设之所以能够发生历史性变革、取得历史性成就，全面依法治国实践之所以能够取得重大进展，根本原因就在于坚持了中国共产党的领导。”① 将党的领导这个制度优势贯穿到全面依法治国全过程和各方面，从而确保人民当家作主和全面依法治国的有机统一，在全面依法治国中体现人民当家作主，在人民当家作主中推进全面依法治国。党对全面依法治国的领导确保国家和社会生活法治化的有序推进，从根本上彰显了党的领导的政治保障和政治引领作用。

二、党的领导对全面依法治国的根本保证的法理依据

党的领导是推进全面依法治国的根本保证，具有深刻的法理依据。

1. 从党的领导地位看，中国共产党是中国特色社会主义事业的领导核心

“中国共产党是中国特色社会主义事业的领导核心，是国家最高政治领导力量。”② 全面依法治国是中国特色社会主义事业的重要内容和重要工作，以党的领导保证全面依法治国的稳步推进、有序推进是建设中国特色社会主义事业的应有之义和政治保障。革命、建设和改革的历史已经证明，党的领导是党和国家事业不断胜利的根本保证，推进全面依法治国这件大事，离不开党的领导，党的领导是有序推进全面依法治国的必然要求。党领导依法治国也符合、反映和体现了马克思主义的唯物历史观，依法治国实践是以人民为主体的实践，依法治国实践必须坚持党的领导，因为党来自人民并代表人民，只有坚持党的领导，才能凝聚起亿万人民的智慧和力量，离开党的领导，人民将成为一盘散沙，依法治国实践会陷入乌托邦。

2. 从外部环境的复杂性和依法治国的系统性来看，党的坚强有力领导确保了全面依法治国的推进

当下，世界百年未有之大变局加速演变，国际局势的复杂和敌对势力的打压给民

① 李林：《坚持党对全面依法治国的领导》，载《经济日报》2021 年 1 月 25 日，第 10 版。
② 中共中央宣传部、中央全面依法治国委员会办公室：《习近平法治思想学习纲要》，人民出版社、学习出版社 2021 年版，第 13 页。

族复兴提出了严峻挑战，也为民族复兴带来了更强的紧迫感。同时，全面依法治国是一个系统工程，推进全面依法治国事关党和人民事业全局，全面依法治国能否有序推进，不仅关系到能否如期建设中国特色社会主义法治国家，还关系到能否为强国建设、民族复兴提供强有力的法治保障。统揽国内国际“两个大局”，加快建设中国特色社会主义现代化强国、实现中华民族伟大复兴，都必须有一个坚强有力的领导核心，只有在党的坚强有力领导下，强国建设、民族复兴的巨轮才能在国际复杂局势的险流中乘风破浪、扬帆远航。

同时，“法治不是万能的，法治有固有的局限性。党的存在和领导，可以弥补法治的不足，防止治理的漏洞”。①全面依法治国的系统性及其对强国建设、民族复兴的系统工程的保障作用，以及法治的局限性，都为坚持党的领导提出了必要性，只有坚持和加强党的领导，才能确保全面依法治国有序推进，才能继续创造经济快速发展和社会长期稳定的奇迹，才能为强国建设、民族复兴营造良好的法治环境和稳定的法治秩序。

三、强化党的领导对推进全面依法治国的根本保证作用

新征程上，要不断探索党的领导对推进全面依法治国的根本保证的有效路径，从而把党的领导的制度优势不断转化为依法治国的效能。强化党的领导对推进全面依法治国的保证作用，应坚持以下几项基本原则。

一是不断加强党对全面依法治国的集中统一领导。习近平总书记在2018年召开的中央全面依法治国委员会第一次会议上指出“党对全面依法治国的领导进入集中统一领导和统筹部署推进的新阶段”。②新征程上，充分发挥党对全面依法治国的集中统一领导，必须深刻领悟“两个确立”的决定性意义，坚定“四个自信”，做到“两个维护”，不断增强“四个意识”，保持全党的团结统一和推进全面依法治国的战略定力，不断强化党对全面依法治国的领导核心作用，以协调推进“四个全面”战略布局的高度坚持和加强党对全面依法治国的领导，为统筹推进“五位一体”总体布局提供战略保障，确保

① 叶青、陈庆安、尤俊意等：《加强和改进党对全面推进依法治国的领导》，上海人民出版社2016年版，第21页。

② 袁曙宏：《加强党对全面依法治国的领导》，载《党建研究》2018年第12期。

全面依法治国始终沿着中国特色社会主义法治道路推进，为实现建设中国特色社会主义法治体系、建设中国特色社会主义法治国家的全面依法治国总目标提供有力政治保障。

二是不断提升党领导全面依法治国的制度化、法治化水平。坚持党对全面依法治国的领导，必须不断提高党领导全面依法治国的能力和水平，而提升党领导全面依法治国的制度化、法治化水平是其应有之义。习近平总书记提出的“三统一”“四善于”是提升党领导全面依法治国的制度化、法治化水平的根本要求，即“把依法治国基本方略同依法执政基本方式统一起来，把党总揽全局、协调各方同人大、政府、政协、审判机关、检察机关依法依章程履行职能、开展工作统一起来，把党领导人民制定和实施宪法法律同党坚持在宪法法律范围内活动统一起来，善于使党的主张通过法定程序成为国家意志，善于使党组织推荐的人选通过法定程序成为国家政权机关的领导人员，善于通过国家政权机关实施党对国家和社会的领导，善于运用民主集中制原则维护中央权威、维护全党全国团结统一”。①“我们推进全面依法治国，决不能弱化、虚化甚至动摇、否定党的领导，而是为了进一步巩固党的执政地位、改善党的执政方式、提高党的执政能力”，②强化党对全面依法治国的领导。

三是不断提高法治队伍的法治能力和法治素质。徒法不足以自行，良法之下需要善治，而善治的核心和关键在于有一支高素质的法治队伍，因此，不断提升法治工作者的法治能力和法治素质是发挥党领导全面依法治国的保证作用的有效路径。提高法治工作者的法治思维能力、逐步养成运用法治方式解决法治问题的法治习惯，是党领导全面依法治国的必然要求，是破解党对全面依法治国的领导中人的因素问题的一项重要任务。不断提高领导干部这个“关键少数”的法治能力和法治素质是法治队伍建设的重中之重。

四是健全党领导全面依法治国的制度和工作机制。“健全党领导全面依法治国的制度和工作机制，通过法定程序使党的主张成为国家意志、形成法律，通过法律保障党的政策有效实施，确保全面依法治国正确方向。”③“要健全党领导全面依法治国的制度

---

① 《中共中央关于全面推进依法治国若干重大问题的决定》，载《求是》2014 年第 21 期。

② 袁曙宏：《加强党对全面依法治国的领导》，载《党建研究》2018 年第 12 期。

③ 习近平：《加强党对全面依法治国的领导》（2018 年 8 月 24 日），载《求是》2019 年第 4 期。

和工作机制，推进党的领导制度化、法治化，通过法治保障党的路线方针政策有效实施。”① 充分发挥中央全面依法治国委员会在全面依法治国中的统领作用，坚持系统思维和标本兼治的原则，将问题导向和目标导向相结合，着力破解法治领域存在的突出问题和老百姓反映强烈的问题，通过攻坚一个个法治难题，树立法律权威，在一次次实现法治的阶段性目标中逐步实现依法治国总目标。不断探索和创新党领导立法、保证执法、支持司法、带头守法的制度和工作机制，充分发挥纪检监察和巡视巡察制度对法治运行的监督作用，着力破除影响法律运行的深层次体制难题和执法、司法中的不公问题。在加强党中央的集中统一领导的前提下，通过压力传导和责任落实，发挥党对法治领域的领导和监督作用，强化党的领导与法治工作同谋划、同部署、同推进、同考核，发挥各地方党委统一领导，以及法治各系统党委的积极性、主动性，形成党委统一领导和各方负责、齐抓共管的法治格局。

第三节　本体论：党的领导是中国特色社会主义法治模式的本质特征

中国共产党带领中国人民进行的伟大法治实践，走出了一条中国特色社会主义法治道路，这是我国法治建设的最大成就。我们要把这个伟大法治成就进行理论提升、学理阐释、学术表达，总结出中国特色社会主义法治模式，② 丰富中国特色社会主义法治理论，为完善中国特色社会主义法治制度奠定理论基础。改革开放以来尤其是党的十八大以来，我们探索出一条中国特色社会主义法治道路。从根本上来说，这条道路具有不同于西方法治道路的鲜明特征，一个重要表现是明确了坚持党对法治的领导这个法治领导者问题。我们把实践中的中国特色社会主义法治道路学理化阐释为中国特色社会主义法治模式，有几大理由：一是不必拘泥于中国特色社会主义法治道路是否

① 习近平：《坚定不移走中国特色社会主义法治道路　为全面建设社会主义现代化国家提供有力法治保障》(2021 年 11 月 16 日)，载《求是》2021 年第 5 期。

② 关于中国特色社会主义法治是模式还是道路的问题，学者有不同见解，模式论与道路论都承认中国法治具有特殊性、合理性，不同之处是，模式论认为，中国特色社会主义法治模式是一种终极的、与西方永远不同的法治文明类型，道路论则认为，中国时下法治是一种阶段性而非终极性产物，还没有达到高级阶段，故尚未达到模式的成熟程度。参见郝铁川：《我们处在“新训政”时期——中国特色法治“模式”与“道路”之争》，载《探索与争鸣》2016 年第 10 期。笔者认为，中国特色社会主义法治道路是政治实践概念，而中国特色社会主义法治模式是中国特色社会主义法治道路的学术化表达。

成熟的问题。成熟与否不应当是判断道路模式的本质要素，具有一些特殊性因素从而彰显与众不同的独立个性，就可以自成一种道路模式。中国特色社会主义法治道路的独立化发展并取得了重大进展和基本经验的事实，决定了中国特色社会主义法治模式业已诞生。二是法治道路组成要素的组合方式不同，就会产生不同的法治模式。法治道路是个系统问题，法治道路的诸组成要素之间的不同组合，会产生不同的法治模式。三是法治模式是对实践上的法治道路的理论称谓，有什么样的法治道路，就有什么样的法治模式。法治道路和法治模式这两个概念之间的关系是逻辑学上的同一关系，即法治道路就是法治模式，法治模式就是法治道路。四是明确中国特色社会主义法治道路已成为中国特色社会主义法治模式，具有重大理论和政治意义。认可中国特色社会主义法治模式，有利于重构和争夺国际话语权，在法治话语权上，应承认法治模式具有多样性，世界各国都有根据本国国情自主选择法治模式的权利。纵观世界各国法治模式，不存在定于一尊、放之四海而皆准的唯一模式，各国都有且应当有自己的法治模式，适应本国国情的法治模式就是好的模式，这是判断法治模式好坏的首要标准。认同中国特色社会主义法治模式，是坚定“四个自信”的体现和要求。中国特色社会主义法治道路的实践，彰显了道路自信、制度自信，这要求我们在理论上凝练、倡导、宣传中国特色社会主义法治模式来呼应，彰显理论自信、文化自信，法治理论应当与法治实践相长，法治理论不应当滞后于法治实践，实践每进步一次，理论和思想就要跟进一次。这也是理论上自觉贯彻习近平新时代中国特色社会主义思想世界观和方法论之“自信自立”的必然要求，自信方能自立，自立方能自信，中国共产党建党 100 多年、新中国成立 70 多年、改革开放 40 多年，我们的法治实践早已过了“而立”之年，其中也积累了不少经验，我们完全有理由自信起来，而认同中国特色社会主义法治模式就是一种自信。承认中国特色社会主义法治模式，体现了马克思主义共性与个性、一般与个别、普遍与特殊的基本哲学逻辑，法治文明和法治模式具有多样性，中国特色社会主义法治模式是人类法治模式的一种形式，中国特色社会主义法治道路是人类法治文明的新样态，人类法治模式与中国特色社会主义法治模式、人类法治文明与中国特色社会主义法治道路是共性与个性、一般与个别、普遍与特殊的关系。

党对全面依法治国的领导体现了中国特色社会主义法治道路的本体论，但这个本体论是马克思主义的本体论，而不是其他什么本体论。党对全面依法治国的领导的本体论集中表现在，全面依法治国是一场伟大的中国特色社会主义法治实践，这种法治实践是一种物质实践，法治实践的主体是人民群众，人民群众的法治实践始终能够顺应历史趋势，根本在于，这种法治实践是党带领人民群众有序推进的，人民群众在法治实践中可以发挥主观能动性、历史主动性和法治创造性。

一、坚持中国特色社会主义法治道路的理论和实践意义

道路决定命运。法治道路问题是中国特色社会主义法治的根本问题，关系中国特色社会主义法治的成败。习近平总书记指出："全面推进依法治国，必须走对路。"① "具体讲我国法治建设的成就，大大小小可以列举出十几条、几十条，但归结起来就是开辟了中国特色社会主义法治道路这一条。"② "走中国特色社会主义法治道路是一个重大课题，有许多东西需要深入探索，但基本的东西必须长期坚持。"③ 那就是，"必须坚持中国共产党的领导"，④ "必须坚持人民主体地位"，⑤ "坚持中国特色社会主义法治道路，最根本的是坚持中国共产党的领导"。"中国特色社会主义法治道路是社会主义法治建设成就和经验的集中体现，是建设社会主义法治国家的唯一正确道路。"⑥ "全面推进依法治国这件大事能不能办好，最关键的是方向是不是正确、政治保证是不是坚强有力，具体讲就是要坚持党的领导，坚持中国特色社会主义制度，贯彻中国特色社会主义法治理论。"⑦ 这三个方面也是中国特色社会主义法治道路的核心要义，蕴含着中国特色社会主义法治道路的世界观和方法论，即谁领导法治、坚持什么社会制度、贯彻什么性质的法治理论，这为奠定中国特色社会主义法治模式提供了思想和理论基础，是我们研究中国特色社会主义法治模式的根本遵循。

---

① 习近平：《加快建设社会主义法治国家》(2014 年 10 月 23 日)，载《求是》2015 年第 1 期。
② 同上。
③ 同上。
④ 同上。
⑤ 同上。
⑥ 中共中央宣传部：《习近平新时代中国特色社会主义思想学习问答》，学习出版社、人民出版社 2021 年版，第 170 页。
⑦ 习近平：《关于〈中共中央关于全面推进依法治国若干重大问题的决定〉的说明》(2014 年 10 月 20 日)，载《求是》2014 年第 21 期。

谁领导法治、坚持什么社会制度、贯彻什么性质的法治理论，分别从法治主体和领导者、社会形态和基本社会制度基础、马克思主义和中国特色社会主义法治理论三个维度规定了中国特色社会主义法治模式，体现了中国特色社会主义法治模式的内在结构。其中，法治主体和领导者是核心，社会形态和基本社会制度基础、马克思主义和中国特色社会主义法治理论是法治主体和领导者的法治选择的结果，前者是主体，后者是客体，前者决定后者。中国特色社会主义法治模式的内在结构体现了马克思主义历史唯物论原理，人民是历史主体和历史创造者，历史是由人民书写的，社会历史的发展规律是客观的，人民对历史发展规律是可以认识和顺应的。中国特色社会主义法治模式，是党带领人民通过伟大法治实践并总结法治规律作出的正确和理性选择，中国特色社会主义法治模式是在社会主义的社会形态下发生发展的，以坚持中国特色社会主义制度为根本前提，以马克思主义为指导思想，以顺应世情、国情的中国特色社会主义法治理论为根本遵循。

二、党对全面依法治国的领导体现了中国特色社会主义法治道路的根本要求和鲜明特征

党对全面依法治国的领导是党带领人民推进和落实全面依法治国基本方略的高度概括，蕴含了党的领导、人民当家做主、依法治国的有机统一，内在规定了推进全面依法治国基本方略的实践主体和领导主体。“离开了党的领导，全面依法治国就难以有效推进，社会主义法治国家就建不起来。”① “坚持党的领导，是社会主义法治的根本要求，是全面推进依法治国题中应有之义。”② “我们强调坚持党的领导、人民当家作主、依法治国有机统一，最根本的是坚持党的领导。”③ “不能把坚持党的领导同人民当家作主、依法治国对立起来，更不能用人民当家作主、依法治国来动摇和否定党的领导。”④ “党

① 习近平：《坚定不移走中国特色社会主义法治道路　为全面建设社会主义现代化国家提供有力法治保障》(2021 年 11 月 16 日)，载《求是》2021 年第 5 期。

② 习近平：《加快建设社会主义法治国家》(2014 年 10 月 23 日)，载《求是》2015 年第 1 期。

③ 习近平：《党的领导和社会主义法治是一致的》(2014 年 1 月 7 日)，载《论坚持全面依法治国》，中央文献出版社 2020 年版，第 42 页。

④ 同上书。

的领导和依法治国不是对立的，而是统一的。”[①] 这些都强调了党的领导主体地位，党的领导主体地位体现了人民历史主体性和党的代表性的辩证统一，中国共产党是中国人民和中华民族的先锋队，人民历史主体性和历史创造性是通过人民的先进代表即中国共产党实现的。党的领导主体地位理论体现了自信自立的世界观和方法论，党在全面依法治国中的领导主体地位是全面依法治国的最根本保证，不断加强和改善党的领导是影响全面依法治国实践成功的首要因素和重大课题。

党对全面依法治国的领导是中国特色社会主义法治道路的核心问题，坚持中国特色社会主义法治道路，必须坚持党的领导，坚持党对全面依法治国的领导，这是被我国法治实践反复证明了的真理，是在法治领域坚持人民主体地位的重要表现。党的领导是中国特色社会主义法治道路的根本要求和显著特征，党对全面依法治国的领导的制度规定体现了中国特色社会主义法治道路的根本要求和显著特征，确保了党对全面依法治国的领导。没有党的领导，全面依法治国基本方略就无法有效落实，就会偏离中国特色社会主义法治道路的正确航向。中国特色社会主义法治道路是党带领人民在法治实践中反复探索出来的，世界上不存在没有法治主体的法治道路，离开人民主体地位、离开党的领导，中国特色社会主义法治道路就失去了价值，是法治道路上的唯心主义，法治道路上的唯心主义不是从人民的法治实践需要出发，不是总结法治实践经验从而上升为理论和制度，不是基于实践基础上的理论和制度创新，而是照搬照抄西方法治理论和法治模式，企图在中国大地上复制一个西方版的法治制度。那种否定党对全面依法治国的领导或割裂党的领导与全面依法治国之间关系的观点，都是不顾中国国情而机械移植西方法治模式的唯心主义的重要表现。习近平总书记深刻揭示了以“法治形态—政治理论”“法治模式—政治逻辑”“法治道路—政治立场”为内涵的“法治—政治”的法治发展范式，指出，“每一种法治形态背后都有一套政治理论，每一种法治模式当中都有一种政治逻辑，每一种法治道路底下都有一种政治立场”。[②]

① 习近平：《坚定不移走中国特色社会主义法治道路　为全面建设社会主义现代化国家提供有力法治保障》(2021 年 11 月 16 日)，载《求是》2021 年第 5 期。

② 习近平：《在省部级主要领导干部学习贯彻党的十八届四中全会精神全面推进依法治国专题研讨班上的讲话》(2015 年 2 月 2 日)，载中共中央党史和文献研究院编：《习近平关于依规治党论述摘编》，中央文献出版社 2022 年版，第 194 页。

三、以党对全面依法治国的领导为核心加快完善中国特色社会主义法治模式

中国特色社会主义法治道路本质上是中国特色社会主义道路在法治领域的具体体现，是建设社会主义法治国家的唯一正确道路。推进全面依法治国，必须坚持中国特色社会主义法治道路，其中坚持党对全面依法治国的领导是首要的坚持，坚持党对全面依法治国的领导必须不断加强和改善党的领导。“全面依法治国决不是要削弱党的领导，而是要加强和改善党的领导，不断提高党领导依法治国的能力和水平，巩固党的执政地位。”① 加强和改善党的领导，必须处理好党的领导与人民主体地位之间的关系，党领导全面依法治国应始终坚持“人民至上”的价值和立场，党推进全面依法治国必须为了人民、依靠人民、造福人民，而不断推进反腐败斗争是赢得“保持同人民群众的血肉联系、人民衷心拥护的历史主动”② 的必由之路。坚持党对全面依法治国的领导，必须反对两种错误倾向，即把党的领导和依法治国割裂开来或对立起来。

党对全面依法治国的领导是理论的，也是实践的。党对全面依法治国的领导是中国特色社会主义法治道路的本质特征，是中国特色社会主义法治实践的伟大创新，坚持党对全面依法治国的领导，必须不断总结党对全面依法治国的领导的实践经验，并不断推进实践基础上的理论创新，将党对全面依法治国的领导的实践成果及时上升和转化为依法治国的重大理论和制度，将实践中的中国特色社会主义法治道路凝练为理论上的中国特色社会主义法治模式，实现依法治国理论和实践相统一，彰显“四个自信”。加快构建中国特色社会主义法治模式，必须确保这种模式在政治立场、政治方向、政治原则、政治道路上的正确性，而坚持党对全面依法治国的领导是最为根本的原则和要求。坚持党对全面依法治国的领导，首要的是加强党对全面依法治国的集中统一领导，充分发挥党中央顶层设计的引领和保障作用，不断探索和推进以中央全面依法治国委员会为核心的体制机制创新，“统筹推进全面依法治国工作”。③ 坚持党对

① 习近平：《加强党对全面依法治国的领导》（2018 年 8 月 24 日），载《求是》2019 年第 4 期。

② 本报评论部：《反腐败斗争一刻不能停，必须永远吹冲锋号》，载《人民日报》2023 年 2 月 20 日，第 5 版。

③ 习近平：《加强党对全面依法治国的领导》（2018 年 8 月 24 日），载《求是》2019 年第 4 期。

全面依法治国的领导，必须不断探索党对全面依法治国的领导的有效路径，为此，必须把习近平新时代中国特色社会主义思想的世界观和方法论贯穿始终，坚持人民至上，贯彻马克思主义唯物史观，尊重人民群众在法治实践中的首创精神，把党的领导和人民的主体地位辩证统一起来，统一于新时代中国特色社会主义法治建设实践。

第四节　方法论：领导范围全面性、治国治党统一性、领导制度体系性

党对全面依法治国的领导蕴含着丰富的方法论，包括有机统一的三个方面：在领导范围上，坚持把党的领导贯彻到全面依法治国各方面全过程；在基本原则上，坚持依法治国和依规治党有机统一的战略方针；在基本路径上，健全党的领导制度体系，提升党的领导能力和水平。

一、把党的领导贯穿全面依法治国全过程和各方面

坚持党对全面依法治国的领导是全面依法治国的根本要求，是全面依法治国的最大制度优势，事关中国特色社会主义法治体系、社会主义法治国家建设的全面依法治国总目标能否如期实现。

（一）把党的领导贯穿全面依法治国全过程和各方面的基本要求

党对全面依法治国的领导是具体的，应当把党的领导贯穿全面依法治国全过程和各方面。习近平总书记指出，“坚持党的领导，不是一句空的口号，必须具体体现在党领导立法、保证执法、支持司法、带头守法上。一方面，要坚持党总揽全局、协调各方的领导核心作用，统筹依法治国各领域工作，确保党的主张贯彻到依法治国全过程和各方面。另一方面，要改善党对依法治国的领导，不断提高党领导依法治国的能力和水平。党既要坚持依法治国、依法执政，自觉在宪法法律范围内活动，又要发挥好各级党组织和广大党员、干部在依法治国中的政治核心作用和先锋模范作用”。① 党对全面依法治国的领导应贯彻落实到党领导法治的实际工作中，而不是把它当成一句政治口号。

① 习近平：《加快建设社会主义法治国家》（2014 年 10 月 23 日），载《求是》2015 年第 1 期。

把党的领导贯穿全面依法治国全过程和各方面，必须坚持“三统一”“四善于”原则。即“把依法治国基本方略同依法执政基本方式统一起来，把党总揽全局、协调各方同人大、政府、政协、审判机关、检察机关依法依章程履行职能、开展工作统一起来，把党领导人民制定和实施宪法法律同党坚持在宪法法律范围内活动统一起来，善于使党的主张通过法定程序成为国家意志，善于使党组织推荐的人选通过法定程序成为国家政权机关的领导人员，善于通过国家政权机关实施党对国家和社会的领导，善于运用民主集中制原则维护中央权威、维护全党全国团结统一”。[①]“三统一”“四善于”既是党领导全面依法治国的具体制度和工作机制，也是把党的领导贯穿全面依法治国全过程和各方面的基本原则、基本要求和根本遵循。

（二）把党的领导贯穿全面依法治国全过程和各方面的基本路径

新征程上，坚持以习近平法治思想为根本遵循，落实“三统一”“四善于”的基本要求，真正把党的领导贯彻到全面依法治国全过程和各方面。在法治实践中，党中央和各部门应当全面、系统、整体地落实党对全面依法治国的领导，确保党对全面依法治国的领导的全面性、系统性、整体性和对全面依法治国过程领导的不间断性，把握好全面依法治国的正确政治方向、谋划好全面依法治国的法治大局，发挥全面依法治国对协调推进“四个全面”战略布局和实现中国式现代化、实现中华民族伟大复兴的法治保障作用。不断总结党领导全面依法治国的实践经验，及时把实践经验上升为党领导全面依法治国的重大理论并融入党的路线方针政策，并通过国家立法程序和党内法规制定程序将其转化为法律和党规制度予以固化和长期坚持。

在法治实践的整个过程中，法治各系统、各地方必须站在事关党和国家事业发展全局和成败得失的政治高度，无条件落实党对全面依法治国的领导的政治责任，在支持和维护党中央对全面依法治国的集中统一领导的前提下，在支持和尊重人大、政府、政协、审判机关、检察机关依法依章程履行职能、开展工作的基础上，不断探索党对全面依法治国的领导的有效途径和方法，坚决做到“领导立法、保证执法、支持司法、带头守法”，通过对法治运行中的党员和公职人员的违法犯罪行为的党内执纪问责和监

① 《中共中央关于全面推进依法治国若干重大问题的决定》，载《求是》2014年第21期。

察监督，确保法治健康运行，维护法律的权威和尊严，严惩司法腐败，切实让老百姓在每个司法案件中都感受到公平正义，使全社会形成尊法学法守法用法的法治意识、养成运用法治思维和法治方式思考问题和解决问题的法治习惯、树立法律至上的法律信仰。

二、坚持依法治国和依规治党有机统一

坚持依法治国与依规治党有机统一，在于要使依法治国深入人心，必先使依规治党深入党心。依规治党是被实践证明确保党的领导核心作用的有效路径，通过依规治党，在特质上永葆党的先进性和纯洁性，在品质上提高党的执政能力和领导水平，从外在特质和内在品质上保持和发展党的领导的正当性，确保党的领导地位、执政地位，确保党发挥对全面依法治国的领导核心作用。坚持依法治国与依规治党有机统一，还在于依法治国和依规治党具有互补性作用。习近平总书记指出，“要发挥依法治国和依规治党的互补性作用，确保党既依据宪法法律治国理政，又依据党内法规管党治党、从严治党”。①

（一）坚持依法治国和依规治党有机统一是坚持党对全面依法治国的领导的应有之义

党对全面依法治国的领导内在包含了依法治国和依规治党的有机统一。坚持全面依法治国是党的十九大确立的新时代坚持和发展中国特色社会主义的十四项基本方略之一，而坚持依法治国和依规治党有机统一是坚持全面依法治国的基本要求。依法治国和依规治党的有机统一的内在理据是国家法律和党内法规的统一性。②将依法治国和依规治党的有机统一作为党对全面依法治国的领导的基本要求，是提高党领导全面依法治国的能力和水平的需要，党对全面依法治国的领导首先要求不断推进依规治党，提高党领导全面依法治国的能力和水平。因此，治国必先治党，依法治国必先依规治党，依法治国与依规治党有机统一是坚持党对全面依法治国的领导的内在要求。

依规治党为依法治国提供法治引领和政治保障。“依规治党是依法治国的引领和保

① 习近平：《加强党对全面依法治国的领导》（2018年8月24日），载《求是》2019年第4期。

② 张文显：《坚持依法治国和依规治党有机统一》，载《政治与法律》2021年第5期。

障，依法治国是依规治党的基础和依托，两者具有内在统一性。”① 全面依法治国是党带领人民建设中国特色社会主义法治国家的法治实践，中国共产党的依规治党实践，必将为全面依法治国提供法治引领和政治保障。一方面，以依规治党的治理效能引领依法治国的政治效果。通过依规治党，强化和彰显党要管党、制度治党的决心和意志，走出一条党内治理法治化的成功路径，为全面依法治国树立标杆。另一方面，以依规治党的制度优势保障全面依法治国的有序推进。全面依法治国最大的保证是政治保障，依规治党过程中形成的党的领导制度、依规治党制度、党内法规制度等制度成果，是依规治党的制度优势，在推进全面从严治党、提升党的自我革命能力、确保党跳出历史周期率等方面都发挥了制度威力，通过对依规治党制度的理论提升和制度转化，可以将依规治党的制度优势转化为全面依法治国的保障。

（二）协调推进依法治国和依规治党为全面依法治国提供政治保障

新征程上，必须以更加执着的决心和毅力协调推进依法治国和依规治党。“必须坚持在党中央的集中统一领导下，对依法治国和依规治党同谋划同部署同推进。”② 坚持党对全面依法治国的领导，必须不断加强和改进党对全面依法治国的领导，持之以恒地推进反腐败斗争和党风廉政建设，根除损害党的先进性和纯洁性的因素及其根源，保持并发展党的先进性和纯洁性，永葆马克思主义政党的先进性，永葆党的“两个先锋队”“三个代表”的性质，永葆党全心全意为人民服务的宗旨，永葆党为中华人民谋幸福、为中华民族谋复兴的初心使命，确保党永远不变质、不变色、不变味，彰显党对一切工作的领导、党对全面依法治国的领导的正当性。必须以全面从严治党永远在路上、党的自我革命永远在路上的决心推进依规治党，必须增强依规治党的自觉性和坚定性，把依规治党战略放在事关党生死存亡的政治高度一以贯之地推进，依规治党只有进行时，没有完成时，经济社会发展到哪个历史方位，依规治党就要跟进到哪个历史方位。

协调推进依法治国和依规治党，必须不断完善党内法规体系。不断完善党内法规体系，是推进全面依法治国、确保党对全面依法治国的领导的需要。党内法规是依规

---

① 《习近平法治思想概论》编写组：《习近平法治思想概论》，高等教育出版社2021年版，第89页。
② 同上书，第317页。

治党的依据，是实现全面依法治国总目标的应有之义，是推进全面依法治国、建设社会主义法治国家的政治保障。党内法规体系是国家治理体系的重要方面，是国家治理能力现代化的重要体现，是协调推进依法治国和依规治党的内在要求。形成完善的党内法规体系，是全面推进依法治国的战略目标和战略举措的重要方面和具体要求，是全面依法治国的法治需要和政治保证，是贯彻党对全面依法治国的领导的内在需要和必然要求，是国家治理体系和治理能力现代化的重要内容和重要体现。自我革命是中国共产党的鲜明特征，是中国共产党永葆先进性和纯洁性、提高党的领导能力和水平的重要路径，是党跳出历史周期率的重要法宝，全面依法治国是中国特色社会主义事业的重要组成部分，要确保党始终成为全面依法治国的领导核心，必须不断推进全面从严治党、推进党的伟大自我革命，而党内法规在党的自我革命和全面从严治党中具有基础地位和规范作用，是自我革命制度规范体系、全面从严治党体系的制度载体和依据。“加强党内法规制度建设是全面从严治党的长远之策、根本之策。”① 因此，不断完善党内法规体系，是坚持和加强党对全面依法治国的领导的必然要求。

三、健全党的领导制度体系，提升党的领导能力和水平

健全党的领导制度体系是促进党对全面依法治国的领导的制度化、法治化、规范化的必然要求。

（一）健全党的领导制度体系旨在提高党领导全面依法治国的能力和水平

坚持党对全面依法治国的领导，必须不断提升党领导全面依法治国的能力和水平。党领导全面依法治国的能力和水平是永葆党对全面依法治国的领导的内在要求，历史选择和人民选择宣告了党的领导的合法性，宪法对党的领导的合法性予以了确认，我们党本着对历史和人民负责的态度，以自我革命永远在路上的决心，推进全面从严治党，从而不断提升党的领导能力和水平，而不断提升党领导全面依法治国的能力和水平是其题中之义。

健全党的领导制度体系是提升党领导全面依法治国的能力和水平的有效路径。构

① 习近平：《论坚持全面依法治国》，中央文献出版社2020年版，第169页。

建完善的党的领导制度体系是提高党领导全面依法治国的能力和水平的基本要求和重要体现，党的领导制度体系是否完善以及完善程度，标志着党领导全面依法治国的能力和水平的高低，因此，构建完善的党的领导制度体系是提升党领导全面依法治国的能力和水平的重要路径。党的领导制度化、法治化、规范化能力和水平是党领导全面依法治国的能力和水平的重要方面，党的领导制度体系是国家治理体系的重要组成部分，是国家治理能力现代化的重要体现，是党领导全面依法治国的制度化、法治化、规范化的重要表现，因此，健全党的领导制度体系是提升党领导全面依法治国的制度化、法治化、规范化能力和水平的必然要求。

（二）健全党的领导制度体系旨在提升党对全面依法治国的领导的科学化和法治化

注重宪法法律、党内法规和政治规范之间在规范党的领导制度上的衔接协调。“要进一步推进党的领导入法入规，善于使党的主张通过法定程序成为国家意志，转化为法律法规，推进党的领导制度化、法治化、规范化。”① 在对党的领导制度的规定上，宪法法律、党内法规和政治规范各有侧重，调整范围和调整方式有所不同，但目的是一致的，都是坚持和加强党的领导。完善宪法和宪法性法律对党的领导的调整，确保党的领导有宪法依据，但宪法和宪法性法律的调整主要从宏观层面确立领导关系、领导地位、领导范围、领导原则和领导方式等，在领导原则和领导方式的规定上具有宣示性和原则性特征，而把具体化规定的任务交给党内法规。在宪法确立领导关系的基础上，政治规范和党内法规、民主党派的党内治理规范分别从不同角度确认和维护党的领导关系。政治规范是政治调整方式的依托，政治规范有成文政治规范和不成文政治规范，不成文政治规范如政治惯例，党内法规和民主党派的党内治理规范从本质上说都属于政治规范的范畴，但政治规范不限于党内法规和民主党派的党内治理规范，《中国人民政治协商会议章程》是重要的政治规范，《中国人民政治协商会议章程》把宪法确立的领导关系以政治规范的形式予以落实，《中国共产党章程》和各民主党派章程也都确认和重申了宪法确立的领导关系。

① 习近平：《推进全面依法治国，发挥法治在国家治理体系和治理能力现代化中的积极作用》（2020 年 2 月 5 日），载《论坚持全面依法治国》，中央文献出版社 2020 年版，第 273 页。

健全党的领导制度体系是提升党对全面依法治国的领导的科学化和法治化的有效路径。健全党的领导制度体系是落实宪法确立的党必须在宪法法律范围内活动的原则要求，推进党的领导制度化、法治化、规范化，在党对全面依法治国的领导过程中，在全面依法治国实践中把法治思维和法治方式贯穿其中、贯穿始终。健全党的领导制度体系是落实宪法确立的科学执政、民主执政、依法执政的基本要求，确保党的领导方式彰显科学性、民主性、法治性。健全党的领导制度体系，不断健全和完善党领导全面依法治国的体制机制，不断探索和创新党领导全面依法治国的制度和工作机制，把党的领导的制度优势转化为依法治国的治理效能。

第三章　坚持以人民为中心

“坚持以人民为中心”是习近平法治思想核心要义“十一个坚持”中的“第二个坚持”，其全面贯穿于习近平新时代中国特色社会主义思想，同时也是中国特色社会主义法治的本质要求。“以人民为中心”作为习近平法治思想的基本立场，植根于我国的国体和政体。习近平总书记指出：“我国社会主义制度保证了人民当家做主的主体地位，也保证了人民在全面推进依法治国中的主体地位。”[①] 由此可见，作为无产阶级国家，我们的民主与法制与西方资本主义有着明显区别，而最根本的区别便是对人民主体地位的高度认可。[②]“以人民为中心”本质上也就是坚持人民在法治建设中的主体价值和中心地位，站稳人民立场。[③] 因此，我们要以习近平法治思想为指导，以人民为中心推进全面依法治国，不断深化全面依法治国实践，坚定不移地走中国式法治现代化道路，加快中国式法治现代化进程，推进法治中国建设。

第一节　以人民为中心推进全面依法治国概述

一、以人民为中心的范畴体系

“坚持以人民为中心”是党的十八大以来习近平总书记提出的“人民对美好生活的向往，就是我们的奋斗目标”[④] 的执政理念在全面依法治国中的体现，是习近平法治思想的灵魂。坚持以人民为中心，紧紧地与人民联系在一起，这并不是一个抽象的概念，而是贯彻落实在全面依法治国全过程，体现了全面依法治国核心观点的具象概念。在

---

① 中共中央宣传部、中央全面依法治国委员会办公室：《习近平法治思想学习纲要》，人民出版社、学习出版社 2021 年版，第 5 页。

② 公丕祥：《习近平法治思想的哲学基础》，载《法律科学（西北政法大学学报）》2022 年第 3 期。

③ 张文显：《习近平法治思想的基本精神和核心要义》，载《东方法学》2021 年第 1 期。

④ 习近平：《习近平谈治国理政》，外文出版社 2014 年版，第 4 页。

习近平新时代中国特色社会主义思想的话语体系中，以人民为中心是指将人民作为一切工作的出发点和落脚点，反映到法治领域，以人民为中心则是指将人民作为一切法治建设工作的出发点和落脚点。习近平总书记在党的二十大报告中指出，“必须坚持人民至上……我们要站稳人民立场、把握人民愿望、尊重人民创造、集中人民智慧，形成为人民所喜爱、所认同、所拥有的理论，使之成为指导人民认识世界和改造世界的强大思想武器”。基于此，以人民为中心的基本内涵主要可以从人民意志、人民权益、人民创造和人民满意等层面展开论述。①

（一）以人民意志为中心：推进全面依法治国的指路明灯

人民意志这一概念指的是共和体全体成员不可分割、不可转让的整体性意志。人民意志不等同于民众意志或众意，不是个体意志的简单求和，而是公意，是所有个体意志的交集部分，这部分公共意志就代表了这一共同体的人民意志。“以人民为中心”，就是要以人民意志为中心，也就是要“把人民对美好生活的向往作为奋斗目标”，同时也要求社会主义法治建设把“人民对美好生活的向往”在法律及其实施过程中充分体现，为党、国家、人民的意志一致性奠定和夯实基础。在新时代新征程的背景下，“坚持党对一切工作的领导”是实现中国特色的社会主义发展所必须落实的基本方针策略。因此，在法治建设过程中，更要始终坚持党的领导，并将中国共产党的意志内化于社会主义法治建设工作的各个环节。究其本质，法律是承载了广大人民意志的国家意志，促进党的意志、国家意志和人民意志相一致，是社会主义法治建设最重要的问题。由于社会个体表现出的愿望与诉求都是不尽相同的，所以法律无法体现所有人的意志，法律也不需要充分展现所有人的意志，其仅能代表大部分意志和利益，并且必须充分体现出人民意志这一核心本质，目前“人民对美好生活的向往”正是大部分社会个体的意愿与内心诉求。②

“以人民为中心”必须坚持“立党为公，执政为民”，坚持“始终把人民利益摆在至高无上的地位，让改革发展成果更多更公平惠及全体人民，朝着实现全体人民共同

---

① 谢海军：《中国式现代化创造“两大奇迹”的唯物史观底蕴》，载《当代世界社会主义问题》2022 年第 12 期。

② 江必新、黄明慧：《习近平法治思想基本特征刍论》，载《中南大学学报（社会科学版）》2021 年第 1 期。

富裕不断迈进”的基本原则。① 中国共产党已经将广大人民的共同愿望融合内化于执政理念中，同时将人民向往的美好生活始终作为中国共产党不断前进奋斗的目标，并集中体现人民与党的意志。因此，全面深化依法治国改革，必须充分发挥国家立法的重要作用，将党反映人民意愿纳入国家意志范畴中，保证国家意志与人民意志高度一致，进而实现党、国家以及人民三方意志的一致性，确保社会主义法律与法律规律本质之间的高度适配性。②

（二）以人民权益为导向：加强全面依法治国的目标定位

坚持以人民为中心的基本原则，必须把人民利益放在关键地位，以人民利益为导向，切实维护和巩固最广大人民根本利益，并不断充实其内涵、推进其发展，以此为根本目的全面推进法治建设工作。立足于我国经济社会快速发展的背景，人民群众日益表现出对民主、法治、公平、正义、安全以及环境等各方面的更高要求和更高期待，必须积极主动维护并满足人民群众需求，始终坚持问题和目标导向，形成辩证思维，树立全局意识，以针对性识别、系统性谋划、根本性解决人民群众主要面临的突出法治问题，让更多人民群众产生获得感，提升民众的生活幸福感，并为人民生活安全提供有力保障，进而达到人民安居乐业的终极目标。③ 综上，全面依法治国，必须围绕人民展开，充分体现在保障利益、表达诉求、维护权益、增进福祉、促进全面发展等各方面，并将其贯穿于全面依法治国的各领域、全过程当中。

坚持运用法治为人民权益提供有力保障，一方面需要推进全过程人民民主，另一方面要全方位实现人权保障。④ 如《民法典》将人权保障置于更高的地位，反映了其对于生命健康、财产安全、交易便捷、幸福生活以及人格尊严的充分有效保护。民法典

---

① 本书编写组：《党的十九大报告学习辅导百问》，党建读物出版社、学习出版社 2017 年版，第 17、35—36 页。

② 莫纪宏、徐梓文：《坚定不移地走中国特色社会主义人权发展道路》，载《重庆理工大学学报（社会科学）》2022 年第 3 期。

③ 习近平：《坚定不移走中国特色社会主义法治道路　为全面建设社会主义现代化国家提供有力法治保障》（2021 年 11 月 16 日），载《求是》2021 年第 5 期。

④ 刘占祥、左红娟：《以人民为中心：习近平法治思想体系的价值旨归》，载《河南师范大学学报（哲学社会科学版）》2022 年第 4 期。

的实施，无疑是实现、维护和发展好人民权益的必要条件，并且其实施成效与人民群众权益保障程度二者之间呈正相关，人民群众权益保障水平越高，人际交往更加有序稳定，促进社会愈加和谐发展。[①]《中华人民共和国国民经济和社会发展第十四个五年规划和2035年远景目标纲要》中也明确规定："全面加强人权司法保护，促进人权事业全面发展。"因此，全方位加大人权的司法保护力度具有重大的现实意义，有助于贯彻落实以人民为中心的发展思想，同时还可以切实维护广大人民的权益，进而实现我国人权事业全方位进步，推动我国人权事业的繁荣与发展。从新的历史起点来看，加大人权法治保障力度，以人民为中心，立足于我国国情实际，探索人权发展道路，将生存权、发展权作为基本人权，赋予人民更多的政治、经济、社会、文化以及环境权利，从而实现人与社会的全方位协同进步与发展。

（三）以人民创造为动力：完善全面依法治国的动力源泉

坚持人民群众的历史创造者地位，尊重群众在社会发展中的人民首创精神是推动历史进步的根本要求。在新时代、新征程背景下，以习近平同志为核心的党中央，在准确把握人民群众创造历史的新特点基础上，就坚持人民主体地位和历史作用展开了多方面重要论述，并对人民群众创造历史这一唯物史观进行深化。习近平总书记指出，新时代背景下中国人民具有独特的时代品格和精神特质，这表明中国人民"具有伟大的创造精神""奋斗精神""团结精神"和"梦想精神"，上述精神特质是中国人民在长期的革命、实践和探索中形成的。在中华民族发展进步的历史长河中，从农耕劳作到智能智造，从精神文明到文化传承，人民是承担社会财富和社会变革的实践与创造主体，中国人民所经历的所有历史、所总结的所有经验、所取得的所有成果无不承载着广大人民群众的伟大牺牲，无不浸润着广大人民群众的辛勤汗水，无不集中体现了广大人民群众的中国智慧。因此，要通过尊重人民创造精神与创造成果来体现对人民主体地位的重视，从真切实在的物质生产生活中考察人民的本质。

人民群众作为全面推进依法治国工作的主体，是法治建设不断向前发展的不竭动

① 习近平：《论坚持全面依法治国》，载《马克思主义与现实》2021年第1期。

力。习近平总书记指出，深深扎根群众、紧紧依靠人民，将赋予法治建设工作无穷力量。① 一方面，法治从人民群众中汲取的动力和力量才是持久和充分的，人民作为国家和社会发展的决定性力量，只有最广大人民才能为国家、社会治理工作和法治建设输送经久不衰的、丰沛富饶的源动力，成为国家与社会治理革命的动力支持。另一方面，来源于人民群众的鲜活动力，才能使法治工作在具备动力的基础上，全面激发和始终维持其活力与创造力。要想法治建设常进常新，就要问"计"于民、问"需"于民、问"政"于民，把握好人民首创精神这一重要影响因素，使人民首创精神在法治建设实践中充分发挥作用，充分尊重人民群众在法治建设中创造的智慧成果，从这些智慧结晶中总结出可推广、可借鉴的成功经验与做法，使法律制度、规范来源于人民，服务于人民，使全面依法治国扎根于基层的创造性实践，滋养于人民的创造性智慧。

（四）以人民满意为根本：提升全面依法治国的评判标尺

以民心为镜，以民意为尺，以民情为杆，努力实现和维护人民群众的切身利益，既是我党一以贯之的基本方针，也是法治建设的基本遵循。人民是检验法治建设成效的"阅卷人"，党在治国理政实践过程中，始终坚持人民拥护、赞成、高兴、答应与否这一标准，对各项工作质量进行评估分析。人民满意是依法治国、厉行法治的核心点。习近平总书记表示"人民群众是我们力量的源泉"，而党的根本宗旨是"全心全意为人民服务"。这说明党的根基在人民，力量在人民。人民的立场就是党的立场，一切工作都需要从群众的需要出发，依靠群众。没有人民的拥护和支持，我党就失去了执政的根基。所以，依法治国、厉行法治的核心就是维护广大人民群众的根本利益，就是为了让人民满意，也只有让人民满意，依法治国才能真正实现。人民满意是依法治国、厉行法治的聚焦点。建设法治社会就是解决公平正义的问题。近几年，司法机关全力纠正了一些冤假错案，伸张正义的同时，更多的是体现了党和国家对法治建设新的理念和新的要求，顺应了民意，维护了人民群众的根本利益。人民群众关心什么，党就要关心什么。人民群众对于司法公正和公信力的关注和诉求，我们党就必须聚焦司法

---

① 习近平：《在十九届中共中央政治局常委同中外记者见面时强调：新时代要有新气象更要有新作为，中国人民生活一定会一年更比一年好》，载《理论学习》2017 年第 11 期。

体制改革，必须顺应时代发展要求，顺应人民呼声。人民满意是依法治国、厉行法治的评价点。党的一切工作必须遵循最广大人民的根本利益这一基本标准。对人民主体地位的认可尊重与否，以及法治建设的质量成效，都由人民群众进行评判定级。[①] 人民作为“阅卷人”，将人民认可度、支持度、满意度作为评价标准，对法治建设工作效果进行客观评价与分析，并将评价结果通过科学的、客观的、操作性强的考核指标体系展现出来，这有利于各级政府行政部门自检自查、有章可循，也便于人民群众进行客观评价、监督审阅，同时也能够引导监督部门监督考核、正风肃纪。

二、全面依法治国的逻辑结构

（一）全面依法治国是新时代坚持和发展中国特色社会主义的基本方略

1997 年，党的十五大第一次将依法治国作为中国共产党领导广大人民共同治理国家的基本方略。2012 年，党的十八大将法治作为一项基本的治国理政方式。2017 年，党的十九大将全面依法治国作为中国特色社会主义基本发展方略，充分体现出党在法治理论以及实践方面的创新与进步。2022 年，党的二十大报告指出推进全面依法治国工作成为了一场深刻的国家治理革命，并且与党执政兴国、人民幸福以及党和国家长治久安等各方面密切关联。在党的二十大报告中，为全面建设社会主义现代化国家以及推进中华民族伟大复兴，提出了具体可行的未来规划路线图，规划更加突出地强调了“全面依法治国”和“法治中国”建设的紧迫性、必要性和重要性，并在报告中多次涉及“法”的重要内容，可见，党的二十大报告以法治推进国家治理为主旨，采取法治思维和方式，逐步提升国家工作法治化水平。

（二）全面依法治国是国家治理的一场深刻革命

法治是近代人类政治文明进化的重要成果，也是千百年来人类社会法治建设不断完善的必然结果。法治兴则国家兴。现代化国家究其根本应然是法治国家，原因是法治能够帮助国家固根本、稳预期、利长远，助力现代化国家的实现和发展。以法治作为全面建设社会主义国家的地基、轨道，是为实现中国式现代化而提出的本质要求，

① 刘占祥、左红娟：《以人民为中心：习近平法治思想体系的价值旨归》，载《河南师范大学学报（哲学社会科学版）》2022 年第 7 期。

也是推进中国式现代化发展的必然选择和重要保障，符合人类政治文明的发展规律。[①]通读党的二十大报告可以发现，报告体现了坚持全面依法治国的基本治国方略，并将全面依法治国提升到中国式现代化的新境界。报告不但设定了“推进法治中国建设”目标，还将其与全面建设社会主义现代化国家密切联系在一起，使其成为全面依法治国这一基本治国方略在新时代的新发展，确保中国式现代化行稳致远。这是新时代新征程下，中国共产党推进全面依法治国工作的宣言与行动指引，彰显了以习近平同志为核心的党中央对党治国理政规律、社会主义法治建设规律以及人类社会法治文明发展规律等的认知提升，彰显了我们党矢志不渝推进法治中国建设的坚定决心和自信自立、守正创新、自我革命的时代精神。[②]全面依法治国有助于国家治理工作深化，与党执政兴国、人民幸福满意度，党和国家长治久安等各方面都是密切相关的。充分发挥法治具有的固根本、稳预期、利长远的优势作用，[③]从而在法治层面上实现社会主义现代化国家建设目标。[④]

（三）全面依法治国是社会主义现代化建设的有力保障

随着中国式现代化不断深入拓展，全面依法治国将承载更多使命、发挥更为重要的作用。世界现代化的实践表明，现代化目标的达成是建立在国家、法制、政令以及市场高度统一的基础上，维护政治安全，加强社会安定，维持人民安宁。因此，作为一项基本的治国理政手段，法治是实现中国式现代化最牢靠、最直接、最有效的方式，法治是现代化建设的最优解。我国作为一个拥有十四亿多人口的大国，民族众多，国情异常复杂，基于此，各项现代化建设工作面临更大的挑战与困难，加之其又是人类发展史上的一件开创性事件，必须始终坚持法律原则、利用法治手段，激发社会活力、促进社会公平、协调社会发展，从而实现国家长治久安的目标。我国目前正处于社会主义初级阶段并将长期保持，发展仍是应对各种问题的关键所在。我国已经进入一个机遇挑战并存、不确定因素复杂多变的攻关阶段，面临的国内外风险挑战之严峻前所未有。由于庞大的人口规模，在推动改革发展、协调利益关系的过程中就更要充分激

---

① 梁军：《全面依法治国与中国式现代化的内在机理》，载《理论视野》2022 年第 12 期。

② 徐崇温：《中国奇迹根源于中国特色社会主义》，载《中国特色社会主义研究》2015 年第 12 期。

③ 陈波：《依法推进社会主义现代化强国建设》，载《新西部》2022 年第 10 期。

④ 江必新：《深化依法治国实践刍论》，载《法学杂志》2017 年第 12 期。

发法治所带来的固根本、稳预期、利长远的价值与意义。不管是“五位一体”总体布局、“四个全面”战略布局，还是改革发展、内政外交国防以及治党治国治军等所有工作的开展，都依赖于法治思维与方式的保障，以建立制度屏障，进而起到提前预防与控制的效果。

三、以人民为中心推进全面依法治国的价值意义

（一）坚持人民立场和群众路线是马克思主义法律思想中国化的重大成果

在以人民主体为核心的著作《关于费尔巴哈的提纲》中，马克思认为人本质上不是“单个人所固有的抽象物”，而是“一切社会关系的总和”，此观点表明了人民群众的社会性特征。此外，马克思主义法律思想把人民群众作为历史的创造者，他们认为“历史什么事情也没有做……创造这一切，拥有这一切并为这一切而斗争的，不是‘历史’，而是人，现实的人、活生生的人”。[①] 在《共产党宣言》中，马克思首次对人民的形成、构成以及所具有的社会性质展开研究与分析，表明任何实践都是依靠人民来实现的，所有价值都是人民创造的，强调共产党人应当始终坚持以人民为主体的思想。可见，马克思主义法律思想主张法律以人为缘起，以人的权利为出发点，本质在于人之自由的实现和维护。

习近平新时代中国特色社会主义思想对马克思主义法律思想作出进一步优化和升级。在2020年11月的首次中央全面依法治国工作会议上，习近平总书记指出，全面依法治国的根本目的是“依法保障人民权益”，为实现这一根本目的，必须保证法治建设“为了人民、依靠人民”。此观点主要从两个方面来理解：一方面，习近平总书记强调广大人民是实现伟大中国梦的重要条件，为实现人民主体地位，法治建设必须以人民为中心，坚持为了人民、依靠人民、造福人民、保护人民的理念。由此可见，人民立场和群众路线作为马克思主义人民观的关键内容，在我国全面依法治国工作中充分展现，这也展现了中国共产党始终将人民对良法善治的美好向往作为法治工作的前进动力，为马克思主义法律思想的人本观注入了“人本”新理念。另一方面，马

① 马克思、恩格斯：《马克思恩格斯全集（第2卷）》，中共中央马克思恩格斯列宁斯大林著作编译局译，人民出版社1972年版，第118—119页。

克思主义认为，民主的发展过程本质上就是人的解放过程，是使个人摆脱外在的束缚关系，成为“自由而全面发展的人”的过程。而习近平新时代中国特色社会主义思想就破解了传统法律理念中过度重视个人权益保护可能造成自由化思想的难题，深入界定了法律与自由的界限，明确法律既服务于权利，又服务于规则的功能定位。这不仅丰富了马克思主义法律思想的内涵，而且是新时代马克思主义法律思想中国化的重大成果。因此，法治建设应充分考虑人民利益、维护人民权益以及提升人民福祉，把人民立场贯彻落实到法治建设的各个工作点上，为新时代全面依法治国的进程贡献力量。

（二）坚持人民立场和群众路线是治理体系与治理能力的先进性体现

民为国之所系，亦为国之所倚。人民群众是法治建设的重点关注对象，决定了国家治理体系与治理能力的先进性程度。党的十九届四中全会指出我国在国家治理体系与能力的建设工作上极具优势，同时也对在新时代下、在百年未有之大变局的历史进程中“中国如何发展、优化和健全国家治理体系和治理能力”，创新性地提出了具有跨时代意义的顶层设计方案。作为一项长期的战略性发展目标和工作，国家治理体系和治理能力现代化工作的新要求就是“以人民为中心的法治化”。党的二十大报告也将“国家治理体系和治理能力”基本实现现代化和健全“全过程人民民主制度”放在一起，说明要建成“法治国家、法治政府和法治社会”，必须满足“国家治理”和“人民民主”两方面的条件。

一方面，习近平总书记指出，中国共产党的领导是人民当家作主以及国家依法治国的根本保证，人民当家作主是社会主义民主政治的本质特征，依法治国是党领导全国人民进行治国理政的重要方式，① 这三者结合在一起就系统性地解释了人民与法治在国家治理层面的重要作用，体现了在党的全面领导下，人民群众在治理体系与治理能力现代化改革中的主导地位，以及在全面依法治国过程中的重要作用。另一方面，以习近平同志为核心的党中央也在及时根据人民群众意愿，将人民想法和意愿转化成为国家意志，让人民群众能够通过合法的途径以及通过标准化渠道参加到国家依法治国

① 习近平：《在庆祝中国共产党成立九十五周年大会上的讲话》，载《中共党史研究》2016 年第 7 期。

实践和社会治理工作中去，形成国家、社会治理大格局，并将人民合法权益、诉求以及对相关政策的建议反馈到相关机构，使其在法律上获得认可，从而让社会主义法治体系更加合理、更加科学。因此，坚持人民立场可以深入推进国家治理能力的现代化，使国家治理体系愈加健全。

（三）坚持人民立场和群众路线是坚持新发展理念在法治领域的整合与深化

2015 年 10 月党的十八届五中全会指出，我国要坚决树立创新、协调、绿色、开放、共享的新发展理念，党的二十大报告中也提到要让人民更公平地享受到更丰富的“现代化建设成果”。习近平新时代中国特色社会主义思想以人民为中心的法治理念充分展现了对新发展理念的深化与实施，尤其是其中的“共享”理念。“共享”在法治领域主要涉及两个方面：其一，人民权益保护以及救济工作要在全社会范围内开展，当个人合法权益受到迫害或者损害的情况下，都可以平等、及时、充分地获得救济。此外，要充分激发人民群众的法律意识和参与积极性，赋予公民更多的政治性、社会性权利，引导公众通过法治手段来保护自己在经济、政治、文化、社会以及生态等方面的合法权益。其二，将法治发展的所有成果作用于全体人民、覆盖到社会整体，让每个人都享受到法治社会所带来的幸福感和安全感。如通过法治手段来对居民收入分配方式进行调整，建立起平衡、协调的经济社会新秩序，即通过法律制度规范等的法治手段来解决相关问题，构建公平、有效的体制等，使国家法治发展成果等创新成果，普惠大众、帮助全社会人民。

习近平总书记强调，“中国共产党根基在人民、血脉在人民”。我们党带领全国人民进行革命、改革以及建设的目标，就是要让全国人民能够过上幸福安康的日子，不管前进道路上会遭遇多少困难和问题，不管需要付出多大艰辛与努力，这一初心目标我们都不能也不会改变。[①] 这些观点从根本上向我们展示了法治建设中必须坚持将人民赞成不赞成、人民拥护不拥护、人民答应不答应以及人民高兴不高兴作为法治建设工作的起始点。[②] 因此，坚持人民主体地位以及群众路线，呼吁更多人民群众加入法治建设

① 王登华、特古斯、刘婧等：《人民至上 习近平再次强调这一执政理念》，载《实践（党的教育版）》2020 年第 6 期。

② 戴激涛等：《“深入学习贯彻党的二十大精神 坚持走中国人权发展道路”笔谈》，载《人权》2023 年第 1 期。

工作中，将国家法治建设工作时刻与人民联系在一起，这样才能保证将人民主体地位和新发展理念的整合与深化在国家法治建设工作中体现出来。

（四）坚持人民立场和群众路线是坚持中国特色社会主义法治道路的理念传承

习近平总书记指出中华法系与英美法系、大陆法系或其他法系存在不同，主要体现在中华法系是在我国特殊历史进程下形成的伟大成果，充分展现了中华民族在历史进程中的创造力与深厚的法治文化底蕴。因此，我国必须坚持人民主体地位和群众路线，使其能够充分体现在中华法律文化和法治理念的长河中。与此同时，习近平总书记指出，我们要深入探索和传承古代法制文明的优点，汲取养分。这体现出我国对中华法系理念，并不是单纯盲目地全部照搬的态度，而是在结合实际情况的前提下，取其精华，择其善而用，其中“善”法就是民本思想最明显的体现。

习近平总书记提及“民为邦本，本固邦宁”。一方面，民本思想尽管起源久远，但它对我们当今社会发展仍产生着潜移默化的影响，是我国现代政治、文化的基础。在我国众多被提倡、传承和保留下来的法治理念中，绝大多数理念都充分闪耀着民本思想的光辉。例如，天下无讼、以和为贵是对社会和谐的追求以及对人民安定生活的保护；德主刑辅、明德慎罚的慎刑法治理念则展现了追求仁政，慎用行刑的民本思想；保护鳏寡孤独、老幼妇残的恤刑法治思想则展现了法治工作对于弱势群体以及特殊人群的保护。另一方面，坚持人民立场和群众路线不只是对民本法治思想的继承，也是民本法治理念在马克思主义中国化进程中的中国式塑造，标志着我国坚持人民主体地位，既总结和发扬了党领导人民建设法治的宝贵经验与制度优势，也展现了我国对中华优秀传统法律文化的继承，让我国的法治体系可以在中国特色社会主义道路上走得更远。综上，民本法治理念，展现出中华优秀传统法律文化的文化底蕴；而坚持群众路线是对民本法治理念的传承，对坚守与延续中国特色社会主义法治道路具有深刻价值。

第二节　历史唯物主义视野下人民主体性在全面依法治国中的体现

一、马克思主义的人民主体思想

马克思人民主体思想是经过漫长的发展过程才得以形成的。其人民主体思想的发展可以分为四个阶段：第一个是《中学毕业论文》至《莱茵报》阶段；第二个是《黑格尔法哲学批判》至《德法年鉴》阶段；第三个是《1844年经济学哲学手稿》至《德意志意识形态》阶段；第四个是《共产党宣言》至《哥达纲领批判》阶段。在艰难的发展历史中，马克思首创了以唯物史观为基础的人民主体思想，通过从唯心主义到唯物主义以及从革命民主主义到共产主义这两个方面的转变实现了世界观的改变。

少年时代的马克思生长在充满自由主义与理想主义的社会环境下，自幼受到父亲的熏陶与影响，形成了一种富有理想的人道主义思想，马克思以后的理论与实践活动都以此为主题；大学时代是马克思思想变化频繁的阶段，在这个时期他的思想出现了重大转变，马克思开始对人民主体目标展开探索。

在《莱茵报》时期，马克思开始进行政治经济学的学习，究其原因是马克思发现在物质利益面前想要发表自身观点是一件非常困难的事情。在马克思进行政治经济学研究之前，他对黑格尔法哲学进行了批判。随后不久，在《德法年鉴》时期确定了无产阶级立场，并明确了人类未来解放的方向。在出版了《1844年经济学哲学手稿》后，马克思对国民经济学进行了批判，并全面推进人民主体的思想。

《德意志意识形态》标志着历史唯物主义的建立，同时马克思的人民主体思想在此基础上得到了很好的印证。随着《共产党宣言》与《哥达纲领批判》的颁布，马克思的人民主体思想再次被深化。在马克思晚年，《哥达纲领批判》发布，其主要讲述了马克思对拉萨尔主义的批判，强调了落实人民主体思想具有阶段性、长期性与艰难性等特征。

二、中国共产党的人民主体思想

（一）毛泽东“全心全意为人民服务”的人民主体思想

毛泽东认为推动历史发展与进步的是那些在社会中占据较多人口数量，且从事物质资料生产活动的劳动人民。毛泽东的人民主体思想主要包含以下内容：第一，人民是历史的主体。“人民，只有人民，才是创造世界历史的动力。”① 人民群众是历史的创

① 毛泽东：《毛泽东选集》（第三卷），人民出版社1991年版，第1031页。

造者，也是推动社会发展的中坚力量。社会主义革命时期是毛泽东同志将人民主体的思想应用到实践中的鲜明体现，他表示要实现中华民族的彻底解放，离不开中国工人、农民以及那些反帝反封建人群的参与，也正是他们经历了一系列的革命武装斗争，才创建了以人民为主体的人民民主共和国；第二，人民是价值主体。他表示我们所进行的一系列服务“是为着解放人民的，是彻底地为人民的利益工作的”；[①]第三，“在我党的一切实际工作中，凡属正确的领导，必须是从群众中来，到群众中去”。[②]在毛泽东同志发表的《论联合政府》中强调，我们共产党人区别于其他政党的又一个显著的标志，就是和最广大人民群众取得最密切的联系。[③]

（二）邓小平“共同富裕”的人民主体思想

改革开放后，邓小平同志始终坚持和平与发展的时代主题，着重提高生产力水平，以此为中心任务来保障人民群众的生活水平，从而更好地稳固人民主体的地位。邓小平思想始终坚持人民利益至上。首先，通过改善人民群众的物质文化生活来为人民谋求更多利益，同时这也是社会主义发展的目标。邓小平同志认为发展生产力，是提高人民生活水平的主要方式，同时也是社会主义发展的必然趋势。[④]其次，为人民群众谋利益，是党工作的出发点和落脚点。社会主义经济政策是否正确，主要通过生产力水平、人民群众的经济收入水平来判断。在大力发展生产力的同时，还要切实保障人民群众的根本利益，最终实现全国人民共同走向富裕之路，这也是邓小平同志的终极奋斗目标，同时也是其人民主体思想的核心内容。反之，如果在我们的政策指导下，人民群众生活水平出现两极分化，那么就意味着我们是失败的。[⑤]综上，邓小平的“共同富裕”思想是他人民主体思想的核心内涵。

（三）江泽民“立党为公、执政为民”的人民主体思想

中国共产党在苏东剧变以后面临着严重的执政挑战。尤其是在当时变化莫测的国际环境下，我党迫切需要解决的问题是到底该建设一个什么样的党。也正是在这样的

---

① 毛泽东：《毛泽东选集》（第三卷），人民出版社1991年版，第1004页。
② 同上书，第899页。
③ 同上书，第1094页。
④ 参见邓小平：《邓小平文选》（第三卷），人民出版社1993年版，第116页。
⑤ 同上书，第111页。

背景下，诞生了江泽民同志的人民主体思想。江泽民同志始终将人民群众放在历史的主体地位，从而提出了“立党为公、执政为民”的核心思想。江泽民提出的新思想可以说是对马克思主义的人民主体思想的又一次拓展与创新，为马克思主义人民主体思想赋予了新的时代内涵。江泽民同志的人民主体思想的核心是“以人民群众为本”。江泽民提出的“立党为公、执政为民”的政治理念可以说是对他人民主体思想最好的解释。该政治理念也是区别于其他剥削阶级政党的根本区别。①江泽民同志认为我们党要通过树立正确的权力观，来更好地实现“立党为公、执政为民”。要求所有党员干部做好典范，真正地用权力服务于人民，做到掌好权、用好权，杜绝以权谋私现象，绝不允许形成既得利益集团。②除此之外，还要树立正确的利益观。所有党员干部应心怀“先天下之忧而忧，后天下之乐而乐”的态度，首先考虑人民群众富不富，而不能只考虑自身利益，更不允许通过自身权力来为自己谋取非法利益。③

（四）胡锦涛“以人为本”的人民主体思想

胡锦涛同志强调尊重人民主体地位，发挥人民首创精神，切实保障人民权益，从而实现全体人民走向共同富裕，促进人的全面发展，做到发展为了人民、依靠人民，发展成果由人民共享。④胡锦涛同志通过科学发展观这一战略思想将人民主体地位体现得淋漓尽致。因此，如何充分发挥人民主体作用是实现科学发展观有效推进的根本所在。⑤“人民群众是科学发展的主体”，推动科学发展必须依靠人民群众，⑥这些表述就是将人民群众作为发展主体的体现。同时，让人民也享受最终的发展成果，这也是社会主义中“共同富裕”的意义所在，亦体现了社会公平正义原则。胡锦涛同志表示我们要积极向人民群众普及科学发展观，通过发展与利用广大人民群众的智慧与理论，来进一步推动科学发展。胡锦涛同志始终强调，以人为本的核心是尊重人民主体地位，从政治、文化、经济等多方面切实保障群众利益。“权为民所用，情为民所系、利为民

① 参见江泽民：《江泽民文选》（第三卷），人民出版社2006年版，第279页。
② 同上书，第280页。
③ 同上书。
④ 参见胡锦涛：《胡锦涛文选》（第三卷），人民出版社2016年版，第4页。
⑤ 参见胡锦涛：《在全党深入学习实践科学发展观活动总结大会上的讲话》，人民出版社2010年版，第12页。
⑥ 参见胡锦涛：《胡锦涛文选》（第三卷），人民出版社2016年版，第99页。

所谋”① 是胡锦涛同志执政期间始终坚守的政治理念。“权为民所用”所表达的是人民为主体的观念；“情为民所系”，是要求党与人民之间保持密切的联系；“利为民所谋”，是要求任何情况下都要将群众利益放在第一位。

三、习近平的人民主体价值思想

（一）坚持以法治惠民为价值取向

“治政之要在于安民。”自党的十八大召开以来，我国法治建设呈现出稳定上升态势。具体分析来看，在个别方面或多或少还存在一些问题。针对于此，习近平总书记强调，我们所需要做的就是尽可能地满足广大人民群众的需求，人民有呼唤，我们便有回应；人民有期盼，我们就应该付诸行动。始终将人民对法治建设的需求作为我们未来发展的目标。除此之外，习近平总书记表示，通过加强法治建设最终是能够给广大人民群众带来益处的，让人民群众都能够依靠法治来维护自身利益。习近平总书记的法治思想，不但与人们对于美好生活的法治期盼相符，还在工作实践中始终将人的全面发展和人民福祉的提升作为核心目标，这有助于使人民群众切实感受到法治建设给他们带来的益处，从而实现法治惠民。

（二）坚持以法治利民为主要手段

“治国有常，而利民为本。”不断建设与完善法治社会文明，有益于国家与人民。也正因如此，习近平总书记表示要把增进人民福祉，切实保障人民权益作为建设法治文明的最终目标，同时要将法治文明内化于我国社会主义发展的各个方面，有效权衡好法治文明建设与社会发展建设之间的关系，从而实现法治利民、法治为民。现阶段的首要任务是全面推进依法治国，在未来的法治文明建设中充分融入法治利民的价值理念，充分关注人民的所想、所需，为广大人民群众切实解决生活中的难题。当人民群众的法治问题得到解决时，他们的幸福感、信任感和安全感才会有所保障，法治环境才会纯净，才能更好达成法治建设的长期目标，更好维护法治建设的初心本意。

① 胡锦涛：《胡锦涛文选》（第二卷），人民出版社2016年版，第9页。

（三）坚持以法治为民为根本目标

“法治为民”原则的确立作为依法治国的新时代新思维，在我国法治发展史上具有里程碑式的重大历史意义。这是以习近平同志为核心的党中央经过70年的经验总结以及充分分析正反两个层面的治国教训，充分了解到依法治国和深度实施中国特色的依法治国政策在新时代发展过程中所具有的重要历史意义，而据此作出的党治理国家的一项重要举措。在2014年10月党的十八届四中全会中，党确立了“法治为民”这一新时代依法治国工作的重要准则，将人民主体地位的实现与维护提升到了原则性的高度；党的十九大报告中也充分弘扬了党的履职使命和崇高信仰，坚持依法治国、以人为本，坚定不忘初心、牢记使命的根本原则，立足于为人民服务的根本宗旨，为国家富强、民族振兴而不断奋斗；党的二十大报告中也提出要始终牢记为人民服务的信念和宗旨，坚守人民的主体地位，充分尊重人民的意愿，维护人民的各项权益。上述基本治国方针和党的发展战略，改变了以往“法治治民”的战略思想，充分实现了“法治为民”的新发展逻辑，创造性地推动了依法治国道路的长远发展，实现了治国理念和治国战略的变革和创新，这反映了以习近平同志为核心的党和国家领导人深刻领会和全面实施为民服务的宗旨和心愿，全方位体现了党和国家领导人的为民情怀。

第三节　巩固人民主体地位全面推进依法治国的总体要求

一、以人民意志塑造良法，明确立法基本原则

在以往的奴隶制社会、封建社会、资本主义社会中，法律通常只能代表部分统治阶层人民的志愿，无法成为真正以人民为主体，反映人民志愿的良治良法，也无法成为一种理想主义法治。人民的权益和意志，只能在社会主义背景下得以实现，也只有社会主义才能够成立以实现人民意愿为核心的国家治理体系，能够实现党和人民的意志充分统一，这是建立在历史唯物论基础上来分析新时代我国宪法的强大价值内涵所得出的结论。宪法所反映出的强大优势以及治理活力，来源于它在成立最初实现了党和人民志愿的高度统一。我国在制定宪法的过程中，特别是1954年宪法以及现行宪法，都充分反映出以人民为核心的法治原则。

二、以人民群众为法治的实践主体，保障人民主体地位

人民主体地位在法治中最基础的表现就是人民承担着法治的实践主体的社会角色。《宪法》第二条第一、二款明确指出，我国坚持以人民为权力主体，人民可通过全国人民代表大会及地方各级人民代表大会来行使自身权力。宪法中人民代表大会制度就充分体现出人民属于法治主体的根本原则。通过人民代表大会，人民可充分地行使主体权力。法治立法充分体现出党和人民的意志统一，我国国家治理制度也充分体现了以人民为核心的治理战略，通过建立完整的制度流程，全过程体现出人民参与和实施，确保人民作为治国理政的主体地位，实现人民作为国家主人的意志和愿望。通过人民在法治立法过程中的全面参与，从而使其在法治实施过程中充分发挥作用。一方面，我们党基于充分贯彻好人民在实施法律过程中的基本路线，充分保障人民在法律实施过程中同政府及其他司法机构享有同等的政治权利。另一方面，在实施全过程人民民主的道路中，充分完善人民民主的形式，扩展人民民主道路、健全人民民主机制，从而提高人民民主基本需求的满足程度，以法律的形式保障人民民主的各个流程，可通过互联网等媒介来开展咨询、听证等活动，确保人民在法律实施过程中的参与度，正确地行使人民的权利。

三、以人民权益为法治的根本目的，尊重和保障人权

习近平同志强调，我国依法治国战略应坚持以人民为主体，以保障人民权益为原则。法治的目标是利用法律来监督公权、维护私权。我国传统政治文化中，保持着民本主义观念。民本理念和法治原则在思想上和实质上是统一的。坚持法治以民为本，就是保障人民的权益不受侵害。马克思主义在对资本主义的天赋人权进行批判的过程中，也指出了正确的人权主义观念。共产党在成立之初就多次发表相关的纲领、宣言来明确以人民为主体的法治观念。新中国的成立，也意味着我国人民长期受到资本主义压迫、剥削的奴隶制社会终于被打败，人权主义时代正式来到。改革开放以来，中国以全体人民的人权为出发点，以责任先在为伦理基础，以平等共享人权为制度取向，在实践上聚合中国共产党自上而下的领导力、中国政府统筹全局的行动力和人民群众

自下而上的推动力，运用政治、经济、社会、文化诸手段，通过立法、执法、司法等各种途径，一体推进全体人民各项人权的全面发展。我国属于多民族国家，我国法律对于各个民族都公平、平等、尊重，同时也对各个宗教、民俗给予尊重，以全体人民的权益为出发点，各民族共同团结奋斗、共建美好家园。

四、以人民创造力为法治的动力源泉，推动全面依法治国实践

人民作为依法治国的主体，也是法治不断发展的源动力。习近平同志强调，我们党在法治国家的过程中只有立足于人民，扎根于人民同时又依赖于人民，才能够从人民当中取得动力源泉，才能持续长久地发展。① 法治应从人民中吸收源泉动力，才可以保障法治的持续稳定。在法治过程中存在很多的困难和阻碍，尤其是在一定的背景下，部分困难还表现得较为强大。依法治国是党在新时代进行了一场深刻的政治改革。想要改革顺利落实，全面保障法治目标，就需要汲取充分的动力源泉，不断促进法治理念的宣传和贯彻，推动法治机制的深度实施。人民作为法治的主体，也是法治实施的主要力量。人民可以保障法治改革的顺利开展，也能够维系法治的长久进步。只有法治在获得人民群众的支持和尊重时，才可以保证法治机制的准确实施。也只有有效地利用人民的推动作用，才可以保持法治的长久活力，使得法治得以持续进步。

五、以人民满意为法治成效的最终评判标准，完善人民监督评价体系

习近平总书记强调，党的执政效果以及执政成绩从来不是自己来评价，而是应将评价权交给人民，人民的评判和检验才是对党的工作成果的最直接答案。② 毛泽东同志在 1949 年 3 月离开西柏坡之前，曾指出了“进京赶考”这一历史性的命题。习近平同志也对这一命题多次强调，提出“党在‘进京赶考’的道路中，出卷人是时代，阅卷人是人民群众”。③ “进京赶考”这一命题想要说明的就是时代是出卷者、人民是阅卷者

① 习近平：《在十九届中共中央政治局常委同中外记者见面时强调：新时代要有新气象更要有新作为，中国人民生活一定会一年更比一年好》，载《理论学习》2017 年第 11 期。

② 习近平：《在纪念毛泽东同志诞辰 120 周年座谈会上的讲话》，载《人民日报》2013 年 12 月 27 日第 2 版。

③ 《习近平谈治国理政》(第三卷)，外文出版社 2020 年版。

的精神，也表达了党在执政过程中始终保持着正确的思想和认识的觉悟。人民作为法治的主体，能够对法治实施的效果进行全面的评价，一是人民能够直接感受到法治的实施情况，二是人民能够对法治的实施进行监督。所以，以人民为主体来评价法治的实施效果最具有权威性和真实性，人民的意见也最有发言权。因此，习近平总书记认为，应坚持以公正公开作为法治实施的关键标准原则，让法律、执法和案件审判获得人民的满意，提高法治落实的公平性和透明性。人民既是法治权力的授予者，也是法治实施的监督者，有权对党的法治实施情况予以监督，应以提高人民满意度作为法治效果的检验标准，制定一系列完善的监督机制，对法治落实情况予以监督。

第四节　以人民为中心推进全面依法治国的实施路径

新时代法治建设应紧紧围绕“坚持人民主体地位”这一原则，从马克思的唯物史观角度出发，坚持以法治为民、法治靠民、法治福民、法治护民，从法律体系、法治实施、法治根基、依法治理四个维度积极探索新时代法治建设中坚持人民主体地位的实施路径，解决好法治领域的突出矛盾和问题。

一、以体现人民利益为导向完善法律规范体系

人民作为法治的主体，法治的实施应以保障人民权益为原则，切实提高人民的满意度。习近平强调，人民对于法治的期望，不再是法治的存在与否，而是其实施的效果好坏以及对社会治理的成效，是否可以切实解决社会问题；因为法律虽然能够治理国家，但是法律却不一定会治理好国家；法律不仅要求数量，更要求质量。习近平总书记指出，法律应以满足国家治理需求为前提而设立，并能够为人民提供更好的生活保障，以实现法治对新业态新模式和新发展理念的推动作用。这段话实质上就包含了立法要维护人民的权益，重视良法在法治建设中的地位，这是现代法治的基本理念。

在法治立法过程中以人民的意志为核心，使得法治的实施满足人民需求，受到人民的认可，获得人民拥护，使立法与宪法精神相符合。所有法律的制定和实施都要以普遍的人民接受度为前提，以提高人民的幸福感满意度为目标，提高人民对法律的接受程度。以往立法实践中，部门化及地方化倾向较为突出，造成法律在实施的过程中

存在较大的社会矛盾，不能有效地维护人民的权益。对此，应坚持以民为主的立法原则，充分发挥人民代表大会的作用，行使人民对立法的参与权和监督权，严格依照立法法执行；更好地实现人民代表大会及其常委会的立法权力，严格监督有关部门在制定法律过程中的违法行为，维护人民群众的权益和地位。

把立法过程中的“以人民为中心”与新时代的“扩大社会主义民主，保障和改善民生的新要求”相互适应和融合，让立法能够切实地反映和满足老百姓的需求和期待。“人民群众对立法的期盼，已经不是有没有，而是好不好、管不管用、能不能解决实际问题”，[①] 换句话说就是要对一些重点关注的领域进行立法，充分满足党和国家发展的要求、满足人民的需求和期待，对全面深化改革、全面促进经济发展、全面推动社会保障体系的发展、全面构建社会治理体系、[②] 全面保证人民的日常生活等方面的法律和制度进行制定和完善。[③] 对于立法的程序和立法权的享有，要不断加强人大和常委会的立法职权，这才是对人民立法需求和期待最好的答复。[④]

增强对人民当家作主这一制度的重视与保护。在宪法中就明确了我们党和国家将人民当家作主作为国家发展和进步的根本制度，“中华人民共和国的一切权力属于人民。人民行使国家权力的机关是全国人民代表大会和地方各级人民代表大会”，[⑤] 换句话说，在立法过程中具有立法权的人大和常委会要不断推动人民群众发挥应有的作用，促进社会公民的全民参与，充分听取公民的意见，让法律能够更好地适应经济社会发展的需求和对其进行体现，更好地发挥立法的引导作用。只有不断对立法程序和环节进行建立健全才能让真正享有立法权的人大和常委会在进行立法过程中代表人民占据主导地位，实现人民群众的立法参与。[⑥]

---

① 蒋传光：《习近平法治思想的核心内容》，载《学习与探索》2021 年第 1 期。

② 江必新：《以习近平法治思想为指导着力解决法治中国建设中的重大问题》，载《行政法学研究》2020 年第 11 期。

③ 张文显：《习近平法治思想的系统观念》，载《中国法律评论》2021 年第 6 期。

④ 崔永东、张琪：《论司法公信力建设的系统性》，载《首都师范大学学报（社会科学版）》2022 年第 12 期。

⑤ 虞崇胜：《坚持“三者有机统一”：迈向现代化国家建设新征程的政治逻辑》，载《人民论坛·学术前沿》2021 年第 1 期。

⑥ 付子堂、周尚君、朱林方、胡兴建、王煜宇、温泽彬：《学习领会习近平法治思想笔谈》，载《现代法学》2021 年第 3 期。

二、以保障人民权益为目的强化法治实施

习近平总书记指出，法律的生命力和权威性都是在对法律实施过程中得到体现的。“天下之事，不难于立法，而难于法之必行。”如果制定了法律而不对其实施和应用，那么法律就难以发挥真正的法治作用。当前我国在全力推进依法治国，在这中间就需要保障法律的权威性和将其进行严格的实施和应用。切实实现“法立，有犯而必施；令出，唯行而不返”。我国当前的政府类型是服务型政府，在对这样的政府进行建设过程中就需要牢记执政为民和执法为民这两条底线；执法权起源于人民群众，更要为人民群众服务，让执法为民成为相关执法人员的追求和方向；对人民群众的基本法律诉求做到执法公正，让人民群众能够在司法案件中感受到公平正义。① 上述观点集中体现了习近平总书记对法律实施工作的高度重视和严格要求。②

民众的心声应被认真听取。基层群众是法律实施最大的承受者和体验者，他们的愿望和要求是开展法律实施需要了解的重要内容。在过去，较为单一的法律实施监督方式使民众不能很好地参与到法律规范实施监督之中，监督机关也不能很好地深入基层群众与其面对面交流，真正发现问题所在。现在，一方面公民可通过线上专门的法律规范实施监督平台提出意见和诉求；另一方面，人大代表听取民众心声并且依照法定程序向各级人大及其常委会提出建议，既是宪法和法律所赋予的权利，也是人大代表履行职务的重要工作形式。人大代表作为广大民众与监督机关之间进行良好沟通的重要联系人，在法律规范实施监督过程中发挥着承上启下的关键作用。当然，不仅是人大代表，法律规范实施机关的工作人员也应深入基层、倾听民声。

民众的智慧需广泛汲取。广泛汲取民众智慧，是法律实施监督结果体现民意的重要手段，有利于体现法律规范实施监督的程序正当与公正价值，有利于赋予法律实施监督多元主体参与的价值，有利于保障法律实施监督目标实现的工具性价值。人民群众依法有序、全方位、多渠道参与到法律实施的监督工作中来，一定程度上有效地保障了人民群众依法通过多种途径和方式参与到法律规范实施的具体过程中，这不仅凸

---

① 杨春福：《习近平法治思想中的权利保障思想研究》，载《法治现代化研究》2021 年第 2 期。
② 江必新、符湘琳：《习近平法治思想的理论构成与意义》，载《法治现代化研究》2022 年第 10 期。

显出人民参与国家治理的主体地位，还弥补了其他民主制度具有的不足。这就要求在每一部法律法规被实施的过程中，必须深度汲取人民智慧，充分发挥群众智慧，尤其是法律法规所调整和指向的利益相关对象，并重视法律法规辐射和覆盖面的广度和深度。

民众的需求要充分反映。充分反映人民群众需求是法律规范实施和监督过程体现民意成效显著的标志。换言之，若要在法律的落实监督工作中实现全过程人民民主，就要把法律实施监督成果作为反映人民诉求的一项评估指标，把法律实施监督效果好不好，直接与是否充分反映广大人民群众需求挂钩。只有在法律实施监督工作中抓住“效果评价”这一重点，注重实施监督制度的实效性，即关注法律规范实施监督结果的实质反馈与落实效果，真正为人民排忧解难、解决问题，进而再对法律规范体系作出完善与优化，这样才能使得民众需要在真正意义上得以实现。

三、以推进全民守法为基础夯实法治根基

习近平总书记指出：“全面推进依法治国，必须坚持全民守法。”法治是作为治国理政的基础也是人民群众生活的基础。在进行全面依法治国的建设中要充分激发人民群众的积极性，把法治融入人民群众的生活当中，融入实际的应用之中，才能真正做到将依法治国作为国家发展的根本，才能实现法治中国。党的十八大以来，在建设法治国家的过程中已经收获了巨大的成功。人们的法律观念和意识在不断增强，法治社会逐步走向现实。但还是有一些人缺乏法律意识，不能做到尊法守法，法治建设还有很长的路要走。在现实生活中，有一些人民群众只在乎自身的权益而缺乏对社会的义务，当难以满足自身权益的需求时，就会使用一种不合理也不理性的方式来满足自己的需求；而一些干部也存在一定的思想偏差，将法治的主体归咎于老百姓，对自身没有进行约束。这也是目前法治建设中存在的挑战。

推进全民守法要不断进行法治宣传和教育。推动人民群众的知法、信法、守法，把全民守法刻入人民群众的思想生活中。在当前新时代的法治建设过程中，最为基础和广泛的建设就是要对法治进行宣传教育、强化人民群众的法律规则、提倡契约精神、发扬公共秩序和优良习俗、打破陈风陋习、发扬传统美德、引领全民树立社会主义核

心价值观，根据社会公约进行自身行为的约束。结合信息时代的发展优势，通过“互联网 +”技术进行普法工作的传播和推动，要及时进行舆论引导，对自媒体平台加强管理，逐步提高普法工作的传播范围。

推进全民守法要不断完善民生保障体系。在进行新时代法治建设过程中，要将以人民为中心作为根本政策贯彻在法治社会的建设过程中，真正做到保障人民群众的根本利益、维护人民群众的人格尊严、推动人民群众法治素养的全面提升。让人民群众在经济社会发展中切实收获物质实惠，提高居民可支配收入，帮助人民提高基础生活水平，为提高人民群众的守法观念做好物质保障。在进行法治建设的推进过程中要制定全面的计划，防止因自身原因造成普法和守法障碍。

推进全民守法的前提就是要让立法权生威。任何一个团体和个人都必须维护和尊重法律的权威，不能超越宪法规定的职权范围。因此在不断优化和完善相关的奖励机制的同时还要对惩处制度进行建立和健全。不断引导人民群众遵纪守法，在人民群众的日常生活中建立法律的约束，从制度根本上来保证全体人民的行动自觉。结合当前快速发展的互联网平台和大数据信息技术，除了由相关行政执法部门应用的视频监控和人脸识别等控制管理系统以外，还需要积极提倡广大群众结合“互联网 + 监督”，进行违法行为的举报。

四、以强化为民服务为抓手促进依法治理

不断建立健全基层治理方式和治理体系，让我国复杂的社会问题和挑战得以进行统一管理、统一解决，这成为我国社会发展的重要基础。在“十四五”规划中提到要对基层社会治理进行新格局的建构。加强基层治理的民主协商制度，不断建设人人参与、人人尽责的社会共同体。① 换句话来说，在进行依法治国的过程中，需要坚持中国特色社会主义制度，将中国特色社会主义理论贯穿于制度建设中，坚持党的领导、人民当家作主和依法治国的有机统一，② 在进行法治建设和依法治国过程中将人民的根本

---

① 任永安、刘士德：《人民立场和群众路线在全面依法治国工作中的法治价值及实现进路》，载《新视野》2022 年第 11 期。

② 陈佑武：《习近平法治思想的科学内涵、历史底蕴及思想基础》，载《人权研究》2020 年第 12 期。

利益和期盼作为建设的方向，依靠法治平衡社会利益、调节社会关系，充分发挥法治对国家治理、社会治理的引领、规范和保障作用。①

提升依法应对挑战、抵御风险的能力。习近平总书记强调“在统筹推进伟大斗争、伟大工程、伟大事业、伟大梦想的实践中，在全面建设社会主义现代化国家新征程上，我们要更加重视法治、厉行法治，更好发挥法治固根本、稳预期、利长远的重要作用，坚持依法应对重大挑战、抵御重大风险、克服重大阻力、解决重大矛盾”。②我国目前改革发展稳定、内政外交国防、治党治国治军等各方面所面临的严峻风险挑战越大，就越要发挥法治的作用，不断增加抵御风险的能力，克服困难，提高自身的适应性、竞争力及可持续发展能力。

强化执法能力建设，完善执法权力运行机制和管理监督制约体系。紧紧抓住规范用权这个关键点，坚持问题导向，努力解决顽瘴痼疾，推动执法司法更公正更高效更权威。完善执法权力运行机制和管理监督制约体系，细化明确行政执法程序，规范执法自由裁量权，决不能弄权、揽权、越权，更不能恃权自重、以权谋私、滥权妄为，推动严格规范公正文明执法，使执法不公、选择性执法、随意性执法等现象得到有效遏制，确保执法司法权力永远坚守公平性，让人民群众在案件的办理过程中切身体会法律的公平公正。

完善“覆盖城乡、便捷高效、均等普惠”现代公共法律服务体系。统筹推进法律援助、司法鉴定、调解、仲裁等工作机制改革，加快建成覆盖全业务全时空的公共法律服务网络，优化升级公共法律服务热线和网络平台，促进三大平台深度融合，形成优质高效的法律服务供给体系，推进法律服务均等化、多元化、专业化发展，不断增强人民群众的获得感、幸福感、安全感。③强化法治的引导和疏导作用，不断完善社会纠纷和非诉纠纷机制，形成有力度、有温度的依法治理格局，以高质量法治服务保障经济社会高质量发展。

---

① 江必新：《以习近平法治思想为指导着力解决法治中国建设中的重大问题》，载《行政法学研究》2020年第11期。

② 习近平：《习近平2020年11月16日在中央全面依法治国工作会议上的讲话》，载青海普法，http://baijiahao.baidu.com/s?Id=1746863578200049731&wfr=spider&for=pc，2023年5月15日访问。

③ 喻中：《论建设中国特色社会主义法治体系的三个维度》，载《行政法学研究》2023年第1期。

坚持人民的主体地位和群众路线毫不动摇，不断加强社会的自治能力。在处理公共事务时要充分发挥人民群众的积极性，实现“民事民议、民事民办、民事民管”，促进群众的“自我管理、自我服务、自我教育、自我监督”，让人民群众自己处理自己的事情，并作出决定。对纠纷处理和化解机制进行建立健全，充分发挥乡规民约、行业制度、组织规定的约束作用，社会自治才能有效运行，基层治理才能不断发展，国家治理体系和治理能力现代化才能随着社会的发展不断加深，提高人民的幸福指数。①

① 任永安、刘士德：《人民立场和群众路线在全面依法治国工作中的法治价值及实现进路》，载《新视野》2022 年第 11 期。

第四章　坚持中国特色社会主义法治道路

在当代中国语境中，“道路”一词的涵义常常远超其表面直接指代的意义，它往往有着更加深邃的哲理意味和深远意境，总是用于指代符合规律和“道”、可以达致更为高远目标的前进方向和实践原则。它得之于经验又超越于经验，超越于具体而又不离于具体，它不仅指正确，同时还有“不同寻常”甚至“神圣”的意思。在当代中国政治法律语汇中，“道路”一词不仅出现频率高，而且具有特殊重要性。此时，“道路”喻指一定规模社会主体从事社会事业的行动轨迹和趋势方向，也包含着事业和轨迹所体现的规律性；同时，它也含有规范意义，指人们应该加以遵循和持续不断做某种事情的重要原则和基本方向。总体上，道路一词，综合了事实与规范二义但更强调规范意义。“社会主义道路”“中国特色社会主义道路”等是最常见也是意义最为重大的词汇。“中国特色社会主义法治道路”是中国特色社会主义道路的一部分，在新时代中国特色社会主义法治理论中居于支撑地位，它是起枢纽作用的基本术语，“坚持中国特色社会主义法治道路”是一个具有总领统率意义的理论命题和根本论断，需要认真分析其含义、意义和理据，探讨其贯彻实施的途径和策略。

第一节　中国特色社会主义法治道路的内涵

一、中国特色社会主义道路

无论干革命、搞建设，还是推进改革开放和建设现代化国家，道路问题都具有最根本的重要性。当代世界基本上有两种根本社会制度，一为资本主义，二为社会主义。中华民族为挽救民族危亡，摆脱在世界格局中的落后地位和被压迫命运，久经探索，选择了马克思主义，成立了中国共产党，经过长期艰苦卓绝的斗争，取得新民主主义革命胜利，又进行了社会主义革命，在中华人民共和国建立了社会主义制度，在此制度前提下进行了数十年社会主义建设。在总结经验和反思教训基础上，中国共产党继续探索和实践，进行伟大的改革开放事业，成功开创和发展了中国特色社会主义道路。

“把马克思主义的普遍真理同我国的具体实际结合起来，走自己的道路，建设有中国特色的社会主义，这就是我们总结长期历史经验得出的基本结论。”① 中国特色社会主义的基本含义是科学社会主义原则与中国的国情特点相结合，把马克思主义和中华优秀传统文化相结合，建设有时代特点和民族特色的社会主义。中国特色社会主义有丰富内涵，集中展现为四个维度：中国特色社会主义的道路、理论、制度和文化。

中国特色社会主义理论经过“邓小平理论”“三个代表重要思想”“科学发展观”诸环节不断丰富和深化，在新时代又实现新的飞跃，形成了“习近平新时代中国特色社会主义思想”。习近平新时代中国特色社会主义思想的丰富内容在中国共产党十九大报告、十九届六中全会决议中得到集中展示，“十个明确”“十四个坚持”“十三个方面成就”概括了这一思想的主要内容。

中国特色社会主义道路获之艰辛，来之不易，应该自觉学习贯彻，一以贯之坚持，在实践中继续丰富发展。“辛亥革命 110 年来的历史启示我们，实现中华民族伟大复兴，道路是最根本的问题。中国特色社会主义是实现中华民族伟大复兴的唯一正确道路。这条道路符合中国实际、反映中国人民意愿、适应时代发展要求，不仅走得对、走得通，而且也一定能够走得稳、走得好。”②

二、中国特色社会主义道路与中国特色社会主义法治道路

中国特色社会主义法治道路是中国特色社会主义道路的有机构成部分，与后者相伴而生，相随而长。

与中国特色社会主义道路是在探索中形成的一样并且与之密切联系，中国特色社会主义法治道路也是中国共产党领导中国人民在革命、建设和改革的实践中历经艰辛探索、大胆创造而逐步形成的。近代以来，中国为追求独立、建设现代化国家，追求

① 《邓小平文选》（第三卷），人民出版社 1993 年版，第 3 页。
② 习近平：《在纪念辛亥革命 110 周年大会上的讲话》（2021 年 10 月 9 日），载中国政府网，https://www.gov.cn/xinwen/2021-10/09/content_5641633.htm，2023 年 6 月 9 日访问。

法治梦，曾尝试过不同的法治模式，虽有或多或少的成绩，但最后无一成功；只有中国共产党领导人民使社会主义与法治相结合，经过长期探索，才走上了法治得以长期发展的道路。依法治国，建设社会主义法治国家基本方略是党带领人民在总结历史经验、走自己的路、独立自主地进行革命和建设，在改革开放中逐步形成和确立的。伴随着改革开放和中国特色社会主义道路的开辟、丰富和发展，法治在党和国家事业全局中的地位越来越重要，定位越来越明晰。党的十一届三中全会明确提出，要健全人民民主，保障人民民主权利，使人民民主制度化、法律化。之后，依法治国，建设社会主义法治国家被写进党章和宪法。依法治国被确立为党领导人民治理国家的基本方略，依法执政被确立为党治国理政的基本方式。

党的十八大以来，党中央提出“五位一体”总体布局和“四个全面”战略全局，全面依法治国成为“四个全面”的重要部分。党的十八届四中全会在党的历史上第一次专题研究法治建设问题，就全面推进法治国家建设一系列基础性全局性问题作出部署，有力推动了社会主义法治事业的进展。党的十九大后，党中央成立中央全面依法治国委员会，推动我国法治事业发生历史性变革、取得历史性成就。党的二十大报告列出专章对全面推进依法治国进行论述、作出部署。这都显示出中国特色社会主义法治道路是中国特色社会主义道路的重要部分。中国特色社会主义法治道路是对中国特色社会主义道路的丰富和扩展。

（一）中国特色社会主义道路对中国特色社会主义法治道路的决定性影响

已如上述，中国特色社会主义法治道路与中国特色社会主义道路是部分和总体的关系、局部和全局的关系；二者关系中，总体上起决定性影响的是中国特色社会主义这个总道路，中国特色社会主义道路居于更为基础性地位，深刻影响着中国法治的战略地位、基本性质、发展方向和进展阶段等。

国情和世情决定，中国的法治道路必须走中国特色社会主义之路。同时，中国特色社会主义法治的推进，也同当代中国其他领域的伟大变革一样，“不是简单延续我国历史文化的母版，不是简单套用马克思主义经典作家设想的模板，不是其他国家社会主义实践的再版，也不是国外现代化发展的翻版”，[①] 中国法治只能走中国特色社会主义道路。

① 本书编写组：《党的二十大报告学习辅导百问》，党建读物出版社、学习出版社2022年版，第21页。

受中国特色社会主义道路深层决定，中国法治首先是社会主义法治而非资本主义法治，前者决定了后者的根本社会性质和历史类型。同时，中国法治又必然是现代法治，而非古代“法治”。中国法治就其较为成熟的形态而言，必然具有中国的民族性，深受中华优秀传统文化的浸染和影响从而具有中国风格和中国气派。自然，中国法治必须与中国特色社会主义制度相呼应，与中国特色社会主义政治发展道路相协调，以中国特色社会主义理论为指导。

（二）中国特色社会主义法治道路对中国特色社会主义道路的影响和保障

一方面，中国特色社会主义道路深刻影响甚至决定着中国特色社会主义法治道路的方向和面貌；另一方面，中国法治的发展是否顺利，中国法治能否正确而合适地回应中国特色社会主义事业的需要，又深刻影响中国特色社会主义事业的健康和均衡。因为法治是中国特色社会主义事业的保障器和调节器，法治道路的正确与否，不仅关乎法治之成败，也攸关中国特色社会主义道路的顺利与否和中国特色社会主义事业的健康与否，甚至决定着社会主义的盛衰成败。全面依法治国“关系党执政兴国，关系人民幸福安康，关系党和国家长治久安”，① 首先是从道路的高度和层次而作出的基本判断，是具有根本重要性和全局性的重大判断。道路是首要的、基本的、关键的问题，是不能产生颠覆性错误的领域，必须认真严肃思考之、郑重对待之，选定道路之后要忠诚遵循之、坚守之。

符合中国特色社会主义事业和道路要求的良法善治，能够“更好发挥固根本、稳预期、利长远的保障作用，在法治轨道上全面建设社会主义现代化国家”。② 其他各国的现代化道路得以顺利进行，都伴随着各具特色的法治事业的建成；没有全面依法治国的推进和发展，就没有中国特色社会主义的健康发展和社会主义现代化强国目标的实现。

（三）中国特色社会主义法治道路对中国特色社会主义道路的升华

马克思恩格斯虽未对其身后的社会主义国家的具体情况作过细致的描绘和设计，

---

① 习近平：《高举中国特色社会主义伟大旗帜　为全面建设社会主义现代化国家而团结奋斗》（2022 年 10 月 16 日），载习近平：《习近平著作选读》（第一卷），人民出版社 2023 年版，第 33 页。

② 同上书。

而且因为相信马克思主义不是教条而是方法，社会主义是不断运动变化的东西，他们认为不宜也不应给出具体的细节刻画。不过，他们所提出的一些关于法治理念和价值的基本观念和思路则对社会主义有重大启发意义。马克思恩格斯对于法治和与法治紧密相关的一些价值是推崇和珍视的，只不过他们认为这些价值在更为理想的社会里可以而且应该得到更为充分的实现。但可惜的是，一些国家在社会主义实践中，对法治的认识过于消极，乃至出现法律虚无主义。中国共产党和中国人民总结人类历史发展规律和社会主义发展规律，认为法治应该是社会主义必须利用的人类文明成果，必须利用法治充实和发展社会主义，运用法治服务于中国特色社会主义和现代化国家建设。这样，相对于社会主义的“旧版本”，社会主义新版本——中国特色社会主义就获得了具有质变意义的新因素，从而获得新的活力和营养。

三、中国特色社会主义法治道路的基本内容和核心要义

党的十八届四中全会通过了《中共中央关于全面推进依法治国若干重大问题的决定》，该决定在提出“建设中国特色社会主义法治体系，建设社会主义法治国家”全面依法治国总目标的同时，明确概括了中国特色社会主义法治道路的内容。在会上，习近平总书记指出：“全面推进依法治国这件大事能不能办好，最关键的是方向是不是正确、政治保证是不是坚强有力，具体讲就是要坚持党的领导，坚持中国特色社会主义制度，贯彻中国特色社会主义法治理论。党的领导是中国特色社会主义最本质的特征，是社会主义法治最根本的保证。中国特色社会主义制度是中国特色社会主义法治体系的根本制度基础，是全面推进依法治国的根本制度保障。中国特色社会主义法治理论是中国特色社会主义法治体系的理论指导和学理支撑，是全面推进依法治国的行动指南。这3个方面实质上是中国特色社会主义法治道路的核心要义，规定和确保了中国特色社会主义法治体系的制度属性和前进方向。”①

这是中国特色社会主义法治道路的明确提出和基本表述。七年后，习近平再次明确提出：“我讲过，全面推进依法治国这件大事能不能办好，最关键的是方向是不是正

① 习近平：《关于〈中共中央关于全面推进依法治国若干重大问题的决定〉的说明》(2014年10月28日)，载中国共产党新闻网，http://jhsjk.people.cn/article/25926150，2023年3月17日访问。

确、政治保证是不是坚强有力，具体讲就是要坚持党的领导，坚持中国特色社会主义制度，贯彻中国特色社会主义法治理论。”①

这就显示，中国特色社会主义法治道路的核心要义包括内在一致互相联系的三方面内容：坚持党的领导、坚持中国特色社会主义制度、贯彻中国特色社会主义法治理论。

（一）坚持党的领导

一国法治之有无及其强弱，一国法治道路之选择，一国法治的深层动力和保障，与该国根本社会制度有深度关联，与其政治实践和政治制度的关系更为直接。我国是社会主义国家，党的领导是中国特色社会主义的最本质特征，历史和现实都证明，中国共产党是有着崇高追求、全心全意为人民服务的党，是坚强有力的党。党的领导及其坚强与否、正确与否，都与法律发展和法治性质、方向、强弱息息相关，关系重大。“坚持党的领导，是社会主义法治的根本要求，是党和国家的根本所在、命脉所在，是全国各族人民的利益所系、幸福所系，是全面推进依法治国的题中应有之义。”②

对于法治后发的中国而言，有现代化导向的成为社会主导力量的党的领导是全面依法治国的巨大优势和推动力量，是法治存在和发展的强有力保证。法治发展与一国政治存在着深层关系。在当代，符合历史发展规律与历史进步同向而行的政党，必定是尊崇法治、推动法治的，人民和历史选择的中国共产党更应是中国法治的强有力的引领者、推动者。“我国宪法以根本法的形式反映了党带领人民进行革命、建设、改革取得的成果，确立了在历史和人民选择中形成的中国共产党的领导地位。对这一点，要理直气壮讲、大张旗鼓讲。要向干部群众讲清楚我国社会主义法治的本质特征，做到正本清源、以正视听。”③

中国共产党对法治的自觉认同、有力担当是中国特色社会主义法治极其宝贵的本土资源和优势所在。在我国全面推进依法治国的历史过程中，党的领导和社会主义法

---

① 习近平：《全面推进中国特色社会主义法治体系建设》（2021年12月6日），载习近平：《习近平谈治国理政》（第四卷），外文出版社2022年版，第301页。

② 习近平：《关于〈中共中央关于全面推进依法治国若干重大问题的决定〉的说明》（2014年10月28日），载中国共产党新闻网，http://jhsjk.people.cn/article/25926150，2023年3月17日访问。

③ 同上。

治是一致的，社会主义法治必须坚持党的领导，党的领导必须依靠社会主义法治。在中国共产党历史上，党的十八届四中全会是第一次以依法治国为主题的会议，标志着中国特色社会主义法治国家建设进入新阶段，该次全会决定围绕加强和改进党对全面推进依法治国的领导提出“三统一”“四善于”要求，并作出系统部署，重申“把坚持党的领导、人民当家作主、依法治国有机统一起来是我国社会主义法治建设的一条基本经验”。

（二）坚持中国特色社会主义制度

“中国特色社会主义制度是党和人民在长期实践探索中形成的科学制度体系，我国国家治理一切工作和活动都依照中国特色社会主义制度展开，我国国家治理体系和治理能力是中国特色社会主义制度及其执行能力的集中体现。”[①]法治、依法治国不是凭空产生和运行的，而是依托于一个社会的各层次制度并与之发生复杂关系，一方面，法治是社会各种制度的表达，一个社会的重要制度需要借助法律规则得到公开系统地宣示，力图以更好的法律机制保障顺畅运行；另一方面，法治更是依赖于其所依托的社会各种制度尤其是地位重要的制度而获取其道义、组织和技术的支撑。中国特色社会主义法、法治与中国特色社会主义制度密不可分。当代中国法、法治的发展必须沿着中国特色社会主义制度而运行，并从中得到源源不断的支持力量。同时，中国特色社会主义法治又使中国特色社会主义制度不断程序化、规范化，使之不因为领导人的改变而改变，不因领导人的看法和注意力的改变而改变，并不断随着实践进程而逐步充实、定型和完善。中国特色社会主义制度具体化需要依靠法和法治，其有效运行需要得到法治支撑，其为人民服务的价值目标得到落实也需要法治；通过法律为制度运行设置轨道，通过法律为各方参与者明晰权利义务及其边界，尤其是使公民权利得到保障。

中国特色社会主义制度，是中国人民在共产党领导下，坚持马克思主义基本原理和中国具体实践相结合，在长期探索中建立起来的，具有与中国国情的适应性，与其

---

① 《中共中央关于坚持和完善中国特色社会主义制度　推进国家治理体系和治理能力现代化若干重大问题的决定》，载新华网，http://www.xinhuanet.com/politics/2019-11/05/c_1125195786.htm，2023 年 6 月 21 日访问。

他社会制度相比较的先进性，中国在建设和改革中所取得的巨大成就证明其具有明显优越性和强大生命力，应该继续坚持并使之进一步与社会主义法治更加紧密结合，努力使中国特色社会主义制度更丰富、更完善、更具体。中国特色社会主义法治在与中国特色社会主义制度的结合中，能够获得巨大潜力，法治价值和理想可望获得更为充分的实现。“中国特色社会主义制度符合我国国情，集中体现了中国特色社会主义的特点和优势，是中国发展进步的根本制度保障。”①

（三）贯彻中国特色社会主义法治理论

“推进全面依法治国是国家治理的一场深刻变革，必须以科学理论为指导，加强理论思维，从理论上回答为什么要全面依法治国、怎样全面依法治国这个重大时代课题，不断从理论和实践的结合上取得新成果，总结好、运用好党关于新时代加强法治建设的思想理论成果，更好指导全面依法治国各项工作。”②

没有科学理论指导的实践容易陷于盲目，在科学理论指导下的实践则容易收事半功倍之效。为全面实现现代化，实现中华民族伟大复兴的中国梦服务的法治建设，必须依靠科学的法学法治理论的指导。“中国特色社会主义理论体系是马克思主义中国化最新成果。在当代中国，坚持中国特色社会主义理论体系，就是真正坚持马克思主义。”③作为中国特色社会主义理论的有机构成部分，中国特色社会主义法治理论在改革开放新时期得以形成，并逐步发展为习近平法治思想。“习近平新时代中国特色社会主义法治思想是中国特色社会主义法治理论的最新成果，深刻阐述了全面依法治国的政治方向、重要地位、工作布局、重点任务、重大关系、重要保障，科学回答了在新时代如何建设中国特色社会主义法治体系、建设社会主义法治国家，如何在法治轨道上推进国家治理体系和治理能力现代化等重大战略问题。”④

---

① 习近平：《习近平在中共中央政治局第一次集体学习时的讲话》（2012 年 11 月 17 日），载习近平：《习近平谈坚持和发展中国特色社会主义》，载求是网，http://www.qstheory.cn/zhuanqu/bkjx/2019-04/01/c_1124308546.htm，2023 年 6 月 9 日访问。

② 习近平：《坚定不移走中国特色社会主义法治道路　为全面建设社会主义现代化国家提供有力法治保障》（2020 年 11 月 16 日），载习近平：《习近平谈治国理政》（第四卷），外文出版社 2022 年版，第 299 页。

③ 习近平：《习近平在中共中央政治局第一次集体学习时的讲话》（2012 年 11 月 17 日），载习近平：《习近平谈坚持和发展中国特色社会主义》，载求是网，http://www.qstheory.cn/zhuanqu/bkjx/2019-04/01/c_1124308546.htm，2023 年 3 月 28 日访问。

④《习近平法治思想概论》编写组：《习近平法治思想概论》，高等教育出版社 2022 年版，第 116 页。

习近平法治思想立足当代中国，以马克思主义为指导，吸收借鉴古今中外的法治思想精华，是社会主义法治建设规律的提炼和升华。中国特色社会主义法治的实践应以之为指导，并为其进一步丰富发展提供新鲜经验，努力使法治新理论和鲜活实践实现良好互动，开辟中国特色社会主义法治实践和理论新境界。

四、中国特色社会主义法治道路必须坚持的五个原则

《中共中央关于全面推进依法治国若干重大问题的决定》指出，为了建设中国特色社会主义法治体系，建设社会主义法治国家，必须坚持五个原则，分别是：坚持中国共产党的领导；坚持人民主体地位；坚持法律面前人人平等；坚持依法治国和以德治国相结合；坚持从中国实际出发。这五个必须长期坚持的方面，被认为“是中国特色社会主义法治道路的鲜明特色”。[①]这五个原则的基本意义，在本章第五节中有简要说明。

五、中国特色社会主义法治道路的延展涵义

中国特色社会主义法治道路的命题，首先指出了法治所赖以为基础的根本社会制度的性质。中国法和法治属于社会主义历史类型，是中国特色社会主义社会上层建筑的有机组成部分。中国特色社会主义道路，“既不是改旗易帜的邪路，也不是封闭僵化的老路”，中国要走的是社会主义道路；但这种社会主义，既不是简单对马克思设想的照搬，也不是其他社会主义国家的简单承袭，而是根据中国的具体国情、发展阶段、特定时空而探索出的社会主义新路。法治中国必须沿着中国特色社会主义的方向，长期坚持、长期遵循、服务于社会主义国家现代化建设。

中国特色社会主义法治道路的命题，指出了法治建设和法治发展的主导力量，这就是中国共产党。要坚持和发展中国特色社会主义，就必须坚持中国共产党的领导。《宪法》第一条规定：“中华人民共和国是工人阶级领导的、以工农联盟为基础的人民民主专政的社会主义国家。社会主义制度是中华人民共和国的根本制度。中国共产党

---

① 《习近平法治思想概论》编写组：《习近平法治思想概论》，高等教育出版社2022年版，第117—118页。

领导是中国特色社会主义最本质的特征……”中国特色社会主义法治道路的命题，显示了中国法治发展中浓重的政治力量居上推进的色彩。法治后发国家因为时空条件的特殊制约，已不可能走从容不迫的社会演进的法治道路，政治主导力量和政治国家对于法治的推动至关重要。当然，这种推动应该和地方、社会、民间以各种方式参与法治进步的积极性相结合。

中国特色社会主义法治道路的命题，指明法治中国必然和现代化、现代价值、现代国家建设相结合，法治同时又应吸收传承中华优秀传统法律文化，形成和展示新的中国特色、中国风格、中国气派，是普遍性和特殊性的结合。

第二节　中国特色社会主义法治道路的理据

总体上看，“坚持中国特色社会主义法治道路”的基本理据有：中国特色社会主义制度优越论、实践功效论、文明多样性论、国情适合论、哲学上普遍性和特殊性关系论等。以下对上述诸论作出转化，并加以解析。

一、中国特色社会主义与法治中国的双向规定

法治虽然在资本主义社会之前即已出现，但其普遍化并成为政治合法化资源和社会核心价值则是近代以来的事情。近现代法治首先是在与资本主义制度的结合中孕育发展成熟的，这对于人类文明来讲确实是重大进步，但资本主义框架的约束也使法治的内在价值无法充分实现，法治的进一步展开和充实需要更为进步的社会制度和文明形态。社会主义核心价值观特别是其中的平等、自由需要法治的确认和保障，法治作为一种体制机制有利于平等和自由的保护与发展。社会主义民主政治、市场经济也需要法治的确认、保障、引导、规范。在社会主义国家，权利和人权需要得到确认和保护，权力需要得到支持、规范和制约，也同样需要法治，需要依法治国，建设社会主义法治国家。

社会主义社会就其本质而言，是需要法治并能为法治进一步充实升华提供更为充分和现实的条件的。“依法治国，是坚持和发展中国特色社会主义的本质要求和重要保障，是实现国家治理体系和治理能力现代化的必然要求，事关我们党执政兴国，事关

人民幸福安康，事关党和国家长治久安。”① 这是新时代对于社会主义和法治内在关系的再次确认和郑重承诺。社会主义国家必然需要法治，是总结古今中外盛衰成败经验教训基础上得出的郑重结论。

社会主义和法治相结合，是人类文明史上的重大进步。“社会主义找到了法治，就使人类最优越的社会制度配备了治国的最佳方略；法治找到了社会主义，就使人类的治国良策走上了真正为人民服务、为人类解放事业服务的金光大道。”② 社会主义和法治相结合，是中国文明史的重大进步，也是人类文明史的重大进步。

法治和社会主义的结合，自然会因为发展阶段和具体国情的不同而呈现出不同的发展水平和形态，实践中的法治建设必须从实际出发，作出与时俱进的理论总结和实践安排。“坚持中国特色社会主义法治道路”，是习近平法治思想的基本命题，是社会主义和法治与广土众民的东方大国相结合的根本原则。

二、现代化的中国特色对法治中国的深层决定

从西方资本主义国家发端的现代化，深刻影响了世界格局和东方国家。或许包括中国在内的东方国家本可以沿着自身社会演变的内在逻辑而走向现代化，但东西对峙西强东弱的格局一旦形成，东方国家就只能在外在压力下被迫走向现代化的现实进程。

中国现代化的进程，中国人民从站起来、富起来到强起来的历史性成就，是中国共产党领导人民通过新民主主义、社会主义道路而获致的。这样的历史特点，自然使作为现代化一部分内容的法制、法治在形成和发展中本质上必然属于社会主义，是社会主义整体的一部分。

中国的社会主义法是以新民主主义革命根据地的新民主主义法为其滥觞的，随着中华人民共和国的成立，中国社会主义法制得以建立。改革开放的新时期，总结治国理政正反两方面的经验，与中国特色社会主义道路形成相伴随，中国的依法治国、建设社会主义法治国家事业获得较为长足的发展。党的十八大以来，中国特色社会主义

① 《中共中央关于全面推进依法治国若干重大问题的决定》，载中国共产党新闻网，http://cpc.people.com.cn/n/2014/1028/c64387-25926125.html，2023 年 6 月 21 日访问。

② 孙国华、黄文艺：《依法治国：治国方略的最佳选择》，载孙国华：《法理求索》，中国检察出版社 2003 年版，第 541 页。

法治理论和思想获得进一步提炼，其标志性成果就是形成了习近平法治思想；在习近平法治思想中，坚持中国特色社会主义法治道路是其中具有枢纽地位的基本命题。

中国特色社会主义法治道路的开辟和形成，是中国特色社会主义道路开辟和形成的自然结果。正在进行中的中国式现代化，表现出五个基本特色：“人口规模巨大的现代化……全体人民共同富裕的现代化……物质文明和精神文明相协调的现代化……人与自然和谐共生的现代化……走和平发展道路的现代化……”，中国特色社会主义道路和法治道路，本质上就是适应和回应上述这些特征而探索出的规律性认识和战略性回答，必然“既有各国现代化的共同特征，更有基于自己国情的中国特色”。①

三、悠久独特的政法文明对法治中国的深远影响

“历史和现实告诉我们，只有传承中华优秀传统法律文化，从我国革命、建设、改革的实践中探索适合自己的法治道路，同时借鉴国外法治有益成果，才能为全面建设社会主义现代化国家、实现中华民族伟大复兴夯实法治基础。”②

（一）一国法治与该国文化和法律文化相适应，可使其法治道路进展平顺

世界上没有凭空而来的法治道路，一个国家或地区的法治要想获得持久的生命力，必须与既有法律文化保持尽可能充分的连续性。人们可以发现，有些国家虽然经历了改革甚至革命，但其法律文化却仍然显示了强大的连续性和继承性。我们由此可以获得的启示是：与本民族的法律传统越是保持一致和连续，其法治道路就会越是顺利和平滑。当然，法治的实现，往往需要实现传统的现代转化，接受现代社会的改造，实现推陈出新，古为今用。

（二）一国悠久而独特的法律文化，可以为当代法治发展提供本土资源

“在历史长河中，中华民族形成了伟大民族精神和优秀传统文化，这是中华民族生生不息、长盛不衰的文化基因，也是实现中华民族伟大复兴的精神力量，要结合新的

① 习近平：《高举中国特色社会主义伟大旗帜　为全面建设社会主义现代化国家而团结奋斗》（2022 年 10 月 16 日），载习近平：《习近平著作选读》（第一卷），人民出版社 2023 年版，第 18—19 页。

② 习近平：《从全局和战略高度推进全面依法治国》（2020 年 11 月 16 日），载习近平：《习近平著作选读》（第二卷），人民出版社 2023 年版，第 379 页。

实际发扬光大。”①

“中国有坚定的道路自信、理论自信、制度自信，其本质是建立在5000多年文明传承基础上的文化自信。”对中国特色社会主义法治道路的自信也与文化自信分不开。中华传统法律文化也一样源远流长，在分析其精华糟粕的前提下，使之与现代社会相适应，与社会主义社会相适应不仅可能，而且大有助益于中国特色社会主义法治。

“自古以来，我国形成了世界法制史上独树一帜的中华法系，积淀了深厚的法律文化……中华法系凝聚了中华民族的精神和智慧，有很多优秀的思想和理念值得我们传承。”② 古代法律文化是当代法治的营养原料，是当代法治身份得以确定的文化基因，也是当代法治得以顺利建设的有力支撑，应该实现创新性发展、创造性转化。我们应该注意到，“如果没有中华五千年文明，哪里有什么中国特色？如果不是中国特色，哪里有我们今天这么成功的中国特色社会主义道路？”③

四、法治普遍性和特殊性关系的道路启示

（一）从基本国情出发是我国法治道路的基本原则

中国特色社会主义理论坚持独立自主原则，坚持从自己的特殊国情出发提出问题，设置目标，提出解决问题的方法论原则。中国特色社会主义法治道路的基本依据就是国情。正像习近平所说，设计和发展国家政治制度，“要坚持从国情出发、从实际出发”，党的十八届四中全会《中共中央关于全面推进依法治国若干重大问题的决定》主张为了实现全面推进依法治国总目标，必须遵循五项原则，其中之一是“坚持从中国实际出发”，“必须从我国基本国情出发”。每个国家都有自己的国情，都有自己的特殊性，大国更有自己的复杂性；法治道路的选择应该尊重国情、顺应国情。

只有适合国情的法治才能行稳致远，各国人民应该对自己的法治道路最有发言权。

① 习近平：《建设中国特色中国风格中国气派的考古学　更好认识源远流长博大精深的中华文明》（2020年9月28日），载中国共产党新闻网，http://jhsjk.people.cn/article/31949931，2023年6月19日访问。

② 习近平：《从全局和战略高度推进全面依法治国》（2020年11月16日），载习近平：《习近平著作选读》（第二卷），人民出版社2023年版，第379页。

③ 习近平：《把弘扬优秀传统文化同马克思主义立场观点方法结合起来》（2021年3月22日），载习近平：《习近平谈治国理政》（第四卷），外文出版社2022年版，第315页。

"'鞋子合不合脚，只有穿了才知道。'一个国家的发展道路合不合适，只有这个国家的人民才最有发言权。"①

（二）现代法治与传统有机联系

国情的内容是非常丰富的，其中之一就是我们有悠久的历史、雄厚的文明积累，有丰富的政治与法律传统。因为有自己的悠久历史传统，历史具有自己的连续性和继承性，所以法治发展必然会受到传统的强烈影响。这种影响可能是自觉的也可能是不自觉的，中国共产党努力实现对历史和文化的自觉，进而实现文化自信，并认为，中国现代文明的创造不能割断与历史的联系。政治发展道路和法治建设可以、能够而且必须从优秀传统中获得启示和养料。传统是多方面的，关键是适应现代社会的要求，剥离其中与社会主义时代不相适应的东西，摒弃其中违背社会主义核心价值观的成分，实现创新性发展、创造性转化。

如果脱离历史联系，现代政治法治文明的构建就无所依托，所以"不能割断历史，不能想象突然就搬来政治制度上的'飞来峰'"。②

（三）文明多样性是法治道路民族性的重要依据

法治是文化和文明的一部分，认识文明的特质及其规律有助于加深对法治的理解。认识世界上文明存在的多样性、丰富性及文明之间的关系，有助于认识自己民族和国家的法治及其前途。

人类在长期的生产生活中形成了各具特色的文化形态和文明样式，有很多文化和文明经历了长久的历史考验，至今依然挺立于当今世界，形成了丰富多彩的世界文化格局。各种文明虽有发展阶段的不同，从而表现出与现代社会的不同适应程度，但都有存在的理由和价值，并且都潜存着走向现代化的基因和能量；尤其是，各国如何从自己的文化传统走向现代，这只能由自己的国家和人民独立自主地去探索、去选择。文明从整体上看如此，作为其中一部分的法律和法治也是如此，从而法治道路在不同国家和民族就表现出巨大的自主性、差异性和多样性。

---

① 习近平：《顺应时代前进潮流，促进世界和平发展》（2013年3月23日），载习近平：《习近平谈治国理政》，外文出版社2014年版，第273页。

② 习近平：《坚定对中国特色社会主义政治制度的自信》（2014年9月5日），载习近平：《习近平谈治国理政》（第二卷），外文出版社2017年版，第285—286页。

（四）域外法治道路差异性的启示

世界各国法治发展水平各有高低，观察法治程度较高的国家或区域可以看出，它们的法治形态同中有异，各具特色；法治道路无不是在符合自己发展阶段、尊重民族特点和传统中显示出鲜明特点。就发达国家而言，也是国国有差异。英美相同点较多，但国家大小不同，民族结构不同，发展时段不同，美国法治道路就与英国显示出不同的特点。德国、日本民族特性较为突出，发展相对较晚，其法治发展道路与英美区别更大。新加坡的法治随着其城市发展和国家建设的独特道路呈现出更为鲜明的特点。

（五）共性与个性关系观照下的中国法治道路

围绕着普遍性和特殊性之间的关系，思想史上是有纷纭争论的。一般以为二者是对立统一关系，普遍性寓于特殊性之中，而特殊性体现普遍性。有时候人们会强调普遍性，有时候人们又会突出特殊性，但总的来说，对事物的特殊方面的分析和把握，对事物的特殊问题的解决更为人们所重视，因为在社会中与人直接打交道的人及其团体，总是生活在具体的时空，面临具体的有待解决的问题，而且事物总是以个别为基本和具体存在方式的。法治也是特殊和普遍的统一，法治有共同的一面、普遍的一面，有其一般的特征和规律；同时，其存在又是具体的、历史的，是以某个国家或地域的某个时期的法治为其存在方式的。这样，具体的法治就总是与个别国家、民族及其特定的国情和环境密切联系在一起。正如孟德斯鸠所言："为某一国人民而制定的法律，应该是非常适合于该国的人民的；所以如果一个国家的法律竟能适合于另外一个国家的话，那只能是非常凑巧的事。"[①] 法律应该是对一般规律的揭示和表达，同时又应适应于具体国情。法的发展和法治道路的选择，也应遵循这样一种普遍性和特殊性相结合的原则。譬如在人权领域，我国既承认人权的普遍性，同时又结合自己的社会制度和国情，走出了中国特色的人权保护道路。"在推进我国人权事业发展的实践中，我们把马克思主义人权观同中国具体实际相结合、同中华优秀传统文化相结合，总结我们党团结带领人民尊重和保障人权的成功经验，借鉴人类优秀文明成果，走出了一条顺应

① ［法］孟德斯鸠：《论法的精神》（上册），张雁深译，商务印书馆 1963 年版，第 7 页。

时代潮流、适合本国国情的人权发展道路。”① 习近平总书记所谈人权发展道路的内涵和根据同样适用于依法治国，基本而言，就是普遍原理和具体实际相结合，人权优秀成果和时代潮流与本国国情相结合，坚持共性和个性的统一，在具体实践中寻找到原则、普遍性的特殊的具体的落实路径和方法，以个性的方式实现普遍性的崇高理想。

第三节　中国特色社会主义法治道路的意义

中国特色社会主义法治道路的形成、坚持和开拓，从不同角度看有不同的意义。对中国而言，首先要强调的是其对于依法治国的实践意义，明确这条道路是唯一正确的选择和方向指引。一方面，我们必须摒弃人治，厉行法治，全面推进依法治国；另一方面，中国的法治，不能走封闭僵化的旧路，也不能走改旗易帜的邪路，必须沿着中国特色社会主义道路，不断探索、不断总结、不断拓展。

一、中国特色社会主义法治道路的历史内涵

依法治国，是历史发展的内在要求。我国的现代化建设，虽然具有强烈的“外生性”特点，但我们同时必须看到，我国的近代化现代化事业又具有相当程度的“内生性”，它是中华民族强烈的民族自尊心勃发的强大力量所导致的自强运动。在力图挺立于世界民族之林实现民族复兴的自觉追求中，中国选择了社会主义，并在长期实践和历史进程中，逐步探索出中国特色社会主义法治之路。中国特色社会主义法治之路是中国人民和中国共产党独立自主长期探索的理论成果和实践结晶，具有实践性和民族性。

中国特色社会主义法治道路，是中国人民和中国共产党历史探索之结果、历史经验之总结。

二、中国特色社会主义法治道路是对中国特色社会主义道路的丰富

中国特色社会主义法治道路是中国特色社会主义道路的一个重要组成部分，是对

① 习近平：《坚持中国人权发展道路，促进人权事业全面发展》(2022 年 2 月 25 日)，载习近平：《习近平谈治国理政》(第四卷)，外文出版社 2022 年版，第 269 页。

中国特色社会主义道路的丰富和拓展。社会主义和法治的结合，并不是一下子就能看明白的。科学社会主义历史上，不少国家对于法治认识不足、重视不够，是科学社会主义发生曲折的重要原因之一。我国则较早认识到并明确提出，依法治国是“中国特色社会主义的本质要求”，明确肯定法治的文明属性和意义，从而走出社会主义和法治相结合的一条新路，为社会主义开出新境界，也为法治潜能的发挥提供了新的可能性。

三、中国特色社会主义法治道路有助于中国式现代化顺利展开

中国特色社会主义法治道路的开辟和拓展，与中国式现代化总体上是同频共振的。法治化是现代化的重要标志、组成部分和必然要求，现代化为法治提供动力和进一步发展的支撑。中国式现代化的展开和深化，应该是中国特色社会主义法治道路的逐步形成和不断拓展；中国特色社会主义法治道路的展开和进展，为国家治理现代化和各项事业现代化，为权利公平、机会公平、规则公平的供给，为公民意识培养和社会建设，提供了越来越宽广的空间。

四、传承优秀传统法律文化，焕发中华法律文明生机

习近平新时代中国特色社会主义思想中包含丰富的文明多样性和世界性相统一的思想，法律文明既具有民族性和多样性，同时也具有世界性、人类性和统一性。就其民族性和多样性而言，“当今世界不同国家、不同地区各具特色的现代化道路，植根于丰富多样、源远流长的文明传承”。[①] 对于此类多样性和丰富性，合理的态度应该是包容、欣赏和尊重。对于长期历史孕育的中华优秀传统法律文化，在尊重、理解的基础上，应该结合新的时代条件加以分析性继承和创造性应用。

不仅如此，我们还应进行长期而又艰苦的努力，大胆地、多方面地借鉴世界各国优秀法律文化，在适应和服务现代文明的过程中，努力进行综合创新，使中华法律文明重新焕发生机和活力。当然，这种新的中华法律文明是在新的基础上得以成型的，

① 习近平：《携手同行现代化之路——在中国共产党与世界政党高层对话会上的主旨讲话》(2023 年 3 月 15 日)，载中国共产党新闻网，http://cpc.people.com.cn/BIG5/n1/2023/0316/c64094-32645371.html，2023 年 6 月 20 日访问。

是与发达至少是较为发达的社会主义相结合的，是符合全人类共同核心价值的，也是以尊重其他各大法律文明为前提的。

五、中国特色社会主义法治道路对人类法治文明的意义

中国特色社会主义法治道路的探索，离不开对世界法治有益成果的借鉴，反过来，中国法治的重要特色、价值追求和发展经验，不仅可为其他社会主义国家也可为非社会主义国家尤其是后发国家提供启发。社会主义理想追求生产力的发展和发达，也追求人的全面发展，追求社会公平，也追求自由的更真实更合乎人类的本质的实现，这些理念对于法治不仅具有现实的重要性，而且具有长期的启发性。

中国是一个地域辽阔、人口众多的大国，在国际格局和人类发展大局中占据重要位置，适应民族独立、国家发展和现代化建设需求的法治之路的探索和成就，本身就是人类法治文明事业上的大事。中国法治的进步和成绩有利于人类文明的提升，为世界法律文化格局增添新的富于启发意义的板块，为各种法律文化各大法律文明提供了新的可资启发的镜鉴，为人类法治文明的提升提供了新的理念和技术。

中国式现代化借鉴现代化的一般规律，立足国情，传承优秀传统文化，具有鲜明特色，以中国式现代化为基础、为服务对象、为环境条件的中国法治，必然由此具有自己的不同内容和别样风格。习近平指出，“人类社会创造的各种文明，都闪烁着璀璨光芒，为各国现代化积蓄了厚重底蕴、赋予了鲜明特质，并跨越时空、超越国界，共同为人类社会现代化进程作出了重要贡献。中国式现代化作为人类文明新形态，与全球其他文明相互借鉴，必将极大丰富世界文明百花园”。①

第四节　文明观视域中的中国特色社会主义法治道路

“文化是一个国家、一个民族的灵魂。”② 法律是文化的一部分，是文化的一个部类，

① 习近平：《携手同行现代化之路——在中国共产党与世界政党高层对话会上的主旨讲话》（2023 年 3 月 15 日），载中国共产党新闻网，http://cpc.people.com.cn/BIG5/n1/2023/0316/c64094-32645371.html，2023 年 6 月 20 日访问。

② 习近平：《要有高度文化自信》（2016 年 11 月 30 日），载习近平：《习近平谈治国理政》（第二卷），外文出版社 2017 年版，第 349 页。

如果说法的内容受制于特定社会的经济基础的话，那么，一个国家或民族的文化则是影响法律样式的长久力量，文化和法律都有相较于经济基础的相对独立性，并且都有历史继承性，其某些内容、价值和形式从而成为一种历史连续性的存在，对当代法律制度构建和民族法律意识形成深刻影响。

文化和文明内容与形式在国别、民族和地域之间都呈现差异性，但作为人类实践经验和智慧的结晶，作为人类社会和人的发展的标尺，文化、文明又具有共同性，可以互相交流和学习。地球上现存着不同的文明形态。近代以来，欧洲率先实现了现代化，各民族随即逐步被卷入欧洲主导的全球化，不同的非西方文明陷入窘境，甚至因此蒙尘、消失。包括中国在内的各文明奋起抗争，通过各种途径团结奋斗，争得独立，实现现代化，恢复尊严和荣光。

“在五千多年中华文明深厚基础上开辟和发展中国特色社会主义，把马克思主义基本原理同中国具体实际、同中华优秀传统文化相结合是必由之路。这是我们在探索中国特色社会主义道路中得出的规律性的认识，是我们取得成功的最大法宝。”①

法治的中国之路，中国特色社会主义法治道路，其求解和分析、其坚持和发展，也必须联系文化和文明。

一、文明自信和文明互鉴对法治道路的启示

文明不是单一的，而是有着多种多样的品类。因为发展阶段、发展方式不同，一些国家和地区对别样的文明，似乎总是有一种高人一等的感觉，甚至有意贬低别人抬高自己。因文化不同而起优越感，甚至产生冲突，危及和平和稳定，已是必须给予重视和加以解决的问题。为未来计，为各民族各国家和世界计，“各美其美，美人之美，美美与共，天下大同”才是良策。

每种文明，都有自己的独特价值，都有自身存在和发展的合理性，都应该在现代化过程中成为启示的来源和前行的动力。各个国家尤其是后发展国家和非西方国家都应珍惜自身传统，并努力将自身传统带进现代化过程中。文化是一个民族的身份标志

① 《习近平在文化传承发展座谈会上强调 担负起新的文化使命 努力建设中华民族现代文明》，载《人民日报》2023年6月3日，第1版。

和基因，如果一个国家失去自身文化特殊性，在现代世界之林中就会失去自身的主体性。“历史和现实都表明，一个抛弃了或者背叛了自己历史文化的民族，不仅不可能发展起来，而且很可能上演一幕幕历史悲剧。文化自信，是更基础、更广泛、更深厚的自信，是更基本、更深沉、更持久的力量。坚定文化自信，是事关国家兴衰、事关国家安全、事关民族精神独立性的大问题。”① 以文明自信角度言，每个国家和民族都应坚持自己的文化主体性，并在继承发展民族文化的同时实现现代化。同时又应注意，文化和文明除了具有各自的特性从而个个不同之外，又往往具有普遍性和相通性。因为人类越来越结为一体，从而使交叠交叉的部分逐步增多。再者，因为不同国家和区域进入现代化有先后，先发国家在经济发展、社会治理包括法治建设方面可能有更多的经验教训可供后来者借鉴参考甚至进行部分移植。这样来看，文明之间的交流学习就不仅仅是可能，而且也具备了必要性和重要现实意义。

二、决不照搬别国模式

坚持中国特色社会主义，意味着独立自主地按照本国的实际情况探索自己的道路，把马克思主义的普遍原理和国情的特殊性、具体性结合起来，绝不能照抄照搬别的政党别的国家的做法，即便是已被证明成功的做法。在法治道路上也是如此，“我们推进全面依法治国，决不照搬别国模式和做法，决不走西方所谓‘宪政’‘三权鼎立’‘司法独立’的路子”。② 西方法治道路在根本性上与社会主义不同，其中的法治理念因内嵌于西方制度和文化从而与我国相异。

不能照抄照搬别国模式和做法，本来就是中国特色社会主义道路的题中应有之义和基本内容。具体言之，其根据如下，第一，不同国家社会制度不同，经济基础不同，法律精神就会有很大差异。法与政治密不可分。“法治当中有政治，没有脱离政治的法治……我们有符合国情的一套理论、一套制度，同时我们也抱着开放的态度，无论是传统的还是外来的，都要取其精华、去其糟粕，但基本的东西必须是我们自己的，我

① 习近平：《要有高度文化自信》，载习近平：《习近平谈治国理政》（第二卷），外文出版社2017年版，第349页。

② 习近平：《以科学理论为指导，为全面建设社会主义现代化国家提供有力法治保障》，载习近平：《习近平谈治国理政》（第四卷），外文出版社2022年版，第290页。

们只能走自己的道路。我们是中国共产党执政，各民主党派参政，没有反对党，不是三权鼎立、多党轮流坐庄，我国法治体系要跟这个制度相配套。”①第二，各国国情不同，因此需要的法律就会有所不同；土壤不同，适应生长的生物也会有所差异，所谓“橘生淮南则为橘，橘生淮北则为枳”，即是此理。后发大国的特殊地位也影响法治战略。中国人民在中国共产党领导下走向社会主义现代化强国之路，走向中华民族全面复兴之路。中国发展脱离不开世界，一方面从世界取得镜鉴，努力推动构建人类命运共同体，另一方面，大国竞争格局也为中国发展带来压力和挑战，这些特点将会长远影响国际关系和国际法，并同时使中国法律内容、法治之路与西方国家具有明显不同。

“为国也，观俗立法则治，察国事本则宜。不观时俗，不察国本，则其法立而民乱，事剧而功寡。”照抄照搬他国模式，不仅严重影响法的实施和效果，更严重的甚至会亡国亡党。

三、大胆科学借鉴吸收人类优秀法治文明

文化自信，并不意味着文化上的关门主义，相反，开放本身就是文化自信的一种表现，借鉴学习其他文化文明本身就是发展自身文化的一条必要途径。我们历经数代人走出来的中国式现代化道路“既基于自身国情、又借鉴各国经验，既传承历史文化、又融合现代文明”。②考诸现实，我国法律发展的丰富成就就是在立足国情、继承历史经验、吸收异域法制合理因素的基础上获取的。我国的法治，应该总结经验，修正错误，弥补不足，沿着这条道路继续发展。

四、实现中华优秀传统法律文化创造性转化、创新性发展

“我们要共同倡导重视文明传承和创新，充分挖掘各国历史文化的时代价值，推动

---

① 习近平：《在省部级主要领导干部学习贯彻党的十八届四中全会精神全面推进依法治国专题研讨班上的讲话》（2015 年 2 月 2 日），载中共中央文献研究室编：《习近平关于全面依法治国论述摘编》，中央文献出版社 2015 年版，第 34—35 页。

② 习近平：《携手同行现代化之路——在中国共产党与世界政党高层对话会上的主旨讲话》（2023 年 3 月 15 日），载中国共产党新闻网，http://cpc.people.com.cn/BIG5/n1/2023/0316/c64094-32645371.html，2023 年 6 月 20 日访问。

各国优秀传统文化在现代化进程中实现创造性转化、创新性发展”。[①] 各美其美，就是各种文化文明都要树立自信，树立自身主体性。具体到我国，就是要批判性地继承传统法律文化的精华，借鉴吸收世界优秀法律文明，适应我国社会主义制度要求，适应现代需求，对优秀法律文化进行创造性转化、创新性发展，主动延展中华法文化命脉，使中华法文化在社会主义现代化过程中重新获得生命力。

“只有全面深入了解中华文明的历史，才能更有效地推动中华优秀传统文化创造性转化、创新性发展，更有力地推进中国特色社会主义文化建设，建设中华民族现代文明。”[②] 中华法律文化也应在现代化进程中焕发新的生命，升华为中华民族现代法律文明。

第五节　坚持与拓展中国特色社会主义法治道路

中国特色社会主义法治道路是在不断探索中形成的，是在不断总结古今中外治理国家的经验和规律基础上，在中国共产党总结自身治国理政得失成败基础上逐步形成和发展的。中国特色社会主义法治道路是实践的产物，中国特色社会主义实践的不断丰富发展要求相应的法治道路不断拓展，实践将为法治中国不断提出新的条件、新的内容和新的要求，法治中国将由此获得源源不断的丰富原料和前进动力。

中国特色社会主义法治道路是建设社会主义法治国家的唯一正确道路，应该长期坚持并加以拓展。“把坚持党的领导、人民当家作主、依法治国有机统一起来是我国社会主义法治建设的一条基本经验”，[③] 也是全面依法治国的核心，同样应该长期坚持并继续深化。党的领导是人民当家作主和依法治国的根本保证，人民当家作主是社会主义民主政治的本质特征，依法治国是党领导人民治理国家的基本方式，三者统一于我国社会主义民主政治伟大实践。

---

① 习近平：《携手同行现代化之路——在中国共产党与世界政党高层对话会上的主旨讲话》（2023 年 3 月 15 日），载中国共产党新闻网，http://cpc.people.com.cn/BIG5/n1/2023/0316/c64094-32645371.html，2023 年 6 月 20 日访问。

② 《习近平在文化传承发展座谈会上强调　担负起新的文化使命　努力建设中华民族现代文明》，载《人民日报》2023 年 6 月 3 日，第 1 版。

③ 习近平：《决胜全面建成小康社会　夺取新时代中国特色社会主义伟大胜利》，载本书编写组：《党的十九大报告辅导读本》，人民出版社 2017 年版，第 36 页。

一、坚持中国特色社会主义法治道路必须坚持五个基本原则

已如前述，这五个原则分别是：坚持中国共产党的领导、坚持人民主体地位、坚持法律面前人人平等、坚持依法治国和以德治国相结合、坚持从中国实际出发。

（一）坚持中国共产党的领导

中国特色社会主义事业的领导力量、组织者和主持者是中国共产党，依法治国，建设社会主义法治国家的一个巨大优势和坚强保证是中国共产党的领导，坚持中国共产党的领导，也是法治中国的鲜明特色和重要特征。作为法治事业的坚强支持者，党领导立法、保证执法、支持司法、带头守法，成为中国法治进步的重要本土资源。

（二）坚持人民主体地位

人民是国家第一位的主体，国家的一切权力属于人民。党的宗旨是全心全意为人民服务。在我国，人民是法治的实践主体。人民的积极性、主动性和创造性推动历史进程，也同时推动法治进步和发展，法治的最终力量源泉在人民。人民积极参与国家管理各环节和法治的广泛领域，监督国家机关活动，遵守法律，尊重法律权威，捍卫法治尊严，这是依法治国最深层动力和最基本保障。人民建设法治，法治为了人民。人民既是法治的实践主体，又是法治的价值主体。依法治国，建设社会主义法治国家，目的即在于保护公民权利，尊重公民尊严，保障公民各方面合法权益。当然，公民遵守法律，履行法律义务，也是法治为了人民、依靠人民的题中应有之义。

（三）坚持法律面前人人平等

虽然其社会内容和实现程度不同，但各国法治都奉行“法律面前人人平等”原则。法律面前人人平等，虽然不是实质上的平等，但它是现代社会的一项重大文明成果，有利于人的全面发展和社会质量的优化。该原则体现了现代法治的价值特点，就是法律应该平等对待每一个人，不应对人进行不合理的区分而专横地差别对待，每一个公民享有同等的法律权利，担负同等的法律义务。平等是法治的基本价值之一，没有法律面前人人平等原则就没有法治。该原则又体现了法律权威的至上地位，人人都应服从法律，法律成为裁断是非曲直的权威标准；任何人不得凌驾于法律之上，任何人都不应拥有法律之外的特权；非法律的标准都不应与法律相冲突，与法律相冲突的行为

准则不能成为裁判案件的依据。

（四）坚持依法治国和以德治国相结合

依法治国与以德治国相结合，是我国法治建设的鲜明特色，不仅是全面建设社会主义法治国家的基本原则，也是我国治国理政的基本方略。传统上，对人口众多幅员辽阔的中国的治理，向来有以德治国、德主刑辅的一贯倡导，这虽然有阶级和时代的种种局限，但还是起到了一定效果，也往往有利于社会和谐稳定。当代，在推行法治的同时，也应看到法律与道德的有机联系，努力使法德互补；看到法律本身的局限性，努力使法律道德各自发挥自身积极作用，各扬其长，互补所短。总体上，社会主义法律和道德核心内容、基本价值具有相近性，所起作用的方向也是一致的，这为二者相辅相成取长补短提供了基本前提。同时，我们也不能忽视作为社会调控手段的两种方法之间的基本区别，应区分不同问题和领域，采用不同的手段和标准。实践中，应该把社会主义核心价值观贯穿到立法和法治其他环节，通过法治保护基本道德，弘扬社会主义道德价值。同时，善于使法治从道德中获得支撑力量，从社会主义核心价值和全人类核心价值中获得认同和信仰的资源。

（五）坚持从中国实际出发

实事求是，一切从实际出发，是中国共产党的思想路线，也是依法治国，建设社会主义法治国家取得成功的重要方法论原则。法治国家建设的原则、目标和步骤，都应符合中国国情，符合一定阶段的实际情况。不能简单模仿抄袭，也不能凭空想象，闭门造车。法治发展既不可落后于实际，因循消极，也不可盲目蛮干，躐等而进。必须脚踏实地，把法治国情调查好、研究好，从实际存在的情况出发，弄清法治国情总体情况和其间各因素的本质联系、未来发展趋势，由此制定法治的目标、路径和策略。

二、坚持中国特色社会主义法治道路中的其他重大关系

（一）努力平衡法治的普遍性和特殊性

坚持中国特色社会主义法治道路，并不意味着不承认法治的普遍性，而只是认为普遍性必须适合国情，普遍性必须获得与特殊性的结合而实现具体性和现实性。

在此，需要强调，不仅对国情要作出具体的分析，对法治的普遍性原理也应作出

系统的研究，否则就成了经验主义者。事实上，强调规则的一般性和权威性，强调权力的规范和制约，强调权利的保护和人权的保障，就可以视作法治的普遍要求。离开了这些追求的规则和规则体系是不能被称为法治的。

坚持法治普遍性和特殊性相结合原则还有另外一层含义，就是国家层面法律和地方法制的相互关系。对于一个超大规模的国家而言，如何同时发挥中央和地方两个积极性，使统一法治和地方特色相辅相成是一个基本的重大的问题，需要经常注意，认真对待。

（二）推进和演化的路径结合

理论上，关于法治道路的具体设想，既有从上而下的推进论，也有自社会生发由下而上的演化论。推进论着重后发国家法治的急迫性和演化发展缓慢的矛盾，把更多希望寄托给一个社会的政治主导力量和政府。演化论则对社会力量的从容互动更为推崇，认为这样的道路更为尊重社会主体的自由。从中国实践观察，乍一看去，推进论获得了更多的支持。比如，中国共产党不断对法治做出倡导，召开以法治为主题的中央全会，成立专门的法治推进机构，又如，对法治进行了长期的规划，并试图将法治发展作为各级干部的考核内容。但演化论也没有完全被抹杀。从尊重人民首创精神、尊重地方和基层创新、尊重历史发展规律来看，中国的法治道路又不违背演化论的某些特点和初衷。甚至可以说，演化论成为了推进论的某种背景。关键在于，在政治主导力量规划、设计、推进依法治国事业的同时，要给社会内部各种创生力量以高度尊重，尊重“自然历史进程”，努力实现设计、推进和演化的更好结合。

（三）阶段性和连续性的关系

历史是连续的过程，但又不是一条简单平直的直线，而是可以区分为特点不同的多个阶段。在革命、建设和改革开放过程中，中国共产党都注重对历史进程的分析，注重区分历史发展的不同阶段，尤其注重相应的战略策略，注重推动事业不断从较低阶段过渡发展到高级阶段。全面依法治国事业也是如此，它既有长期的发展线索，同时又可区分为不同的阶段，所以法治发展既要有高远理想，又有必要区分短中长不同的时间段，制定相应的目标和策略。这是作为有着明显政府推进型特色的法治发展的自然结果。因此，对于后发大国，作为强国之策的法治发展之路，既要避免不切实际的目标和行动计划，也要防止消极等待无所作为的态度。

人类的实践活动构成有一定逻辑联系的轨迹和路线，这就是道路的本来含义。道路具有方向性，方向性就是历史所具有的规律所指示的趋向和走势。道路具有多样性，但不是所有的道路都走向光明之境，这就要求发挥历史主动性，在积极探索中逐步发现正确方向并坚持之、拓展之。关于道路的这些论断也适用于法治的中国道路。历史构造法治，法治也参与构造历史，中国法治之路的进一步开拓，就是依法治国实践的继承、丰富和发展。

在坚持和拓展中国特色社会主义法治道路方面，有许多应该坚持和注意的方面，大多数内容在本章已简单加以说明。这里再列出笔者认为比较重要的几点，作为强调。

第一，依法治国是中国特色社会主义事业的必然要求，中国特色社会主义事业的发展离不开依法治国、法治昌明。中国共产党和中国人民必须重视法治、厉行法治、保护人权、规范权力、依法治国，建设社会主义法治国家。中国特色社会主义必须和法治紧密结合。这是社会主义本质和法治的特性所共同决定的。同时，这不仅为非社会主义国家的历史所昭示，也是苏东社会主义国家的殷鉴。苏联解体东欧剧变的一个重要原因，即是“长期缺乏社会主义民主和法治”，① 长期割裂社会主义和法治的关系，长期把党的领导和社会主义民主、法治对立起来。中国共产党坚持人民立场，坚持马克思主义与中国实际相结合，与中华优秀传统文化相结合，在社会主义建设中，尤其在改革开放中，越来越重视法治，使社会主义焕发出新的生机和活力。

第二，依法治国、推进法治、建设法治国家，必须走对路，道路问题至关重要。中国特色社会主义法治道路是我国法治建设的唯一正确道路，必须长期坚持，毫不动摇，并在前进和探索中不断拓展。中国的法治之路，必须坚持党的领导，坚持以人民为中心，发展社会主义民主，建构良法善治，树立宪法法律的权威和尊严，坚持党的领导、人民当家作主和依法治国的有机统一。中国的法治之路，必须立足当代中国实际，从中华文化传统中汲取有益成分，同时充分吸取借鉴世界上法治文明的经验教训，在扬弃的基础上实现法律文化综合创新。

① 本书编写组：《社会主义发展简史》，人民出版社、学习出版社 2021 年版，第 193 页。

第三，中国特色社会主义法治道路是中国特色社会主义道路的一个部分，它应服务于中国特色社会主义，在适应、服务全局中使自身得到充分发展。全面依法治国是“四个全面”战略布局总体重要一环，与其他三个“全面”紧密关联、互相支撑。“无论是实现‘两个一百年’奋斗目标，还是实现中华民族伟大复兴的中国梦，全面依法治国既是重要内容，又是重要保障。我们把全面依法治国纳入‘四个全面’战略布局，就是要为全面建成小康社会、全面深化改革、全面从严治党提供长期稳定的法治保障。我多次强调，在‘四个全面’中，全面依法治国具有基础性、保障性作用。”① 中国特色社会主义法治道路也与其他领域发展道路互相呼应和支撑，比如与中国特色社会主义政治发展道路、中国特色人权发展道路、中国特色社会主义文化发展道路等都存在着深刻联系和相互影响。因此，我们既要重视依法治国的专门性和专业性方面，同时又要不断关照法治国家建设和其他领域的相互适应和相互提升。

第四，“全面依法治国是国家治理的一场深刻革命”，② 中国特色社会主义法治前景广阔，但其建设任务又艰巨复杂，是巨大浩繁的系统工程。法治发展涉及价值观念、体制机制等各方面改革升级，也涉及社会各领域调整改进，所以其建设必然需要一个较为长期的过程。中国特色社会主义法治道路需要进一步拓展，法治内容需要进一步丰富，党和社会各界需要进一步付出巨大努力。

总之，中国特色社会主义发展内在要求依法治国，依法治国也需要社会主义的深层支撑。中国要建设法治，必须走中国特色社会主义法治道路，这是法治发展的唯一正确道路。法治发展前景广阔、内容丰富，中国特色社会主义法治道路需要长期坚持并不断拓展。

---

① 习近平：《在中央全面依法治国委员会第一次会议上的讲话》（2018 年 8 月 24 日），载中共中央党史和文献研究院等编：《习近平新时代中国特色社会主义思想专题摘编》2023 年版，第 276—277 页。

② 习近平：《高举中国特色社会主义伟大旗帜　为全面建设社会主义现代化国家而团结奋斗》（2022 年 10 月 16 日），载习近平：《习近平著作选读》（第一卷），人民出版社 2023 年版，第 33 页。

第五章　坚持依宪治国、依宪执政

坚持依宪治国、依宪执政是习近平法治思想的核心要义，是全面依法治国的首要任务，是建设社会主义法治国家、中国特色社会主义法治体系的重大原则和重点工作，是中国共产党治国理政、领导人民实现中华民族伟大复兴的法治保障。我国现行宪法是在深刻总结我国社会主义革命、建设、改革成功经验基础上制定和不断完善的，是我们党领导人民长期奋斗历史逻辑、理论逻辑、实践逻辑的必然结果。我们坚定中国特色社会主义道路自信、理论自信、制度自信、文化自信，要对我国宪法确立的国家指导思想、发展道路、奋斗目标充满自信，对我国宪法确认的中国共产党领导和我国社会主义制度充满自信，对我国宪法确认的我们党领导人民创造的社会主义先进文化和中华民族光辉灿烂的优秀传统文化充满自信。

第一节　依宪治国、依宪执政的地位

一、依宪治国、依宪执政的首要地位

习近平多次强调，“坚持依法治国首先要坚持依宪治国，坚持依法执政首先要坚持依宪执政”。[①] 这一重要论断鲜明确立了依宪治国、依宪执政在依法治国、依法执政中的首要地位。坚持依宪治国、依宪执政，是习近平法治思想的核心要义，是全面依法治国、建设中国特色社会主义法治体系、建设社会主义法治国家的第一要务，是中国共产党治国理政、领导人民取得“两大奇迹”的法治保障。[②] 使建设政治文明这一奋

① 习近平：《坚持依法治国首先要坚持依宪治国，坚持依法执政首先要坚持依宪执政》（2014 年 12 月—2018 年 12 月），载习近平：《论坚持全面依法治国》，中央文献出版社 2020 年版，第 126 页。

② 张文显：《深刻把握坚持依宪治国、依宪执政的历史逻辑、理论逻辑和实践逻辑》，载《现代法学》2022 年第 5 期。

斗目标变得更为准确、具体而清晰。① 推动全面依法治国，出发点在依宪治国、依宪执政。

二、依宪治国、依宪执政首要地位的理据

宪法是国家的根本法，是治国安邦的总章程，是党和人民意志的集中体现，具有最高的法律地位、法律权威、法律效力。②“宪法是我们党长期执政的根本法律依据。”③依宪治国、依宪执政的首要地位主要源于宪法在治国理政中的重要地位。

（一）宪法是根本法和总章程

早在新中国第一部宪法制定之时，毛泽东就指出：“一个团体要有一个章程，一个国家也要有一个章程，宪法就是一个总章程，是根本大法。用宪法这样一个根本大法的形式，把人民民主和社会主义原则固定下来，使全国人民有一条清楚的轨道，使全国人民感到有一条清楚的明确的和正确的道路可走，就可以提高全国人民的积极性。”④习近平指出，宪法规定的是国家的重大制度和重大事项，在国家和社会生活中具有总括性、原则性、纲领性、方向性。⑤ 宪法确立了中国共产党领导人民进行革命、建设、改革的伟大斗争和根本成就，确立工人阶级领导的、以工农联盟为基础的人民民主专政的社会主义国家的国体和人民代表大会制度的政体，确立了国家的根本任务、领导核心、指导思想、发展道路、奋斗目标，规定了中国共产党领导的多党合作和政治协商制度、民族区域自治制度以及基层群众自治制度等一系列基本政治制度，规定了社会主义法治原则、民主集中制原则、尊重和保障人权原则等一系列重要原则，规定了实行社会主义市场经济，推动物质文明、政治文明、精神文明、社会文明、生态文明协调发展等一系列大政方针。宪法集中体现了党和人民的统一意志和共同愿望，是国

① 李步云：《依宪治国的科学内涵与重大意义》，载《法学》2016 年第 11 期。

② 习近平：《坚持依法治国首先要坚持依宪治国，坚持依法执政首先要坚持依宪执政》（2014 年 12 月—2018 年 12 月），载习近平：《论坚持全面依法治国》，中央文献出版社 2020 年版，第 126 页。

③ 习近平：《切实遵从宪法，严格实施宪法》（2018 年 1 月 19 日），载习近平：《论坚持全面依法治国》，中央文献出版社 2020 年版，第 201 页。

④ 《毛泽东文集》（第六卷），人民出版社 1999 年版，第 328 页。

⑤ 习近平：《关于我国宪法和推进全面依法治国》（2018 年 2 月 24 日），载习近平：《论坚持全面依法治国》，中央文献出版社 2020 年版，第 218 页。

家意志的最高表现形式。① 在内容上，宪法规定国家最根本、最重要的事情；在制定和修改程序上，宪法比其他法律更加严格；在法律效力上，宪法最高。②

宪法是治国安邦的总章程。国家是由不同机构系统集成的庞然大物，这些国家机构如何构成、有何职权职责、如何活动、怎样发挥作用、相互之间的关系等，都必须有相应的规范和程式，即章程。一国的法律体系中的国家机构组织法、程序法就是这种章程，而位于法律体系顶端的宪法则是国家的总章程。我国宪法规定，中华人民共和国的一切权力属于人民，人民行使国家权力的机关是全国人民代表大会和地方各级人民代表大会。为了确保权力属于人民、权力为人民服务，就要有一部宪法，明确规定国家权力机关、行政机关、监察机关、审判机关、检察机关以及其他国家机关的职权范围和行使职权的程序，同时建立有效的制约机制和监督体系。有了宪法这个总章程，人民民主专政的国家机器才能在法治的轨道上民主高效有序运转，不同类型的国家机器也才能相互衔接、自成一体。③

（二）宪法是党长期执政的根本法律依据

习近平指出，宪法是我们党长期执政的根本法律依据。我国宪法确认了中国共产党的执政地位，确认了党在国家政权结构中总揽全局、协调各方的核心地位，这是中国特色社会主义最本质的特征，是中国特色社会主义制度的最大优势，是社会主义法治最根本的保证。④ 依宪执政是指执政党依据宪法精神、原则与规范治国理政，按照宪法的逻辑思考和解决各种社会问题，其核心是树立宪法权威，依据宪法治国理政。依宪执政的提出，既是中国法治建设不断深入发展、宪法问题日益凸显的结果，也是历史性的新形势下执政党客观认识执政规律、转变执政方式与提高执政能力的必然选择。虽然各国政党制度的性质与形态不同，但政党地位、运行机制以及具体组织形式受宪法规范的约束，依宪执政成为执政党活动的基础。⑤

---

① 《习近平法治思想概论》编写组：《习近平法治思想概论》，高等教育出版社2021年版，第130页。

② 周叶中：《宪法》（第5版），高等教育出版社2020年版，第31页。

③ 张文显：《深刻把握坚持依宪治国、依宪执政的历史逻辑、理论逻辑和实践逻辑》，载《现代法学》2022年第5期。

④ 习近平：《切实遵从宪法，严格实施宪法》（2018年1月19日），载习近平：《论坚持全面依法治国》，中央文献出版社2020年版，第201页。

⑤ 韩大元：《中国共产党依宪执政论析》，载《中共中央党校学报》2014年第6期。

第二节　依法治国、依法执政的优势

一、我国宪法的显著优势和强大生命力

习近平指出，“我国现行宪法是在深刻总结我国社会主义革命、建设、改革的成功经验基础上制定和不断完善的，是我们党领导人民长期奋斗历史逻辑、理论逻辑、实践逻辑的必然结果”。① “我国宪法是符合国情、符合实际、符合时代发展要求的好宪法。”②

（一）我国宪法的显著优势

第一，我国宪法具有性质地位上的先进性。我国宪法由中国共产党领导人民制定、实施，它的先进性既表现在价值归属上的深刻人民性，也体现为中国共产党的坚强政治保障。③ 我国宪法坚持以人民为中心，坚持全过程人民民主。第一条和第二条开宗明义，“中华人民共和国是工人阶级领导的、以工农联盟为基础的人民民主专政的社会主义国家”，“中华人民共和国的一切权力属于人民”。我国宪法无论是在本质特征、功能作用上，还是在文本内容、制度安排上都体现着以人民为中心的价值理念，因此，是一部真正的“人民的宪法”。④ 人民民主是宪法的基石。党的十八大以来，以习近平同志为核心的党中央不断深化对民主政治发展规律的认识，创造性地提出“全过程人民民主”，发展全过程人民民主。中国共产党的宗旨是全心全意为人民服务。中国共产党是人民的政党，对人民负责，深得人民拥护。中国共产党领导人民制定的宪法是全体人民的宪法，体现了党和人民的共同意志，具有高度人民性。

第二，我国宪法具有思想内容上的优越性。我国宪法以马列主义、毛泽东思想、邓小平理论、“三个代表”重要思想、科学发展观、习近平新时代中国特色社会主义思想为指导思想。马克思主义关于法的基本原理是科学的、正确的理论，是运用唯物主

---

① 习近平：《关于我国宪法和推进全面依法治国》（2018 年 2 月 24 日），载习近平：《论坚持全面依法治国》，中央文献出版社 2020 年版，第 213 页。

② 习近平：《坚持依法治国首先要坚持依宪治国，坚持依法执政首先要坚持依宪执政》（2014 年 12 月—2018 年 12 月），载习近平：《论坚持全面依法治国》，中央文献出版社 2020 年版，第 126 页。

③ 王旭：《论习近平法治思想中的坚持依宪治国、依宪执政》，载《法学论坛》2023 年第 1 期。

④ 苗连营、陈建：《“坚持依宪治国、依宪执政”的时代内涵与实践指向》，载《江海学刊》2021 年第 3 期。

义和历史唯物主义的世界观与方法论观察社会在法律方面所确认的原理。① 习近平新时代中国特色社会主义思想是正确科学的理论，是马克思主义中国化的最新成果，将长期指导我国宪法发展。我国宪法在内容上体现了中国共产党治国理政的智慧结晶，是中国之治的制度精华的集中表现，是全面建设社会主义现代化国家、以中国式现代化全面推进中华民族伟大复兴的理论阐述、制度集成和经验总结，推动了宪法理念从国家权力配置与公民权利保障向表达中国特色社会主义现代化基本要义与建构人类宪法文明新形态的发展。② 习近平指出："中国特色社会主义实践向前推进一步，法治建设就要跟进一步。" ③ 宪法的每次修订都是对崭新而成熟的实践成果加以吸收，宪法总是随着党和人民事业的进步而不断进步。

第三，我国宪法具有实施保障上的充分性。我国宪法作为根本法确立了国家的根本任务、指导思想、领导核心、发展道路、奋斗目标，规定了一系列基本政治制度和重要原则，规定了国家一系列大政方针。④ 这些彰显国家社会和人民生活的稳定性、方向性和发展性，得到了广大人民群众的拥护和遵守。尤为重要的是，《宪法》明确"中国共产党的领导是中国特色社会主义制度的最本质特征"。中国共产党总揽全局、协调各方，全心全意为人民服务是中国特色社会主义制度的最大优势，是宪法及其实施的根本保证。

（二）我国宪法的强大生命力

第一，我国宪法根植于中国大地，坚持守正创新，不断发展完善。近代以来，中华民族的命运在各种制度更迭中跌宕起伏，旧中国各种政治势力及其代表人物立宪救国的方案均以失败告终。中国共产党在新民主主义革命时期开始领导局部地区的宪法实践，逐步取得全国政权后进行了全国范围内的宪法立法实践，新中国成立后颁布了"五四宪法""八二宪法"，中国共产党领导制定宪法，形成依宪执政和依宪治国的历史

① 梅荣政：《依宪治国、依宪执政与西方宪政分属两条根本不同的法治道路》，载《马克思主义研究》2015 年第 3 期。

② 王旭：《论习近平法治思想中的坚持依宪治国、依宪执政》，载《法学论坛》2023 年第 1 期。

③ 习近平：《推进全面依法治国，发挥法治在国家治理体系和治理能力现代化中的积极作用》（2020 年 2 月 5 日），载习近平：《论坚持全面依法治国》，中央文献出版社 2020 年版，第 272 页。

④ 习近平：《关于我国宪法和推进全面依法治国》（2018 年 2 月 24 日），载习近平：《论坚持全面依法治国》，中央文献出版社 2020 年版，第 214 页。

传统。特别是党的十八大以后，中国特色社会主义进入了新时代，中国共产党依宪执政、依宪治国的实践取得了新的历史成果。习近平指出，“我们党高度重视发挥宪法在治国理政中的重要作用，坚定维护宪法尊严和权威，推动宪法完善和发展，这是我国宪法保持生机活力的根本原因所在”。[①] 随着改革开放和社会主义现代化进程加速，宪法的某些内容不可避免滞后于经济社会发展，无法应对新形势、新情况、新任务，不能为重大战略、重大改革、重要立法提供有力的宪法依据，这就有必要根据新形势、新实践，在保持宪法连续性、稳定性、权威性的基础上，对宪法作出适当的修改，使其吸纳新经验、确认新成果、作出新规范、保持生命力，更好发挥宪法在坚持和发展中国特色社会主义中的重大作用。[②] 新中国宪法自诞生以来，历经多次修改，确认中国特色社会主义实践发展的最新成果，保持着盎然生机。

第二，我国宪法坚持人民中心地位，生命源泉饱满而隽永。习近平指出：“正是由于我国宪法跳出了一切旧宪法的窠臼，实现了党的主张和人民意志高度一致，因而具有显著优势、坚实基础、强大生命力。”[③] 我国宪法是中国共产党领导人民制定的，是党和人民共同意志的体现，充分体现了人民的主体地位，是人民的宪法，维护人民的根本利益。中国共产党发展全过程人民民主，这是中国特色的民主政治实践，充分保障了人民的民主权利，是对宪法的落实。我国宪法既是全过程人民民主的重大制度成果，也是实行全过程人民民主的根本制度保障，坚持依宪治国、依宪执政和发展全过程人民民主是相互蕴含、相互促进的关系。人民民主是宪法的基石和灵魂，是我国宪法持久生命力之所在。[④]

第三，我国宪法面向实践，在实践中展现强大效能。我国宪法源于中国特色社会主义建设实践，又指导中国特色社会主义建设实践。它从国家性质、任务、机构、权

① 习近平：《关于我国宪法和推进全面依法治国》（2018 年 2 月 24 日），载习近平：《论坚持全面依法治国》，中央文献出版社 2020 年版，第 213 页。

② 张文显：《深刻把握坚持依宪治国、依宪执政的历史逻辑、理论逻辑和实践逻辑》，载《现代法学》2022 年第 5 期。

③ 习近平：《关于我国宪法和推进全面依法治国》（2018 年 2 月 24 日），载习近平：《论坚持全面依法治国》，中央文献出版社 2020 年版，第 215 页。

④ 张文显：《深刻把握坚持依宪治国、依宪执政的历史逻辑、理论逻辑和实践逻辑》，载《现代法学》2022 年第 5 期。

利等方面，为国家、社会、公民等的发展谋篇布局，供给原则、制度、路径等。宪法的生命力以宪法在现实中的实际效能为衡量标准。[①]改革开放以来，我们取得了无数令世人瞩目的重大成就，尤其是党的十八大以来，我们打赢脱贫攻坚战，实现全面小康，中华民族伟大复兴进入了不可逆的历史进程。这些伟大成就的取得与宪法密不可分，宪法在其中发挥了强大指导力和保障力，释放出强大效能。

二、依宪治国依宪执政与西方“宪政”有本质区别

习近平强调，“我们讲依宪治国、依宪执政，同西方所谓‘宪政’有着本质区别，不能把二者混为一谈”。[②]“一段时间以来，有的人认为我们的宪法不如外国宪法，甚至经常拿外国‘宪政’模式来套我们自己的制度。这不符合我国历史和实际，也解决不了中国问题。实践是检验真理的唯一标准。经过长期努力，我们已经成功开辟、坚持、拓展了中国特色社会主义政治发展道路和中国特色社会主义法治道路。当代中国宪法制度已经并将更好展现国家根本法的力量、更好发挥国家根本法的作用。”[③]“宪政”是西方政治学和法学共享的一个核心概念，其理论标识是“三权鼎力”“多党轮流执政”“议会民主”。坚持依宪治国、依宪执政，首要的是坚持宪法确定的中国共产党领导地位不动摇，坚持宪法确定的人民民主专政的国体和人民代表大会制度的政体不动摇，坚持党的领导、人民当家作主、依法治国有机统一的中国特色社会主义政治发展道路不动摇。[④]我们要善于从本质上把握我国依宪治国、依宪执政与西方“宪政”的区别。

第一，坚持我国宪法确定的中国共产党领导地位。党的领导是中国特色社会主义的本质特征，是中国特色社会主义法治之魂，是我们的法治同西方资本主义国家法治的最大区别。[⑤]党的领导作为历史的选择和人民的选择，是我国宪法生成的政治前提。

① 周叶中：《坚持依宪治国、依宪执政》，载《红旗文稿》2021年第5期。

② 习近平：《坚定不移走中国特色社会主义法治道路，为全面建设社会主义现代化国家提供有力法治保障》，载《求是》2021年第5期。

③ 习近平：《关于我国宪法和推进全面依法治国》(2018年2月24日)，载习近平：《论坚持全面依法治国》，中央文献出版社2020年版，第216页。

④ 张文显：《深刻把握坚持依宪治国、依宪执政的历史逻辑、理论逻辑和实践逻辑》，载《现代法学》2022年第5期。

⑤ 周叶中：《坚持依宪治国、依宪执政》，载《红旗文稿》2021年第5期。

我国宪法并不是西方宪政叙事里，由自然状态下的人民通过让渡自己的权利而缔结的社会契约，而是饱经苦难的中华民族和中国人民在中国共产党领导下，完成革命建国的历史任务之后而制定的“人民的宪法”。① 西方所谓“宪政”是资产阶级的产物，领导力量和法治主体是资产阶级，本质上是为了维护资产阶级统治利益的。在西方司法审查体制下，宪法是所谓“法官的法”，在西方政党语境下，宪法是所谓“政党的法”。这与我们的“人民的宪法”有着本质不同。

第二，坚持用科学理论指导我国宪法。中国特色社会主义理论是中国法治的指导理论，是全面推进依法治国的行动指南，更是坚持依宪治国、依宪执政的指导思想。依宪治国、依宪执政是马克思主义政党原理、国家原理与法治原理在中国的具体展开，有别于以三权分立、多党轮流执政等为内容的西方宪政，展现出强大而又自恰的规范原理，是中国宪法自身规范体系发展的必然产物。② 西方“宪政”的理论基础是自由主义思想和西方人文主义精神；主要用“天赋人权论”“社会契约论”等阐释法起源等；主张法律由人们行使自然权利制定契约而成，进而结成社会，组织政府执行法律。③ 西方“宪政”是用历史唯心主义观察社会的结果，并不科学。我国宪法是国家向人民作出的最大公信，这种公信的本质就是人民在党的领导下形成的统一意志和共同愿望。④

第三，坚持中国特色宪法制度。我们依宪治国、依宪执政与西方“宪政”采用的制度工具也不同。制度工具的选择标准并非抽象而是具体的，要契合当时、当地的具体情况。西方基于自由主义价值观和历史传统，为了通过限制公权力来保障私权利，他们采用的是三权分立、联邦制、多党制等制度。我们坚持马克思主义，秉持集体主义价值传统，从中国国情出发，坚决摒弃西式三权分立、联邦制、多党制等。社会主义制度是中华人民共和国的根本制度。我们坚持和完善人民代表大会制度、国家结构形式单一制、生产资料公有制、国家机构民主集中制、中国共产党领导的多党合作与

---

① 苗连营、陈建：《“坚持依宪治国、依宪执政”的时代内涵与实践指向》，载《江海学刊》2021 年第 3 期。

② 王旭：《论习近平法治思想中的坚持依宪治国、依宪执政》，载《法学论坛》2023 年第 1 期。

③ 梅荣政：《依宪治国、依宪执政与西方宪政分属两条根本不同的法治道路》，载《马克思主义研究》2015 年第 3 期。

④ 张小帅：《坚持依宪治国、依宪执政：学习贯彻落实习近平法治思想》，载《毛泽东邓小平理论研究》2021 年第 7 期。

政治协商等制度。这些制度体现直接民主、间接民主与协商民主的有机结合，实践证明适合我国国情的制度。

第三节　依宪治国、依宪执政的展开

一、宪法实施

习近平指出："宪法的生命在于实施，宪法的权威也在于实施。我们要坚持不懈抓好宪法实施工作，把全面贯彻实施宪法提高到一个新水平。"①宪法实施是依宪治国、依宪执政的另一种表述，是实现"党的领导、人民当家作主、依法治国有机统一"的宪法实践。②

（一）宪法实施的意义和要求

宪法实施一般是指宪法规范在社会实际生活中的贯彻落实；是将宪法所确认或者规定的基本理念、基本原则、基本制度和基本规范付诸实践，实现宪法的价值和功能，保障人民主权、基本人权，规范国家权力；是从书面的宪法转变为现实的宪法的基本途径和过程。③习近平强调，"全面贯彻实施宪法是全面依法治国、建设社会主义法治国家的首要任务和基础性工作"。④宪法中所规定的任务、思想、道路、目标以及一系列原则、制度和规则，都是党领导人民治国理政新思想新理念新战略在国家根本法上的确认和体现。依宪治国、依宪执政的过程实际上就是实现党的领导的过程，就是通过宪法途径实施党的路线方针政策的过程。⑤如果宪法得不到实施，也就无所谓依宪治国、依宪执政。

全面贯彻实施宪法，应当坚持以下四项基本要求：一是坚持正确政治方向，坚定不移走中国特色社会主义政治发展道路；二是落实全面依法治国基本方略，加快建设

① 习近平：《在首都各界纪念现行宪法公布施行三十周年大会上的讲话》（2012年12月4日），载习近平：《论坚持全面依法治国》，中央文献出版社2020年版，第11页。

② 苗连营、陈建：《"坚持依宪治国、依宪执政"的时代内涵与实践指向》，载《江海学刊》2021年第3期。

③ 《宪法学》编写组：《宪法学》（第二版），高等教育出版社、人民出版社2020年版，第318页。

④ 习近平：《深刻认识宪法修改的重大意义》（2018年1月19日），载习近平：《论坚持全面依法治国》，中央文献出版社2020年版，第196页。

⑤ 苗连营、陈建：《"坚持依宪治国、依宪执政"的时代内涵与实践指向》，载《江海学刊》2021年第3期。

社会主义法治国家；三是坚持以人民为中心，切实保障公民享有权力和履行义务；四是坚持党的领导，更加注重改进党的领导方式和执政方式。①

（二）宪法实施的方式和保证机制

宪法实施的方式主要有宪法的执行、宪法的适用、宪法的遵守。②宪法的执行是指国家机关依据宪法行使公共管理职能。首先是国家权力机关制定法律、监督其他国家机关、针对特定事项作出具体的决定决议等。除国家权力机关外，行政机关还依照宪法行使行政权，管理国家社会事务，提供行政服务；监察机关依照宪法行使监察权，监督一切行使公权力的公职人员，查处职务犯罪和职务违法行为；司法机关依照宪法独立行使审判权、检察权等。宪法的适用是指宪法规定的特定国家机关适用宪法解决争议的活动。全国人大及其常委会是监督宪法实施的机关，有权适用宪法判断法律文件是否符合宪法。其他机关无权直接适用宪法解释宪法上的争议。根据2016年《人民法院民事裁判文书制作规范》，人民法院虽然在裁判文书中不得引用宪法作为裁判依据，但宪法体现出的原则和精神可以在裁判说理部分予以阐述。可以看出，司法机关等在适用法律时，可以适用宪法来理解法律的内涵。宪法的遵守是指一切国家机关、政党、社会组织和个人遵循宪法规定从事各种行为。含中国共产党在内的所有政党都必须在宪法法律的范围内活动。《宪法》规定，任何公民享有宪法和法律规定的权利，同时必须履行宪法和法律规定的义务。公民尊重他人权利、履行自己义务，都是遵守宪法的表现。

为全面贯彻实施宪法，需要建立健全相应的保证机制。宪法实施的前提是宪法规范与社会实际相适应，为此，需要健全宪法解释、宪法修改等制度。③《宪法》规定了宪法修改程序（第六十四条），但比较简单，而长期实践中形成了一些宪法修改惯例，其中部分惯例的内容可以适当通过宪法修改进入宪法。此外，国家宪法日制度、宪法宣誓制度、领导干部宪法教育制度等，对宪法实施都能发挥很好的保证作用。我国将每年的12月4日确定为“国家宪法日”。届时社会各界举行各种纪念、宣传宪法的活

① 《习近平法治思想概论》编写组：《习近平法治思想概论》，高等教育出版社2021年版，第137—139页。

② 《宪法学》编写组：《宪法学》（第二版），高等教育出版社、人民出版社2020年版，第322页。

③ 同上书，第326页。

动，由此宪法知识得到更广泛传播，宪法意识得到进一步增强。《宪法》规定，国家工作人员就职时应当依照法律规定公开进行宪法宣誓（第二十七条）。《全国人民代表大会常务委员会关于实行宪法宣誓制度的决定》对誓词、宣誓人员、宣誓组织、宣誓形式、宣誓场所等进行了规定。省、自治区、直辖市人民代表大会常务委员会参照该决定制定地方宪法宣誓的具体组织办法。领导干部学习、遵守、运用、崇尚宪法对宪法实施很关键。当前领导干部宪法教育活动更加制度化，宪法法律已成为党委（党组）中心组学习内容，也是党校、行政学院、干部学院、社会主义学院等的必修课。

二、宪法监督

习近平指出，“要用科学有效、系统完备的制度体系保证宪法实施，加强宪法监督，维护宪法尊严，把实施宪法提高到新水平”。[①]“全国人大及其常委会和国家有关监督机关要担负起宪法和法律监督职责，加强对宪法和法律实施情况的监督检查，健全监督机制和程序，坚决纠正违宪违法行为。”[②]宪法监督是指由特定国家机关按照法律程序监督其他国家机关实施宪法的行为是否符合宪法的制度，即监督宪法实施。[③]

（一）宪法监督制度的形成

1954 年 6 月，毛泽东在中央人民政府第三十次会议上指出：“这个宪法草案是完全可行的，是必须实行的。当然，今天它还只是草案，过几个月，由全国人民代表大会通过，就是正式的宪法了。今天我们就要准备实行。通过以后，全国人民每一个人都要实行，特别是国家机关工作人员要带头实行，首先在座的各位要实行。不实行就是违反宪法。”[④]1954 年宪法明确将“监督宪法的实施”规定为全国人民代表大会的一项职权。现行宪法在 1978 年宪法规定由全国人大行使监督宪法实施职权的基础上，又赋予全国人大常委会监督宪法实施的职权。1982 年《全国人民代表大会组织法》出台，

---

① 习近平：《坚持依法治国首先要坚持依宪治国，坚持依法执政首先要坚持依宪执政》（2014 年 12 月—2018 年 12 月），载习近平：《论坚持全面依法治国》，中央文献出版社 2020 年版，第 128 页。

② 习近平：《在首都各界纪念现行宪法公布施行三十周年大会上的讲话》（2012 年 12 月 4 日），载习近平：《论坚持全面依法治国》，中央文献出版社 2020 年版，第 13 页。

③ 《宪法学》编写组：《宪法学》（第二版），高等教育出版社、人民出版社 2020 年版，第 327 页。

④ 《毛泽东文集》（第六卷），人民出版社 1999 年版，第 328 页。

将“审议全国人民代表大会常务委员会交付的被认为同宪法、法律相抵触的国务院的行政法规、决定和命令，国务院各部、各委员会的命令、指示和规章，省、自治区、直辖市的人民政府的决定、命令和规章，提出报告”规定为全国人大各专门委员会的工作任务。2000 年通过的《立法法》(2023 年最新修改)、2006 年通过的《各级人民代表大会常务委员会监督法》进一步完善了宪法监督的程序。这样，《宪法》和上述法律以及《法规、司法解释备案审查工作办法》等形成了当前的宪法监督制度。

（二）合宪性审查

我国的宪法监督制度由合宪性审查、备案审查、撤销和纠正违宪违法规范性文件、宪法解释等构成，主要还是合宪性审查。2018 年全国人大通过修改宪法将“法律委员会”更名为“宪法和法律委员会”，使合宪性审查在制度层面和实践层面得到了更为积极有效的推进。①宪法和法律委员会作为全国人大的专门委员会，除审议法律草案外，还有推动宪法实施、开展宪法解释、推进合宪性审查、配合宪法宣传等职责。实践中，该委员会与作为全国人大常委会工作机构的法制工作委员会一起协助全国人大及其常委会开展合宪性审查工作。我国所有的规范性文件都是合宪性审查的对象。

合宪性审查的启动主要分两种情形。第一种是依职权审查。法规、司法解释应当自公布之日起 30 日内报送全国人大常委会备案。宪法和法律委员会、法制工作委员会对法规、司法解释中涉及宪法的问题，主动审查研究，提出书面意见，并反馈给制定机关。第二种是依申请审查。根据《立法法》第一百一十条，国务院、中央军事委员会、国家监察委员会、最高人民法院、最高人民检察院和各省、自治区、直辖市的人民代表大会常务委员会认为行政法规、地方性法规、自治条例和单行条例同宪法或者法律相抵触，或者存在合宪性、合法性问题的，可以向全国人民代表大会常务委员会书面提出进行审查的要求，由全国人民代表大会有关的专门委员会和常务委员会工作机构进行审查、提出意见。其他国家机关和社会团体、企业事业组织以及公民认为行政法规、地方性法规、自治条例和单行条例同宪法或者法律相抵触的，可以向全国人民代表大会常务委员会书面提出进行审查的建议，由常务委员会工作机构进行审查；

① 《宪法学》编写组：《宪法学》(第二版)，高等教育出版社、人民出版社 2020 年版，第 338 页。

必要时，送有关的专门委员会进行审查、提出意见。合宪性审查机关以及协助审查的机构经审查研究，可以分不同情况，作出建议自我纠正、撤销、不予批准、责令修改、改变等处理。

我国的宪法监督呈现如下特点：宪法监督的重要功能是保证党中央令行禁止；最高国家权力机关作为宪法监督主体，统一行使宪法监督权；对违宪的规范性文件，采用制定机关自我纠正与撤销并重的原则；宪法监督主体与合法性审查主体具有同一性。[①] 通过宪法监督，宪法价值得以实现，宪法意识得到增强。我们要坚持和完善宪法监督制度，要更加注重完善合宪性审查程序。如适当限定启动合宪性审查程序的主体资格条件、更加细化审查程序等。

三、宪法理论建设

习近平在《谱写新时代中国宪法实践新篇章——纪念现行宪法公布施行40周年》中指出："要结合当代中国宪法制度和宪法实践，加强中国宪法理论研究，提炼标志性概念、原创性观点，加强中国宪法学科体系、学术体系、话语体系建设，巩固中国宪法理论在我国法治教育中的指导地位。要讲好中国宪法故事，有自信、有志气宣传中国宪法制度、宪法理论的显著优势和强大生命力，有骨气、有底气同一切歪曲、抹黑、攻击中国宪法的错误言行作斗争。"中国共产党登上中国历史舞台后，在推进中国革命、建设、改革的实践中，高度重视宪法和法制建设。[②]1931 年，我们党在中央苏区成立中华苏维埃共和国临时中央政府，颁布了《中华苏维埃共和国宪法大纲》。"同广大民众结合起来使苏维埃成为最能发扬民众创造力的机关和最能动员民众以适应国内战争适应革命建设的机关，这也是历史上无论什么政府所做不到的。"[③]1946 年，我们党在陕甘宁边区颁布了《陕甘宁边区宪法原则》。以毛泽东为代表的中国共产党人在中国革命的具体实践中，创造性地发展了马克思主义国家学说，在中国建立了人民民主

---

① 《宪法学》编写组：《宪法学》(第二版)，高等教育出版社、人民出版社 2020 年版，第 345—346 页。

② 习近平：《关于我国宪法和推进全面依法治国》(2018 年 2 月 24 日)，载习近平：《论坚持全面依法治国》，中央文献出版社 2020 年版，第 211 页。

③ 毛泽东：《中华苏维埃共和国中央执行委员会与人民委员会对第二次全国苏维埃代表大会的报告》，载《中华苏维埃代表大会重要文献选编》，中国民主法制出版社 2019 年版，第 394 页。

专政的社会主义国家，逐步摸索出独具中国特色的政权模式，创建了契合中国国情的人民代表大会制度。可以说，我国宪法制度的形成从最初就选择走了一条独特的伟大创造之路。一个社会中各种不同的政治经济制度的变动和最终确立，都是在那个时代占主导地位的社会事项和意识形态引领下构建的。① 在时代的转换和接续、社会事项和意识形态的变迁下，我国逐步确立了坚持党的领导、人民当家作主、依法治国有机统一的思想理念、党领导下的多党合作和政治协商制度、人民民主专政制度、民族区域自治制度、基本经济制度和分配制度、精神文明条款、社会主义核心价值观等。我国宪法是人民的宪法而非西方政党政治语境里的宪法，② 是以“国家基本法的形式，确立了中国特色社会主义道路、中国特色社会主义理论体系、中国特色社会主义制度的发展成果”的宪法。③

进入历史新时期，改革发展稳定任务之重前所未有，矛盾风险挑战之多前所未有，多元的经济成分和分配方式、多样的社会阶层、不平衡的区域经济发展带来了多元的社会诉求和价值观念，十四亿多人将整体迈进现代化社会。我们应当从实现中华民族伟大复兴的战略高度，深刻洞察国内国际形势并立足我国国情，加强宪法理论研究，形成中国特色社会主义宪法理论和宪法话语体系。党的十八大以后，随着作为马克思主义法治理论中国化最新理论成果的习近平法治思想的逐渐形成和体系化，中国的宪法理论在不断更新、发展和丰富。以习近平法治思想为指导的宪法理论思路和理论体系使宪法制度的中国特色社会主义色彩不断增强，超越以往宪法理论过度关注宪法现象的表象特征的局限，赋予了中国宪法理论卓越的理论解释力和法理说服力。习近平法治思想为如何加强宪法理论研究、如何形成和形成什么样的中国特色社会主义宪法理论提供了有益的方向指引。

今后，要结合当代中国宪法制度和宪法实践提炼特色性概念、创新性观点，提出

① 蒋传光：《依宪治国、依宪执政：全面推进依法治国的基石》，载《上海师范大学学报（哲学社会科学版）》2015 年第 3 期。

② 苗连营、陈建：《“坚持依宪治国、依宪执政”的时代内涵与实践指向》，载《江海学刊》2021 年第 3 期。

③ 习近平：《在首都各界纪念现行宪法公布施行三十周年大会上的讲话》（2012 年 12 月 4 日），载习近平：《论坚持全面依法治国》，中央文献出版社 2020 年版，第 8 页。

适应中国宪法理论和实践要求的精准概念、命题和判断，运用习近平法治思想这一马克思主义法治理论中国化的最新理论成果发展和丰富独具中国特色的宪法制度，从而形成兼具现实适应性、理论逻辑性、要素全面性的中国特色社会主义宪法理论体系。要建立健全中国特色社会主义宪法话语体系，关键在于科学归纳和总结中国宪法实践的有益经验。[①] 由于话语体系是基于基础性概念和专有术语形成的命题和判断，因此，想要形成中国特色宪法话语体系，就需要对这一体系中基础性概念和术语的精确性、科学性、特色性，概念之间的理论联系性和逻辑性，概念间形成的话语系统的实践应用性给予高度关注。为打造中国宪法的话语体系，习近平总书记提出过诸多具有实践意义的宪法概念和术语，如“依法治国”“依宪治国”“依宪执政”等，增强了中国宪法话语的精准传达能力。习近平总书记还提出过诸多彰显中国特色社会主义宪法理论学术特征的、基于中国宪法实践产生的重要宪法命题，如“我国宪法是我们党长期执政的根本法律依据”；“宪法集中体现了党和人民的统一意志和共同愿望，是国家意志的最高表现形式，具有根本性、全局性、稳定性、长期性”；“宪法作为上层建筑，必须适应经济基础的变化，体现党和人民事业的历史进步”，等等。这些宏大而精准的命题来源于宪法实践，又高于宪法实践，具备极强的逻辑性和科学性。如此，再加上宪法理论工作者和社会各界的努力工作和广泛参与，中国特色社会主义宪法话语体系会逐步形成，进而向世界传递强有力的中国宪法声音，讲述实践和理论特色兼备的中国宪法故事。

① 莫纪宏：《论中国特色社会主义宪法理论体系建设的三重维度》，载《重庆大学学报（社会科学版）》2023 年第 1 期。

第六章 坚持在法治轨道上推进国家治理体系和治理能力现代化

“坚持在法治轨道上推进国家治理体系和治理能力现代化”，是习近平法治思想的核心要义之一。党的十八大以来，党中央高度重视这一全局性重要工作的部署推进。党的十八届四中全会审议通过《中共中央关于全面推进依法治国若干重大问题的决定》，提出：“依法治国，是坚持和发展中国特色社会主义的本质要求和重要保障，是实现国家治理体系和治理能力现代化的必然要求。”① 党的十九届四中全会审议通过《中共中央关于坚持和完善中国特色社会主义制度推进国家治理体系和治理能力现代化若干重大问题的决定》，强调“坚持全面依法治国，建设社会主义法治国家，切实保障社会公平正义和人民权利”是我国制度和国家治理体系的显著优势之一，并以“坚持和完善中国特色社会主义法治体系，提高党依法治国、依法执政能力”为题作专章部署。② 党的十九大报告强调：“依法治国是党领导人民治理国家的基本方式。”③ 党的二十大报告将“基本实现国家治理体系和治理能力现代化”作为全面建成社会主义现代化强国战略安排的总体目标之一，并以“坚持全面依法治国，推进法治中国建设”为题专章论述、专门部署法治建设工作，提出“在法治轨道上全面建设社会主义现代化国家”，并进一步强调：“全面依法治国是国家治理的一场深刻革命，关系党执政兴国，关系人民幸福安康，关系党和国家长治久安。必须更好发挥法治固根

① 《依法治国　护航中华民族伟大复兴》，载《人民日报》2014 年 10 月 21 日，第 1 版。

② 习近平：《关于〈中共中央关于坚持和完善中国特色社会主义制度　推进国家治理体系和治理能力现代化若干重大问题的决定〉的说明》，载《人民日报》2019 年 11 月 6 日，第 4 版。

③ 习近平：《决胜全面建成小康社会　夺取新时代中国特色社会主义伟大胜利——在中国共产党第十九次全国代表大会上的报告》，载《人民日报》2017 年 10 月 28 日，第 1 版。

本、稳预期、利长远的保障作用，在法治轨道上全面建设社会主义现代化国家。”①党中央关于全面依法治国的一系列决策部署，凸显了新时代法治建设事关全局和根本的战略地位，突出了法治轨道推进国家治理体系和治理能力现代化的重要价值和深远意义。

国家治理体系和治理能力是一个国家体制、机制、制度与其实施能力水平的集中体现。新时代我国国家治理体系是在党领导下管理国家的制度体系，包括经济、政治、文化、社会、生态文明和党的建设等各领域体制机制、法律法规安排，也就是一整套紧密相连、相互协调的国家制度；国家治理能力则是运用国家制度管理社会各方面事务的能力，包括改革发展稳定、内政外交国防、治党治国治军等各个方面。②在世界百年未有之大变局和中华民族伟大复兴战略全局“两个大局”下，国家治理体系和治理能力建设是中国特色社会主义制度及其贯彻落实的重要内容和关键所在。其中，中国特色社会主义法治体系是中国特色社会主义制度在法治领域的重要落实和体现。党的十八届四中全会、十九届四中全会提出的国家治理现代化重大战略任务和全面依法治国重大任务，具有突出的理论与实践相统一特点，统一于中国共产党领导下的新时代中国特色社会主义的制度完善，统一于新时代中国特色社会主义建设的实践发展。聚焦如何推进这一重大全局性、根本性工作，习近平法治思想明确提出“坚持在法治轨道上推进国家治理体系和治理能力现代化”，揭示了全面依法治国与国家治理体系和治理能力现代化的密切联系，指明了新时代国家治理体系与治理能力现代化的法治必由之路，具有坚实的理论支撑、实践基础和发展逻辑。

第一节　法治轨道推进国家治理体系和治理能力现代化的理论逻辑

习近平法治思想之所以将“坚持在法治轨道上推进国家治理体系和治理能力现代化”作为核心要义之一，主要是基于法治在国家治理体系和治理能力现代化进程中的重要功能，并根据这一功能而实施的国家治理的法治方略和法治转型。

① 习近平：《高举中国特色社会主义伟大旗帜　为全面建设社会主义现代化国家而团结奋斗——在中国共产党第二十次全国代表大会上的报告》，载《人民日报》2022 年 10 月 26 日，第 1 版。

② 《切实把思想统一到党的十八届三中全会精神上来》(2013 年 11 月 12 日)，载《求是》2014 年第 1 期。

一、国家治理体系和治理能力现代化的法治功能

习近平总书记指出，要发挥法治“固根本、稳预期、利长远”的重要作用。① 作为治国理政的重要方式，法治本质上具有稳定性和长期性，有利于提高社会活动的规范性和可预期性，能够有效构建稳定的社会秩序，保障社会有序持续健康发展。习近平总书记强调：“我们必须把依法治国摆在更加突出的位置，把党和国家工作纳入法治化轨道，坚持在法治轨道上统筹社会力量、平衡社会利益、调节社会关系、规范社会行为，依靠法治解决各种社会矛盾和问题，确保我国社会在深刻变革中既生机勃勃又井然有序。”② 良法善治有助于建构国家治理现代化的科学发展道路，最大限度团结凝聚广大人民群众，协调各方面社会力量，形成国家治理的合力，提升国家治理能力和效能，推进实现国家治理现代化的目标。

法治在推进国家治理体系和治理能力现代化进程中，主要是具有以下三个方面的重要功能和作用。

（一）引领和推动功能

法治是一种国家治理模式，它通过法律来规范社会行为、保护公民权利和维护社会秩序。法治的引领和推动功能是指它在社会发展中的作用，即通过法律的制定、执行和监督，引导和促进改革发展与社会进步。2000 年 3 月 15 日第九届全国人民代表大会第三次会议通过我国《立法法》，在 2015 年 3 月第一次修正时，在第一条立法宗旨中明确提出“发挥立法的引领和推动作用”，并且在 2023 年 3 月第二次修正时继续予以坚持。③

法治的引领和推动功能主要表现在以下方面：首先，法治引领和推动社会发展进步。法律是社会进步的重要标志和基石，它规范和约束社会主体行为，保障和规范公

---

① 参见《立法法修正》，载中国人大网，http://www.npc.gov.cn/npc/lffxz/lffxz.shtml，2023 年 6 月 6 日访问。

② 习近平：《在中共十八届四中全会第二次全体会议上的讲话》（2014 年 10 月 23 日），载中国共产党新闻网，http://jhsjk.people.cn/article/28307076，2023 年 6 月 6 日访问。

③ 2014 年 8 月全国人大《关于〈中华人民共和国立法法修正案（草案）〉的说明》明确提出：“发挥立法在推进改革和发展中的作用。按照凡属重大改革都要于法有据的要求，在立法宗旨中增加规定，发挥立法的引领和推动作用。”

民权利义务，促进和维护社会公平正义。法律的制定和实施，可以引导社会朝着更加公正、公平、正义的方向发展。例如，在我国改革开放进程中，法律的制定和实施促进了中国特色社会主义市场经济的发展，推动了社会的进步和繁荣。又如，在我国的环境保护工作推进中，法律的制定和实施推动了全社会环保意识的普及和落实，促进了环境保护事业的不断发展。其次，法治引领和推动公共治理发展完善。法律是公共治理的基础和重要手段，它规范政府行为，保障公民权利，维护社会秩序。法律的制定和实施，可以引导政府朝着更加公正、透明、负责的方向发展。例如，在我国的公共服务中，法律的制定和实施推动了政府服务的优化和提升，促进了公共治理的改善和提升。又如，在我国的反腐败斗争中，法律的制定和实施加强了对于相关违法犯罪行为的监督和惩治力度，推动了公共治理的改善和提升。最后，法治引领文化建设提升。法治是社会文化建设的重要内容和基础，它涉及社会价值观、道德规范、法律意识等方面。法律的制定和实施，可以引导文化建设朝着更加文明、和谐、法治的方向发展。例如，在我国的国家安全教育中，法律的宣传和普及加强了公民的国家安全法治意识，推动了国家安全工作的提升和完善。又如，在知识产权保护中，法律的制定和实施推动了知识产权意识的普及和落实，促进了我国知识产权文化的提升和完善。

法治的引领和推动功能不仅是在国家层面上发挥作用，也在社会各个领域中发挥着重要作用。例如，在经济领域中，法律的制定和实施可以引领和推动企业发展，保护消费者权益，维护市场秩序。在教育领域中，法律的制定和实施可以引领和推动教育公平，保障教育权利，维护学校秩序。在医疗领域中，法律的制定和实施可以引领和推动医疗卫生事业的发展，保障患者权益，维护医疗秩序。此外，法治的引领和推动功能还表现在国际层面上。国际法是国际社会规范国家行为的基础，它引领和推动国际秩序的建立和发展。国际法的制定和实施可以引导各国朝着更加公平、合作、和平的方向发展，促进国际社会的和谐与发展。

综上所述，在社会发展中，法治的引领和推动功能是不可或缺的，它可以引导和促进社会的发展和进步。在新时代国家治理体系和治理能力现代化实践中，我们应该注重法治的建设和保障，加强法律意识和法治观念的普及和落实，推动法治体系的完善和提升。只有这样，才能更好地发挥法治的引领和推动功能，实现社会的长期稳定和不断发展，实现新时代中华民族伟大复兴。

（二）保障和维护功能

法治是指国家依据法律规范来管理社会生活，维护社会秩序和公平正义的一种社会制度。法治的保障和维护功能是指法治对于社会的稳定、公正和发展所起到的作用。法治的保障和维护功能是多方位的，包括维护社会稳定、保障公正和权利、促进经济发展、提高政府效率等多个方面。

一是保障公正和权利。法治是保障公正和权利的基石。法律的制定和实施可以保护人民的基本权利，防止不法分子侵犯公民的人身、财产权利等，从而保障人民群众的合法权益。例如，在法治的保障下，人们可以享有自由、平等、公正，避免不公正的对待和不法侵害。此外，法治也能够规范公共权力行使，保障公民的合法权益不受侵犯。二是保障经济发展。法治是促进经济发展的重要因素。法律的制定和实施可以规范市场秩序，保护商业合法权益，从而促进经济的发展。例如，在法治的保障下，企业可以依法经营，避免不正当竞争和侵犯商业合法权益的行为。此外，法治也能够保护知识产权，鼓励创新和发明，从而推动科技进步和经济发展。三是保障政府效率。法治可以提高政府的效率。政府依据法律来行使权力，规范公共事务的处理，避免权力滥用和腐败，从而提高政府的公正和效率水平。例如，在法治的保障下，政府工作人员必须依法行政、遵守法律规定，从而减少了各种违法行为的发生。此外，法治也能够规范政府的决策程序和行为，避免不公正的行政决策和行政执法行为。四是维护社会稳定。法治是维护社会稳定的重要手段。法律的存在和实施可以遏制犯罪行为，减少社会不稳定因素的存在，从而维护社会的和谐与稳定。例如，在法治的保障下，人们享有安全和自由，社会稳定程度会得到提高。此外，法治也能够保护人们的财产安全，防止不法分子侵犯公共财产和个人财产，从而提高和促进社会经济的稳定性和持续发展。

总之，法治的保障和维护功能是多方面的。它不仅能够维护社会稳定、保障公民权利，促进经济发展，还能够提高政府的效率，推动社会的进步和发展。因此，加强法治建设，营造全民尊崇法律、遵守法律、捍卫法律的社会氛围，是实现社会和谐、稳定和发展的重要基础保障。

（三）规范和规制功能

法治的规范功能是指通过法律的制定、实施和执行，对社会行为进行规范和限制，使社会成员在行动上遵守一定的规则和规范，从而维护社会秩序的健康稳定。法律规范是社会行为的基本准则，它规定了人们应该如何行动，以及不应该做什么。法律规范的存在，使得社会行为能够遵循一定的规则和标准，从而保持秩序和稳定。法律规范了人们的行为，使得人们在行动中具有可预见性，同时也保护了人们的合法权益，使得社会成员能够在公平、公正的环境中生存和发展。

法治的规制功能是指法律作为一种规制机制，对行为进行制约和引导，从而实现社会管理和治理的目的。法律制度是指法律规范的组成部分，它包括了法律的内容、形式、程序等方面的规定。法律制度的存在，使得社会行为有一定的限制和约束，从而避免了人们的滥权和任意行为。法律规制了人们的行为，对于那些违法行为进行惩罚和制裁，同时也对那些符合法律规定的行为进行奖励和保护。这种规制机制使得社会成员在行动中有所敬畏，从而更加注重自己的行为举止，达到社会治理和管理的目的。法治的规范和规制功能在维护社会秩序和稳定、保护人民合法权益、推动社会进步和发展等方面具有重要的作用，是现代社会不可或缺的基本制度之一。

综上所述，法治所具有的“引领和推进”“保障和维护”“规范和规制”等重要功能和作用，是其成为国家治理体系和治理能力现代化的重要机制和依托的重要原因和基本逻辑。

二、国家治理体系和治理能力现代化的法治关系

（一）法治是治理现代化的基本方式

习近平总书记指出：“我国是一个有十三亿多人口的大国，地域辽阔，民族众多，国情复杂。我们党在这样一个大国执政，要保证国家统一、法制统一、政令统一、市场统一，要实现经济发展、政治清明、文化昌盛、社会公正、生态良好，都需要秉持法律这个准绳、用好法治这个方式。”[①] 法治是应对日益复杂的现代国家治理形势的基

① 习近平：《在中共十八届四中全会第二次全体会议上的讲话》（2014 年 10 月 23 日），中国共产党新闻网，http://jhsjk.people.cn/article/27806556，2023 年 6 月 6 日访问。

本手段。在推进科学立法、严格执法、公正司法和全民守法中，最重要的是要坚持依法治国。依法执政是解决党和国家事业发展中所面对的一系列重要问题，也是解放和增强社会活力、促进社会公平正义、维护社会和谐稳定、确保党和国家长治久安与不断进步的必由之路。现代社会各种多元利益的分化与冲突，将其纳入法治这一现代文明规则框架体系，从而推进国家治理方式的转型和升级。党的十八大以来，全面推进依法治国，注重运用法治思想、通过法治方式推进国家各领域各方面事业的发展，成为一项我们党治国理政基本方略。例如，党中央多次明确重大改革必须于法有据，用“权力清单”“责任清单”“履职清单”等法治化方式规范政府权力；作出法治是最好的营商环境、不断法治化优化营商环境等一系列重大举措。

（二）法治是治理现代化的重要依托

党的十八届三中全会《中共中央关于全面深化改革若干重大问题的决定》提出“国家治理体系和治理能力现代化”的命题，党的十九届四中全会作了如何推进的回答，概括为“13 个坚持”，其中，与法治直接相关的有“7 个坚持”。在党的十九届四中全会所通过的《中共中央关于坚持和完善中国特色社会主义制度　推进国家治理体系和治理能力现代化若干重大问题的决定》中，把法治定位为国家治理体系和治理能力的“重要依托”。① 习近平总书记指出依法治国是“推进国家治理体系和治理能力现代化的重要方面”。② 国家治理体系和治理能力现代化的推进，在贯彻落实的具体工作层面，要围绕党和国家新时代依法执政、依法治国、依法行政等决策部署，按照科学化和现代化目标，改革完善不适应发展要求的体制机制、法律法规、规章制度，目的是形成系统完备、科学规范、运行有效的制度体系，更好发挥法治固根本、稳预期、利长远的保障作用。在此基础上，按照党中央部署要求，坚持系统观念，在总结经验中完善制度、制定制度，使各方面制度更加科学、更加完善，不断提升党、国家、社会各项事务依法治理的现代化水平。法治是国家治理现代化的重要内容和基础支撑。一方面，通过法治可以实现政党执政行为、政府行政行为、企业经营行为、社会活动

① 《中共十九届四中全会在京举行》，载《人民日报》2019 年 11 月 1 日，第 1 版。

② 习近平：《关于〈中共中央关于全面推进依法治国若干重大问题的决定〉的说明》，载《人民日报》2014 年 10 月 29 日，第 2 版。

行为、公众社会行为等的规范运行。另一方面，通过运用法治思维、法治机制、法治方法有助于有效化解社会矛盾、解决问题冲突，保障社会有序稳定、不断发展。改革开放以来国家治理发展进步的一个突出标志，就是社会各个领域大量法律、行政法规、部门规章、地方性法规的制定颁布、推进实施与成效显现，与整个国家立法、执法、司法、守法水平的不断提高。

（三）法治是治理现代化的重要保障

法治是人类文明发展至今的重要宝贵成果，是一个国家治理体系和治理能力现代化的重要保障。通过法治确立和不断完善国家治理、保障和促进治理实施和引领治理发展，是现代国家治理发展的共同趋势，更是新时代中国共产党依法执政、依法治国的重大理论发展和决策部署。党的十九大报告提出："以良法促进发展、保障善治。"① 习近平总书记也多次强调"全面依法治国具有基础性、保障性作用"，"推进国家治理体系和治理能力现代化，必须坚持依法治国，为党和国家事业发展提供根本性、全局性、长期性的制度保障"。② 在新的历史条件下，要推进国家治理体系和治理能力现代化，应加强并注重中国特色社会主义制度的根本制度、基本制度、重要制度的法治化。在此基础上，加强和完善中国特色社会主义法治体系的实施，把国家治理体系的法治化制度优势转化为国家治理效能。有了法治的重要保障，治理体系和治理能力现代化才可能不断推进和最终实现。

三、国家治理体系和治理能力现代化的法治转型

（一）政策型治理

政策型治理是指政府通过制定政策来引导和规范社会各方面的行为，实现社会目标和公共利益的过程。政策型治理强调政策的制定和实施，是一种以政策为核心的治理方式。政策制定需要考虑社会问题的本质、社会各方面的利益和社会的长远利益，需要收集并分析各种信息和数据，进行科学的决策。同时，政策实施需要考虑到社会

---

① 习近平：《决胜全面建成小康社会　夺取新时代中国特色社会主义伟大胜利——在中国共产党第十九次全国代表大会上的报告》，载《人民日报》2017 年 10 月 28 日，第 1 版。

② 习近平：《在中共十八届四中全会第二次全体会议上的讲话》（2014 年 10 月 23 日），载中国共产党新闻网，http://jhsjk.people.cn/article/26366130，2023 年 6 月 6 日访问。

的反应和实施中的问题，及时进行调整和修正。

政策型治理作为一种以政策为核心的治理方式，通常具有以下优势：一是针对性强。政策型治理可以根据具体的社会问题制定相应的政策，以解决问题或达到最优解。二是实效性强。政策型治理强调政策实施的效果，政策实施需要政府在行政、财政、立法等方面进行配合，以确保政策的顺利实施。三是多元参与。政策型治理强调政府与社会各方面的积极协作，政策制定和实施过程中可以吸纳各方面的意见和建议，使政策更加科学合理、考虑周全。四是灵活性强。政策型治理强调政策制定和实施的灵活性，政策制定和实施需要根据社会问题的变化和实际情况进行调整和修正，使政策更加符合社会需求和实际情况。综上所述，政策型治理具有针对性、实效性、多元参与和灵活性等优势，可以更好地解决社会问题，优化社会资源配置，实现社会目标。

政策型治理虽然具有很多优势，但仍然存在以下缺点：一是政策制定科学性难以确保。政策型治理需要科学的决策，但政策制定者可能会受到政治压力或其他因素的影响，导致政策制定不够科学。二是信息不对称。政策型治理可能会出现政策制定者与政策实施者之间的信息不对称问题，可能导致政策实施的偏差和失误。三是政策执行存在局限性。政策型治理需要政府在行政、财政、立法等方面进行配合，但政府可能由于种种原因无法有效执行政策，导致政策失效。四是政策效果难以保障。政策型治理需要考虑政策实施的效果，但政策实施过程中可能会出现各种问题，导致政策效果不佳。五是利益分配不公。政策型治理需要考虑社会各方面的利益，但在实际操作过程中，可能会出现利益分配不公的情况，导致社会矛盾的产生和加剧。

（二）法治型治理

法治型治理是指以法律为基础，通过法律的引领、保障和规范作用，维护社会秩序和稳定，促进社会的发展和进步的一种治理方式。法治型治理强调法律的权威和作用，是一种以法律为核心的治理方式。法治型治理的核心是依法行政。政府在制定政策、执行政策、解决社会问题等方面必须依法行政，不得违法或超越法律规定的权限和程序。政府必须遵循法律的规定，保障公民的权利和利益，维护社会的公正和公平。

法治型治理的优势在于：一是稳定性。法治型治理建立在稳定的法律和制度基础上，能够有效地维护社会稳定。法律和制度能够对社会行为进行规范，避免乱象，使社会更加稳定。二是公正性。法治型治理强调平等、公正、公开和透明的原则，在处理问题时能够保证公正性。法律和制度规定了权利和义务的平等，不会因为一个人的身份或财富而获得特殊待遇，避免了人为因素的干扰，保障了人民的权利和利益。三是可预测性。法律和制度规定明确，能够为人们提供可预测的行动方向，使人们更加明确自己的权利和义务。人们能够根据法律和制度的规定来决定自己的行为，避免了违法和犯罪的行为，提高了社会的安全和稳定。四是可控性。法治型治理能够有效地控制行为，防止违法犯罪的发生，保障人民的安全和利益。法律和制度规定了行为的规范，能够对不符合规范的行为进行处罚，更好保护人民的利益和安全。五是共识性。法治型治理通过法律和制度的规定，能够在社会中形成共识，使人们更加团结一致。法律和制度的规范能够让人们遵守相同的规则，形成社会的共识和信心，促进社会的和谐发展。六是可持续性。法治型治理能够保证社会的可持续发展，使社会在长期运行中保持稳定和健康的状态。法律和制度的规范能够规范社会行为，促进社会的发展和进步，使社会更加稳定和健康。

（三）治理的法治转型

从政策型治理向法治型治理的转型是一个历史性的进程，是符合社会发展需要的必然趋势。政策型治理是一个比较早期的治理模式，它主要依靠政府的政策来进行管理和治理。然而，随着社会的不断发展和进步，政策型治理的局限性和缺陷逐渐显现，法治型治理逐渐成为各个国家更加追求的治理模式。

推动从政策型治理向法治型治理的转型，是因为政策型治理存在许多局限和不足，而法治型治理则能够更好地保障社会的公正、公平和稳定，具有更为广泛的应用和更为长远的意义。具体来说，推动从政策型治理向法治型治理的转型，有以下几方面的原因：一是法治具有更高的普遍性和公正性。政策型治理往往基于政府的政治决策和利益考虑，容易受到社会、经济等因素的影响，而法治则是基于法律和制度的规范，具有更高的普遍性和公正性，能够保障社会的公正和公平。二是法治具有更强的约束力和稳定性。政策型治理往往缺乏明确的法律和制度规范，难以对社会行为提供明确的指导和约束，而法治则具有明确的法律和制度规范，能够为社会行为提供明确的指导和约束，具有更强的稳定性和约束力。三是法治有利于保障人民的权利和利益。政策型治理往往是基于政府的部门利益和社会因素，而法治则能够保障人民的权利和利益，形成公正、公平、透明的社会治理机制，提高社会的公共利益和社会福利。

从政策型治理向法治型治理的转型是一个必然的历史进程。随着社会的不断发展和进步，人们对于社会治理的要求越来越高，推动现代法治建设是符合社会发展需要的必然趋势，能够更好地促进社会的发展和进步。在实践中，政府应该积极推进法治建设，加强法律和制度建设，加强法律执行和监督，形成完善的法治机制，推动社会的法治化不断发展完善。同时，社会各方面也应该积极参与法治建设，共同推动社会的法治化进程。这样，通过全社会的共同努力，我国治理体系和治理能力的现代化水平才能不断提高。

第二节　法治轨道推进国家治理体系和治理能力现代化的实践逻辑

历史和现实告诉我们，改革发展稳定，必须法治护航；经济社会建设，需要法治保护；百姓平安福祉，依靠法治守卫。在新的历史时期，我们要按照党中央决策部署，进一步发挥好法治“固根本、稳预期、利长远”的重要作用，[①] 注重从政治到法治、从政策到法律，善于把党的主张通过立法转化为国家意志，以此为基础，系统地推进立法、执法、司法和守法等法治实践，推动并服务于国家治理现代化水平和效能的不断提升。

一、国家治理体系和治理能力现代化的法治方略

习近平总书记指出：“我们党把依法治国确定为党领导人民治理国家的基本方略。”[②] 在世界百年未有之大变局和中华民族伟大复兴战略全局下，全面依法治国成为我国治理体系和治理能力现代化的基本方略和重大部署。

（一）法治方略的政治部署

2014 年 10 月 20 日至 23 日，中共中央在北京召开了党的十八届四中全会。全会的

① 习近平：《高举中国特色社会主义伟大旗帜　为全面建设社会主义现代化国家而团结奋斗——在中国共产党第二十次全国代表大会上的报告》，载《人民日报》2022 年 10 月 26 日，第 1 版。

② 习近平：《在中共十八届四中全会第二次全体会议上的讲话》（2014 年 10 月 23 日），中国共产党新闻网，http://jhsjk.people.cn/article/28307076，2023 年 6 月 6 日访问。

主题是“全面推进依法治国”，并且通过了《中共中央关于全面推进依法治国若干重大问题的决定》(以下简称《全面依法治国决定》)。在《全面依法治国决定》中，党中央明确了全面依法治国的基本方针和主要任务。全会提出，全面依法治国是全面深化改革、全面依法治国、全面从严治党的必然要求，是推进中国特色社会主义的必然要求。全面依法治国的基本方针是，坚持中国特色社会主义法治道路，把握法治建设方向，推进法治中国建设，全面落实宪法和法律的规定，实现党领导法治、全民参与法治、依法治国有机统一。全会指出，全面依法治国的主要任务是建设中国特色社会主义法治体系，推进科学立法、严格执法、公正司法、全民守法，加强法治宣传教育，建立法律监督机制，构建法治政府和法治社会，促进国家治理体系和治理能力现代化。① 全面依法治国的提出，标志着我国进入全面法治建设的新阶段。

（二）法治方略的地位作用

全面依法治国是中国特色社会主义事业的重要组成部分，是实现中华民族伟大复兴的必然要求，也是党的十九大报告中提出的“全面推进依法治国”重要战略任务之一。

全面依法治国方略的地位和作用主要体现在以下方面：一是意义重大。全面依法治国是中国特色社会主义制度的具体实现，是中国特色社会主义现代化建设的重要依托，是实现中华民族伟大复兴的必由之路。二是目标清晰。全面依法治国方略的提出，明确了法治建设的方向和目标，为全社会遵循法律、尊重法律、维护法律提供了指导思想和行动指南。三是任务明确。全面依法治国方略明确了建设中国特色社会主义法治体系、推进科学立法、严格执法、公正司法、全民守法等主要任务，为全社会法治建设提供了具体的目标和任务。四是作用重要。全面依法治国方略的贯彻实施，可以提高全体社会成员法治意识和法治素质，推进国家治理体系和治理能力现代化，增强社会公正和公平，促进经济社会发展和人民幸福。

（三）法治方略的突出特点

一是全局性。国家经济、政治、文化和社会生活的各个方面应该由法律调整的都要实现法治化，都要依法治理；依法应成为执政党、国家机关、社会团体和广大公民

---

① 习近平:《关于〈中共中央关于全面推进依法治国若干重大问题的决定〉的说明》，载《人民日报》2014 年 10 月 29 日，第 2 版。

的共同行为准则。二是整体性。依法治国是一项从中央到地方，从地区到行业，从立法到执法、司法、守法的系统工程。应上下呼应，左右协调，前后衔接。三是目的性。法治国家作为现代一种最进步的政治法律制度的目标模式，其基本标志和要求是丰富的、具体的、确定的。它不应是一个模糊不清的概念。我们强调“依法治国”是方针、“法治国家”是目标，主要意义是说明“法治国家”有其具体的丰富内涵，是一种国家在政治和法律上的类型与模式，它应具有一系列现代法治原则，不应简单地将它理解为只是“有法可依、有法必依、执法必严、违法必究”。它应有中国的一定特色，又必然具备现代法治国家的各种共同特征；它应有自身的性质和客观规律可循，又可以在总结实践经验基础上发挥主观能动性予以创新。四是长期性。法治国家的建成同整个国家的现代化是同步的。法的内容与形式、法律制度的模式选择及其实现，不可能孤立地存在与发展，必然受当时当地的政治、经济与文化的具体条件的影响与制约。建成中国特色社会主义法治国家，是一项长期、持续的工作。

二、国家治理体系和治理能力现代化的法治布局

（一）国家治理体系和治理能力现代化的法治目标

在党的十九大报告中，习近平总书记进一步强调依法治国是坚持和发展中国特色社会主义的本质要求和重要保障，是实现国家治理体系和治理能力现代化的必然要求。《全面依法治国决定》明确提出全面推进依法治国的总目标，即建设中国特色社会主义法治体系，建设社会主义法治国家。习近平总书记指出：“提出这个总目标，既明确了全面推进依法治国的性质和方向，又突出了全面推进依法治国的工作重点和总抓手。”① 这个总目标是贯穿《全面依法治国决定》全篇的一条主线，对全面推进依法治国具有纲举目张的意义。《全面依法治国决定》对全面推进依法治国总目标的内容作了科学阐释。这就是：在党领导下，坚持中国特色社会主义制度，贯彻中国特色社会主义法治理论，形成完备的法律规范体系、高效的法治实施体系、严密的法治监督体系、有力的法治保障体系，形成完善的党内法规体系，以依法治国、依法执政、依法行政为一

① 习近平：《关于〈中共中央关于全面推进依法治国若干重大问题的决定〉的说明》，载《人民日报》2014年10月29日，第2版。

体，以法治国家、法治政府、法治社会一体建设，实现科学立法、严格执法、公正司法、全民守法，推动国家治理体系和治理能力现代化。

（二）国家治理体系和治理能力现代化的法治布局

根据《全面依法治国决定》，全面依法治国的总体布局是“坚持法治国家、法治政府、法治社会一体建设”。推进法治国家、法治政府和法治社会三位一体建设，推进中国特色社会主义法治体系的建设，应着力深化司法体制改革，健全法律法规体系，加强政府自身建设，推进社会治理的创新，实现国家治理体系和治理能力现代化，为实现中华民族伟大复兴提供有力保障。

首先，建设法治国家是全面依法治国的重要目标，包括加强宪法实施、深化司法体制改革、完善法律法规体系等方面。同时，还要加强国家监督体系建设，推进反腐败斗争，维护国家安全和社会稳定。其次，建设法治政府是全面依法治国的关键举措，包括推进政府职能转变、加强政府自身建设、完善政府依法行政制度等方面。同时，还要加强政府公开透明、信息公开和公众参与，提高政府服务质量和效率。最后，建设法治社会。建设法治社会是全面依法治国的重要保障，包括推进社会治理创新、加强社会组织建设、完善社会信用体系等方面。同时，还要加强法律教育和宣传，推动全民法治素质提升，营造尊重法律、信仰法律的法治文化氛围。

（三）国家治理体系和治理能力现代化的法治原则

一是坚持中国共产党的领导。党的领导是中国特色社会主义最本质的特征，是社会主义法治最根本的保证。坚持党的领导，是社会主义法治的根本要求，是全面推进依法治国的题中应有之义。必须坚持党领导立法、保证执法、支持司法、带头守法，坚持将依法治国基本方略与依法执政基本方式相统一，善于通过国家政权机关实施党对国家和社会的领导。二是坚持人民主体地位。坚持以人民为中心，人民是依法治国的主体，也是依法治国的力量源泉，人民代表大会制度是保证人民当家作主的根本政治制度。我们必须要确保人民在党的领导下，依照法律规定，通过各种途径和形式管理国家事务、管理经济文化事业、管理社会事务。三是坚持法律面前人人平等。在我国，平等是社会主义法律的基本属性。任何组织和个人，都要尊重宪法法律的权威和在宪法法律范围内活动，都要依照宪法法律行使自己的权力或权利、履行自己的职责或义务，也不得有超越宪法法律的特权。四是坚持法治与德治的结合。国家和社会治理需要法律和道德共同发挥作用。要坚持一起抓法治和德治，大力弘扬社会主义核心价值观，弘扬中华传统美德，培育社会公德、职业道德、家庭美德、个人品德，充分发挥法律的规范作用和道德的教化作用。五是坚持从我国实际出发。中国特色社会主义道路、理论体系、制度是全面推进依法治国的根本遵循。我们坚持从我国的基本国情出发，发展符合中国实际、具有中国特色、体现社会发展规律的中国特色社会主义法治理论，对依法治国提供理论指导和学理支撑。

三、国家治理体系和治理能力现代化的法治实施

（一）国家治理体系和治理能力现代化的法治任务

根据《全面依法治国决定》，建设中国特色社会主义法治体系，关键在于推进科学立法、严格执法、公正司法、全民守法，推动国家治理体系和治理能力现代化。新时代推动国家治理体系和治理能力现代化，在实践上应突出并注重把支撑中国特色社会主义制度的根本制度、基本制度、重要制度法治化。在此基础上，加强法律制度的实施，把国家治理体系的法治化制度优势更好转化为国家治理效能。新时代党中央将“有法可依、有法必依、执法必严、违法必究”的十六字方针，发展和提升为“科学立法、严格执法、公正司法、全民守法”新十六字方针，明确了新时期全面推进依法治国的重点环节和主要任务，具有极为重要的指导意义。对此张文显认为，科学立法是全面推进依法治国的前提，严格执法是全面推进依法治国的关键，公正司法是全面推进依法治国的保障，全民守法是全面推进依法治国的基础。①

（二）国家治理体系和治理能力现代化的法治路径

推进国家治理体系和治理能力现代化，重点工作之一是坚持依法治国、依法执政、依法行政共同推进。依法治国是党领导人民治理国家的基本方略，依法治国的主体是人民。必须保证人民在党的领导下，依照法律规定，通过各种途径和形式管理国家事务、管理经济文化事业、管理社会事务，使国家各项工作都依法进行，实现社会主义

① 张文显：《中国法治40年：历程、轨迹和经验》，载《吉林大学社会科学学报》2018年第5期。

民主的制度化、法律化。依法执政是新的历史条件下我们党执政的基本方式，依法执政的基本内容体现在四个方面：一是我们党通过法定程序将党的主张上升为国家意志，二是党领导立法，三是党带头遵守宪法法律规定，四是党确保宪法法律实施。依法行政是法治状态下政府行为的基本原则和基本方式，依法行政的基本要求是合法行政，法定职责必须为、法无授权不可为，要执法严明、公开公正、廉洁高效、守法诚信。依法治国、依法执政、依法行政是一个有机联系的整体，三者具有内涵的统一性、目标的一致性、成效的相关性，必须彼此协调、共同推进、形成合力。依法治国必须着眼全局、全面部署，努力确保依法执政、依法行政与之齐头并进。

（三）国家治理体系和治理能力现代化的法治队伍

全面推进依法治国，必须加快建设社会主义法治国家强大的组织和人才保障。第一，要建设高素质法治专门队伍。坚持把思想政治建设摆在首位，加强立法队伍、行政执法队伍、司法队伍建设。完善法律职业准入制度，推进法治专门队伍正规化、专业化、职业化，提高职业素养和专业水平。第二，要加强法律服务队伍建设。坚持把加强律师队伍思想政治建设，把拥护中国共产党领导、拥护社会主义法治作为律师从业的最基本的要求，要增强律师走中国特色社会主义法治道路的自觉性和坚定性。建设社会律师、公职律师、公司律师等优势互补、结构合理的律师队伍，建设公证员、基层法律服务工作者、人民调解员队伍。加强法律服务志愿者队伍建设。第三，要创新法治人才培养机制。坚持用习近平法治思想占据高校和科研机构法学教育和法学研究的各个环节，加强法学基础理论研究，形成完善的中国特色社会主义法学理论体系、学科体系和课程体系，组织编写和全面采用国家统一的法律专业核心教材，培养坚持和熟悉中国特色社会主义法治的法律人才和后备力量。

第三节　法治轨道推进国家治理体系和治理能力现代化的发展逻辑

在“坚持在法治轨道上推进国家治理体系和治理能力现代化”基础上，党的二十大报告进一步提出“在法治轨道上全面建设社会主义现代化国家”。[①] 这与党的二十大

① 习近平：《高举中国特色社会主义伟大旗帜　为全面建设社会主义现代化国家而团结奋斗——在中国共产党第二十次全国代表大会上的报告》，载《人民日报》2022年10月26日，第1版。

报告中“中国式现代化”重大命题有着内在逻辑联系。习近平法治思想实现了马克思主义法治思想的中国化，并在此基础上，提出并积极推进了“中国式法治现代化”的新时代法治范式、模式的发展命题，蕴含着中国式法治现代化的意识文明、制度文明和行为文明的发展逻辑。

一、国家治理体系和治理能力现代化的法治意识文明

相较于西方法治，新时代以来中国特色社会主义法治在法治意识文明层面不断发展完善，趋于成熟。主要体现在三个方面的法治意识文明内涵的确立和发展：党的领导、人民当家作主与依法治国有机统一理念，以人民为中心理念和中国特色社会主义法治道路理念。

（一）坚持党的领导、人民当家作主与依法治国的有机统一

党的领导是人民当家作主、依法治国的根本保证，人民当家作主是社会主义民主政治的本质特征，依法治国是党领导人民治理国家的基本方式，三者统一于我国社会主义民主政治和法治建设的伟大实践。

发展社会主义民主政治，坚持人民当家作主、依法治国，其核心在于坚持党的领导。党代表工人阶级实施政治领导，是人民当家作主和依法治国的政治保证。历史和现实反复证明，在中国，只有中国共产党能够担当此重任。只有坚持党的领导，才能坚持民主发展的社会主义方向；只有坚持党的领导，才能做到把马克思主义的民主理论同中国的国情相结合，建设具有中国特色社会主义的民主政治；只有坚持党的领导、人民当家作主，依法治国才能有可靠的政治保证。

人民当家作主是社会主义民主政治建设的出发点和归宿。我们强调坚持党的领导，归根到底是为了实现人民群众当家作主的权利和根本利益，人民当家作主，是我们的各项事业取得胜利的力量源泉和重要保证。充分发扬人民民主，建设中国特色社会主义民主政治，是我国社会主义现代化建设不可分割的重要组成部分，也是推进各项事业、促进社会全面进步、实现国家长治久安的重要保证。

依法治国是党领导人民治理国家的基本方略。依法治国与人民当家作主、党的领导是紧密联系、相辅相成、相互促进的。依法治国不仅从制度上、法律上保证人民当

家作主，而且也从制度上、法律上保证党的执政地位。我国的宪法和法律是党的主张和人民意志相统一的体现，人民在党的领导下，依照宪法和法律治理国家，管理社会事务和经济文化事业，保障自己当家作主的各项民主权利，这是依法治国的实质。

（二）坚持以人民为中心

坚持以人民为中心是习近平法治思想的核心要义，主要体现在以下方面：

坚持法治为了人民。习近平总书记强调："推进全面依法治国，根本目的是依法保障人民权益。"① 坚持法治为了人民，在全面依法治国中更好满足人民对美好生活的向往，一个重要着力点就是把人民对公平正义的期盼落实到依法保障人民权益上。对此，习近平总书记多次强调："努力让人民群众在每一个司法案件中感受到公平正义。"② 在此基础上，健全法律面前人人平等保障机制，健全社会公平正义法治保障制度，在立法、执法、司法、守法的全过程和各方面体现公平正义的要求，努力让人民群众在每一项法律制度、每一个执法决定、每一宗司法案件中都感受到公平正义。③

坚持法治依靠人民。习近平总书记指出："只要我们深深扎根人民、紧紧依靠人民，就可以获得无穷的力量，风雨无阻，奋勇向前。"④ 人民是历史的创造者，是决定党和国家前途命运的根本力量。人民是依法治国的主体和力量源泉。无论是"全面推进科学立法、严格执法、公正司法、全民守法"，还是"加快形成完备的法律规范体系、高效的法治实施体系、严密的法治监督体系、有力的法治保障体系，形成完善的党内法规体系"，都必须坚持人民主体地位，以保障人民根本权益为出发点和落脚点，充分调动人民群众的积极性。我们要充分调动人民的积极性、主动性、创造性，依法保证人民通过各种途径和形式广泛持续深入参与国家治理和社会治理，充分激发蕴藏在人民之中的创造伟力，推动全体人民成为社会主义法治的忠实崇尚者、自觉遵守者、坚定捍卫者。

---

① 《习近平在中央全面依法治国工作会议上强调　坚定不移走中国特色社会主义法治道路　为全面建设社会主义现代化国家提供有力法治保障》，载《人民日报》2020 年 11 月 18 日，第 1 版。

② 同上。

③ 《中共中央关于党的百年奋斗重大成就和历史经验的决议》，载《人民日报》2021 年 11 月 17 日，第 1 版。

④ 习近平：《新时代要有新气象更要有新作为中国人民生活一定会一年更比一年好》，载《人民日报》2017 年 10 月 26 日，第 2 版。

人民权益要靠法律保障，法律权威要靠人民维护。全面依法治国最广泛、最深厚的基础是人民。要充分调动人民群众投身依法治国实践的积极性、主动性，使尊法、信法、守法、用法、护法成为全体人民的共同追求与自觉行动。

（三）坚持中国特色社会主义法治道路

道路决定命运。党的十八大以来，习近平总书记以马克思主义政治家、思想家、战略家的深刻洞察力、理论创造力，提出坚持走中国特色社会主义法治道路，深刻阐述了全面依法治国“向哪里走、走什么路、怎么走好”等重大理论和实践问题，为我们坚持和拓展中国特色社会主义法治道路提供了根本遵循。

一是，中国特色社会主义道路具有科学性。习近平总书记指出，“全面推进依法治国，必须走对路。如果路走错了，南辕北辙了，那再提什么要求和举措也都没有意义了”。① “中国特色社会主义法治道路是一个管总的东西。具体讲我国法治建设的成就，大大小小可以列举出十几条、几十条，但归结起来就是开辟了中国特色社会主义法治道路这一条。”② 中国特色社会主义法治道路，是社会主义法治建设成就和经验的集中体现，是建设社会主义法治国家的唯一正确的道路。二是，中国特色社会主义道路具有内在规定性。习近平总书记指出，走什么样的法治道路、建设什么样的法治体系，是由一个国家的基本国情决定的。要从中国国情和实际出发，走适合自己的法治道路，决不能照搬别国模式和做法，决不能走西方所谓“宪政”“三权鼎立”“司法独立”的路子。③ 三是，中国特色社会主义道路具有最根本保证。习近平总书记指出，党的领导是中国特色社会主义最本质的特征，是社会主义法治最根本的保证。④ 坚持中国特色社会主义法治道路，最根本的是坚持中国共产党的领导。四是，中国特色社会主义道路阐明了最本质属性。习近平总书记指出，我们要坚持的中国特色社会主义法治道路，本质上是中国特色社会主义道路在法治领域的具体体现；我们要发展的中国特色社会主义法治理论，本质上是中国特色社会主义理论体系在法治问题上的理论成果；我们

---

① 习近平：《加快建设社会主义法治国家》（2014 年 10 月 23 日），载《求是》2015 年第 1 期。
② 同上。
③ 习近平：《加强党对全面依法治国的领导》（2014 年 10 月 23 日），载《求是》2019 年第 4 期。
④ 习近平：《关于〈中共中央关于全面推进依法治国若干重大问题的决定〉的说明》，载《人民日报》2014 年 10 月 29 日，第 2 版。

要建设的中国特色社会主义法治体系，本质上是中国特色社会主义制度的法律表现形式。① 五是，中国特色社会主义法治道路科学阐释了相关重要关系。习近平总书记强调，全面依法治国必须正确处理政治和法治、改革和法治、依法治国和以德治国、依法治国和依规治党的关系。②

二、国家治理体系和治理能力现代化的法治制度文明

新时代中国特色社会主义法治制度文明建设，重点应推进以下三方面工作。

（一）法律法规建设

重点之一是加快建设完备的法律规范体系。聚焦新时代国家治理现代化急需，积极推进国家安全、科技创新、公共卫生、生物安全、防范风险等重要领域立法，加强对数字经济、互联网金融、人工智能、大数据、云计算等立法问题研究，以良法善治保障新业态新模式健康发展。聚焦人民群众急盼，加强民生领域立法，对人民群众反映强烈的电信网络诈骗、新型毒品和“食药环”犯罪等突出问题，尽快研究制定相关法律法规，补齐监管漏洞和短板。

（二）党内法规建设

重点之二是加快建设更加完善的党内法规体系。应进一步健全完善“两个维护”体制机制，完善党的领导制度体系，健全党中央对重大工作的领导体制，把党的领导落实到治国理政各领域。主动服务大局，为党的事业发展和全面从严治党提供制度保证，更好发挥党内法规制度的引领和保障作用，把党内法规体系的制度优势更好转化为管党治党、治国理政的治理效能。要狠抓制度执行，坚决维护制度的严肃性和权威性，做到用制度管权管事管人，确保各项法规制度落地生根，使国家法律法规与党内法规制度相辅相成、协调保障。

（三）涉外法治建设

涉外法律体系是中国特色社会主义法治体系的重要组成部分。改革开放以来，我

---

① 习近平：《领导干部要做尊法学法守法用法的模范　带动全党全国共同全面推进依法治国》，载《人民日报》2015 年 2 月 3 日，第 2 版。

② 习近平：《加强党对全面依法治国的领导》（2014 年 10 月 23 日），载《求是》2019 年第 4 期。

国涉外法治工作取得长足进步，涉外法律体系不断健全，有效维护了国家主权、安全、发展利益，有力促进了经济社会发展。新时代，推进高水平对外开放对涉外法律体系建设提出新的更高要求，涉外法律体系在推进中国式现代化和社会主义法治建设中的分量更加突出、作用更加重要。与此同时应清醒认识到，涉外法律体系还存在一些薄弱环节，一些领域涉外法律法规建设相对滞后。加快完善涉外法律体系，要根据需要和可能，区分轻重缓急，制定科学合理、切实可行的立法规划和工作计划，并大力推进落实。

应聚焦涉外法治急用，统筹推进国内法治和涉外法治，加强涉外领域立法，进一步推进我国法域外适用法律体系建设。把拓展执法司法合作纳入双边多边关系建设的重要议题，提升涉外执法司法效能，坚决维护国家主权、安全、发展利益。牢牢抓住提高立法质量这一关键，尊重和体现客观规律，把统筹推进国内法治和涉外法治贯彻到立法工作中，不断增强涉外法律体系的针对性、时效性、系统性及专业水平和法治效能，实现国内法治和涉外法治相衔接、相协调，形成保障和服务高水平对外开放的法治合力。

三、国家治理体系和治理能力现代化的法治行为文明

新时代中国特色社会主义法治行为文明建设，应重点推进以下三方面工作。

（一）更大力度提高执法水平

新时代全面依法治国，对更大力度以法治政府建设为主阵地，进一步提高执法水平，提出了明确要求。应围绕加快法治政府建设完善，聚焦各方面社会主体的难点痛点堵点，深化“放管服”改革、行政执法体制改革，推进政务公开法治化发展完善。进一步推进行政执法透明、规范、合法、公正，不断健全执法制度，完善执法程序，创新执法方式，提高智慧执法水平，加强执法监督、落实职责责任制，全面提高执法水平和执法效能。

（二）更大力度提高司法效果

习近平总书记多次强调：“努力让人民群众在每一个司法案件中都感受到公平正义。”[①] 法治的根本是以民为本，在依法治国相关司法工作中，应坚持完善司法为民，严

① 《习近平在中央全面依法治国工作会议上强调　坚定不移走中国特色社会主义法治道路　为全面建设社会主义现代化国家提供有力法治保障》，载《人民日报》2020 年 11 月 18 日，第 1 版。

格规范公正文明司法。按照党中央部署，针对当前社会问题和人民群众迫切要求，积极推进司法体制改革，进一步优化完善司法改革相关配套制度，推动司法质量、司法效率和司法公信力全面提升，努力实现更公正、更高效、更专业、更权威的司法，努力让人民群众在每一个司法案件中都感受到公平正义，为新时代我国法治环境不断优化提供最优司法保障。

（三）更大力度提高守法层阶

在全民守法法治建设目标基础上，党的十九届四中全会进一步明确了建设目标，即全体人民成为社会主义法治的“忠实崇尚者、自觉遵守者、坚定捍卫者”。“三者”统一是中国特色社会主义法治理论的重大发展、法治体系的重要完善、法治工作的重点工作。在推进新时代全面依法治国工作中，要进一步落实人民群众的主体地位，激发、保障和维护广大人民群众主人翁作用，增强人民群众崇尚、遵守和捍卫法治的积极性、主动性，使最广大人民群众的全民守法层阶进一步提升，使法治成为治理现代化的核心标志，为新时代中国特色社会主义法治建设奠定最广大、最坚实的人民群众基础。

第七章　坚持建设中国特色社会主义法治体系

新中国成立70多年、改革开放40多年来，特别是党的十八大以来，我们党领导人民在不断探索实践中，逐步建立健全中国特色社会主义法治体系，为当代中国的发展进步提供了有力制度保障。习近平法治思想提出，建设中国特色社会主义法治体系，建设社会主义法治国家，是全面依法治国的总目标，而建设中国特色社会主义法治体系又是全面依法治国的总抓手，对推进全面依法治国具有纲举目张的意义。中国特色社会主义法治体系是中国特色社会主义制度的法律表现形式，是国家治理体系的骨干工程。当前，中华民族正处在伟大复兴的关键时期，坚持和完善中国特色社会主义法治体系，对不断完善和发展中国特色社会主义国家制度和法律制度，加快推进国家治理体系和治理能力现代化具有重大意义。

第一节　中国特色社会主义法治体系建设的历史逻辑

一、中国特色社会主义法治体系的历史生成

基于独特的历史命运，我们党在法治道路长期实践探索中开辟出中国特色社会主义法治道路，这绝非偶然，而是由我国历史传承和文化传统决定的，是在对近代以来170多年中华民族发展历程的深刻总结中走出来的。①

我国依法治国的历史可以分为四个阶段：第一个阶段是封建社会时期；第二个阶段是近代中国到建立中华人民共和国；第三个阶段是新中国到改革开放之前；第四个阶段是从改革开放至现在。② 在封建社会时期，法治观念一直存在，只是与当时整个社

① 参见张文显：《习近平法治思想研究（中）——习近平法治思想的一般理论》，载《法制与社会发展》2016年第3期。

② 阮文杰：《全面依法治国的路径探究》，载《河南大学学报（社会科学版）》2019年第6期。

会的意识形态相联系。①

近代中国是中国人民探索救国之路，是实现自由、民主的过程。虽然我国尝试过君主立宪制、议会制、多党制、总统制等各种制度模式，但都以失败告终。虽然“戊戌变法”“辛亥革命”“五四运动”都致力于把中国导入法治社会，但由于缺乏法治的社会基础，最终并没有形成法治社会。② 中国共产党成立后，坚持把马克思主义基本原理同中国具体国情和实际相结合，为探索符合中国国情的国家制度与法律制度进行不懈努力。我们党领导人民持续探索、不断推进法治建设，成功走出了一条中国特色社会主义法治道路。中国特色社会主义法治体系的建设，是对践行法治道路的历史经验的总结。习近平指出：“法治兴则国家兴，法治衰则国家乱。什么时候重视法治、法治昌明，什么时候就国泰民安；什么时候忽视法治、法治松弛，什么时候就国乱民怨。”③ 对这一历史逻辑的揭示，极大丰富并发展了马克思主义法治理论。

中国特色社会主义法治体系建设的历程，也是一次法学研究范式的转换。

在早先，阶级以及阶级矛盾为法学核心范畴，体现为法的理论与国家的理论合二为一，称作“国家与法的理论”。④ 在这种理论结构中，片面强调法离不开国家，没有国家就没有法，而不提国家离不开法，因此，“法治”“法治国家”“法治体系”根本就不存在。这种法学研究范式有两大特点：其一，法凌驾于社会之上，人为法的客体，被彻底地异化；其二，陷入义务本位价值观，只强调义务，而忽视权利，尤其是人格尊严与自由等基本权利。⑤ 这种法学研究范式就沦为侵犯人权的理论工具。

1978 年党的十一届三中全会果断地否定了持续二十多年的“以阶级斗争为纲”的错误路线，这是法学研究范式转换的一次转折点。⑥ 不久后，国内外学者便达成了一个共识，即权利与义务是法的核心范畴。正如马克思指出：“没有无义务的权利，也没有

---

① 参见王继：《法治政府：中国政府建设的目标》，吉林大学博士学位论文，2012 年。

② 参见信春鹰：《从艰难与挫折中走向辉煌：20 世纪中国法治发展回顾与未来前瞻》，载《清华法治论衡》2000 年第 1 期。

③ 习近平：《在中共十八届四中全会第二次全体会议上的讲话》(2014 年 10 月 23 日)，载中共中央文献研究室：《习近平关于全面依法治国论述摘编》，中央文献出版社 2015 年版，第 8 页。

④ 张文显：《法治的中国实践和中国道路》，人民出版社 2017 年版，第 69 页。

⑤ 同上书，第 68 页。

⑥ 参见张文显、姚建宗：《权利时代的理论景象》，载《法制与社会发展》2005 年第 5 期。

无权利的义务。”①

在这次法学研究范式转换的争鸣中，一些学者认为，在权利与义务这对范畴之中，权利是更根本的概念，是法学的基石范畴。②法学界把这种观点概括为“权利本位论”。权利更能准确反映法的价值属性，这可以通过分析不同历史类型的法律制度中的权利义务关系，从而透视不同法律制度的价值取向和价值序列。③前资本主义社会注重义务而轻权利，旨在建立奴隶主阶级在经济上、政治上的统治秩序。而现代社会的法是保障人权之法，以权利本位配置权利和义务，赋予人们各种政治权利、经济权利、文化权利和社会权利，无限扩大了人们的选择机会和行为自由。习近平指出：“中国坚持把人权的普遍性原则和当代实际相结合，走符合国情的人权发展道路，奉行以人民为中心的人权理念，把生存权、发展权作为首要的基本人权，协调增进全体人民的经济、政治、社会、文化、环境权利，努力维护社会公平正义，促进人的全面发展。”④现代法的价值不限于秩序，而扩大到了保障人民权益的方方面面，这些都是通过权利来实现的，这也是中国特色社会主义法治区别于资本主义法治的根本所在。

二、中国特色社会主义法治体系的时代根据

改革开放后法治建设不断完善。以党的十一届三中全会召开为起点，中国开启了法治建设的新时期。党的十一届三中全会提出“发展社会主义民主、健全社会主义法治”的纲领，确定了“有法可依、有法必依、执法必严、违法必究”的法治工作方针；党的十五大明确提出“依法治国，建设社会主义法治国家”，党的十六大、十七大报告提出形成和完善“中国特色社会主义法律体系”。经历了长久的探索，党的十八届四中全会提出了一个新目标、新概念：中国特色社会主义法治体系。

中国特色社会主义法律体系的概念在党的十五大报告中就已提出。党的十五大报

---

① 《马克思恩格斯全集》第21卷，人民出版社2003年版，第17页。

② 张文显：《法治的中国实践和中国道路》，人民出版社2017年版，第71页。

③ 张文显、于宁：《当代中国法哲学研究范式的转换——从阶级斗争范式到权利本位范式》，载《中国法学》2001年第1期。

④ 习近平：《走符合国情的人权发展道路》（2018年12月10日），载《习近平谈治国理政》（第三卷），外文出版社2020年版，第288页。

告指出：加强立法工作，提高立法质量，到2010年形成中国特色社会主义法律体系。法律体系概念在党的文件中正式提出，是基于党的十一届三中全会提出的“有法可依、有法必依、执法必严、违法必究”的法制建设理念。① 要保证中国特色社会主义各项事业得到健康发展，则需依靠法制的保障。② 通过加快立法工作的步伐，用法律来规定中国特色社会主义各项事业的健康发展。中国特色社会主义法律体系基本形成之后，中国特色社会主义制度建设就从以立法为中心转移到以法律实施为核心。③ 为适应改革开放和社会主义现代化建设的要求，“法律体系”向“法治体系”的转变即为应对之举。

党的十八届四中全会通过的《中共中央关于全面推进依法治国若干重大问题的决定》将“中国特色社会主义法治体系”作为全面推进依法治国的“总目标”与“总抓手”。相较于“中国特色社会主义法律体系”这一概念，“中国特色社会主义法治体系”具有更加符合中国法治建设所需的理论价值和实践内涵。“中国特色社会主义法治体系”必须以“中国特色社会主义法律体系”为正当性前提，与此同时，中国特色社会主义法治体系的建设对于全面推进依法治国而言是必经之路。④

从“法律体系”到“法治体系”的转变，蕴含着党的治国理政基本思路的重大转变。法治包括两个重要内容：一个是“法”，另一个是“治”。从“法”的角度来讲，核心是“法律体系”的形成和完善；从“治”的角度来讲，法治不光要有良法，还要有善治，关键在于法治体系的建立和健全，这要求形成和贯彻法治思维和法治方式。⑤

党的十八大以来，以习近平同志为核心的党中央，顺应时代发展，从理论和实践结合上系统回答了新时代坚持和发展什么样的中国特色社会主义、怎样坚持和发展中国特色社会主义这个重大时代课题，创立了习近平新时代中国特色社会主义思想。⑥ 其

---

① 参见张婧：《中国特色社会主义法律体系形成之路》，载《经济师》2015年第8期。

② 莫纪宏：《论中国特色社会主义法律体系、法治体系与制度体系的有机统一》，载《法学杂志》2020年第5期。

③ 同上。

④ 参见李杨：《法律体系与法治体系的关系——中国特色社会主义法治体系提出后的思考》，载《法制与经济》2016年第3期。

⑤ 参见贾清：《全面推进依法治国的理论指南和行动纲领——党的十八届四中全会精神解读》，载《前沿》2015年第1期。

⑥ 习近平法治思想概论编写组：《习近平法治思想概论》，高等教育出版社2021年版，第2页。

中，建设中国特色社会主义法治体系，是习近平法治思想提出的具有原创性、时代性的概念和理论，是以习近平同志为核心的党中央为新时代全面依法治国设定的总目标和总抓手。全面推进依法治国，加快建设法治中国，必须紧紧围绕这个总目标、牢牢抓住这个总抓手。

党的十九大以来，党中央从以人民为中心的发展思想出发作出了中国社会主要矛盾已发生变化的重大判断，即已从人民日益增长的物质文化需要同落后的社会生产之间的矛盾转变为人民日益增长的美好生活需要和不平衡不充分的发展之间的矛盾。① 面对社会主要矛盾之变，中国特色社会主义法治体系的建设应聚焦人民福祉，推出更多以人为本的制度举措，以良法善治增强人民群众的幸福感。② 中国特色社会主义法治体系必须以不断发展的科学的法治理论为指导，习近平法治思想就是顺应这一伟大时代要求应运而生的重大理论创新成果。③

三、中国特色社会主义法治体系的基本特征

中国特色社会主义法治体系的建设是一项宏大的系统性工程，是一个复合概念，由中国特色、社会主义、法治体系性三部分有机组合而成，并构成中国特色社会主义法治体系的基本特征。

（一）特征之一：中国特色

“中国特色”是习近平法治思想的一个重要关注点。党的领导从根本上保证了我国社会主义法治体系建设的正确政治方向，体现了我国社会主义法治的本质特征。习近平强调，中国是一个发展中大国，有着自己的诸多特色。因此，必须从中国的实际出发，设计和发展政治制度和法治模式，决不能照抄照搬别国的模式。④ 习近平总书记指出：“中华文明源远流长，孕育了中华民族的宝贵精神品格。”⑤ 应当根据自己的国情、

① 黄文艺：《推进中国式法治现代化　构建人类法治文明新形态——对党的二十大报告的法治要义阐释》，载《中国法学》2022 年第 6 期。

② 参见黄文艺：《推进中国式法治现代化　构建人类法治文明新形态——对党的二十大报告的法治要义阐释》，载《中国法学》2022 年第 6 期。

③ 习近平法治思想概论编写组：《习近平法治思想概论》，高等教育出版社 2021 年版，第 3 页。

④ 参见公丕祥：《中国特色社会主义法治理论的探索之路》，载《社会科学战线》2015 年第 6 期。

⑤ 参见《习近平谈治国理政》（第一卷），外文出版社 2014 年版，第 158 页。

扎根本国的土壤来设计自己的法治体系和选择自己的法治道路。①

我国法治体系最大的特色在于坚持党的领导。党的领导是中国特色社会主义法治最根本的保证，也是中国特色社会主义的本质特征。党的十八届四中全会回答了“为什么我们的社会主义法治建设会搞得好”这个问题，那是因为我们的一条重要经验就是坚持党的领导在依法治国实践中的一以贯之。党的十九大报告强调，新时代中国特色社会主义的发展必须坚持党对一切工作的领导，这进一步强调了党的领导在深化依法治国实践中的关键作用。习近平总书记深刻指出：“把坚持党的领导、人民当家作主、依法治国有机统一起来是我国社会主义法治建设的一条基本经验。”②坚持党的领导，关键是充分发挥党总揽全局、协调各方的领导核心作用，通过党领导立法、保证执法、支持司法、带头守法，把党的领导贯彻到依法治国全过程和各方面。③

（二）特征之二：社会主义

中国特色社会主义法治体系，是在对既往诸多法治形态的扬弃的基础上逐步探索形成的，既符合法治的普遍性要求，同时也体现出我国社会主义的优越性。中国特色社会主义法治是社会主义性质的法治，区别于资本主义国家的法治。强调“社会主义”的特殊性，并不是忽视甚至否定人类法治的历史实践已经证明的共性要求，而是阐发这些共性要求如何在中国实际中表现出来。④

人民群众是历史的创造者。马克思主义认为，人民群众是历史的主体，是推动历史前进和社会变革的最终决定性力量。我国社会主义制度保证了人民当家作主的主体地位，也保证了人民在全面依法治国中的主体地位。⑤始终将人民作为依法治国的主体，推动着中国特色社会主义法治体系的建设。形成并不断完善中国特色社会主义法治体系都是充分听取人民意见、汲取人民智慧的结果。

---

① 参见中共中央文献研究室：《习近平关于全面依法治国论述摘编》，中央文献出版社2015年版，第31页；习近平：《论坚持全面依法治国》，中央文献出版社2020年版，第78页。

② 中共中央文献研究室：《习近平关于协调推进“四个全面”战略布局论述摘编》，中央文献出版社2015年版，第94页。

③ 张文显：《治国理政的法治理念和法治思维》，载《中国社会科学》2017年第4期。

④ 参见马忠：《中国特色社会主义法治道路的独特性及内在根据》，载《武汉大学学报（哲学社会科学版）》2017年第2期。

⑤ 习近平法治思想概论编写组：《习近平法治思想概论》，高等教育出版社2021年版，第99页。

法治建设为了谁、依靠谁，这是法治中国建设必须回答的重大问题。① 习近平法治思想深刻回答了这一问题。为了人民、依靠人民、造福人民、保护人民，是社会主义法治的原则和目的。② 中国特色社会主义进入新时代，要在习近平新时代中国特色社会主义思想特别是习近平法治思想指引下，坚持人民主体地位，充分调动人民群众投身全面依法治国实践的积极性和主动性，为建设法治中国而奋斗。③

（三）特征之三：法治体系性

法治体系性要求在全面推进中国特色社会主义法治体系更加完善的过程中遵循系统观念和系统思维。党的十八届四中全会以来，我们以法治体系建设作为总抓手，全面依法治国取得历史性成就，基本经验就是坚持运用系统观念和系统思维推进法治体系建设。法治体系性包含三个方面。

第一，法治体系建设既是内在统一的系统，又与国家治理体系的其他子系统环环相扣。习近平总书记在《关于〈中共中央关于坚持和完善中国特色社会主义制度　推进国家治理体系和治理能力现代化若干重大问题的决定〉的说明》中，强调要聚焦坚持和完善支撑中国特色社会主义制度的根本制度、基本制度、重要制度，明确提出了构建系统完备、科学规范、运行有效的制度体系，使各方面制度更加成熟更加定型的要求。④ 作为全面依法治国的总抓手，法治体系是更广泛的国家治理体系的骨干工程，并在政治、经济、文化、社会、生态、军事、科技、安全等社会领域中分化为不同的法治子体系。⑤ 第二，法治体系作为一个整体，既是由五个要素构成，又不能完全等同于五个要素的组成。在研究法治的体系性时，需要统筹研究法治体系与各个要素、各个要素相互之间的关系，应将法治体系的价值论导入结构的研究之中，对法治体系整体、法治体系与各个要素、各个要素间关系正当且有效的判断标准进行分析。⑥ 第三，

---

① 习近平法治思想概论编写组：《习近平法治思想概论》，高等教育出版社 2021 年版，第 100 页。

② 同上书。

③ 同上书。

④ 习近平：《关于〈中共中央关于坚持和完善中国特色社会主义制度　推进国家治理体系和治理能力现代化若干重大问题的决定〉的说明》（2019 年 11 月 5 日），载《人民日报》2019 年 11 月 6 日，第 4 版。

⑤ 参见郭晔：《习近平法治思想的三个理论支柱》，载《政治与法律》2023 年第 5 期。

⑥ 张建：《加强新时代法治体系理论研究》，载《中国社会科学报》2023 年 5 月 17 日，第 4 版。

法治体系并非封闭的，而是开放的。法治体系的开放性体现于其在面临新问题、新挑战时所应发挥的不同功能，从而解决相应问题和挑战。

第二节 中国特色社会主义法治体系建设的实践逻辑

一、中国特色社会主义法治体系的重点内容

2021 年 1 月，中共中央印发《法治中国建设规划（2020—2025 年）》（以下简称《规划》），《规划》提出“习近平法治思想是全面依法治国的根本遵循和行动指南”，并重申“建设中国特色社会主义法治体系”总目标，其第三至第七部分分别阐释了“完备的法律规范体系”“高效的法治实施体系”“严密的法治监督体系”“有力的法治保障体系”和“完善的党内法规体系”五方面的建设及其重点工作，为下一步全面建设法治中国乃至社会主义现代化国家提供有力的法治保障和坚实后盾。

（一）完备的法律规范体系

习近平关于完善法律规范体系的良法善治理论，为立法工作提供了指引、指明了方向。良法以立法质量为前提，中国特色社会主义法治体系的不断完善需要以高质量立法作为保证。不是什么法都能治国，不是什么法都能治好国；越是强调法治，越是要提高立法质量。① 在推进国家治理体系和治理能力现代化的大背景下，加快形成完备的法律规范体系仍然是一项艰巨繁重的历史任务，必须抓住提高立法质量这个关键。②

1. 完善立法工作格局

中国特色社会主义的立法工作首要问题在于强调党对立法工作的领导。按照中央立法与地方立法的分权思路，党对立法的领导权应分级实施。③ 因此，《规划》强调，有立法权的地方党委还应当按照党中央大政方针领导本地区立法工作。如果说党委是“领导立法”的主体，那么人大就是立法的“主导者”，这就从总体格局上进一步厘清

① 习近平：《全面推进科学立法、严格执法、公正司法、全民守法》，载习近平：《论坚持全面依法治国》，中央文献出版社 2020 年版，第 20 页。

② 《〈中共中央关于坚持和完善中国特色社会主义制度 推进国家治理体系和治理能力现代化若干重大问题的决定〉辅导读本》，人民出版社 2019 年版，第 242 页。

③ 谭波：《习近平法治思想中的建设中国特色社会主义法治体系——以〈法治中国建设规划（2020—2025 年）〉为切入》，载《求是学刊》2021 年第 4 期。

了党委和人大在立法中的不同角色定位。①

其次，政府在行政立法的过程中也要保证立法质量。2017 年 12 月国务院修改了《行政法规制定程序条例》和《规章制定程序条例》，在相应条款中加入了“贯彻落实党的路线方针政策和决策部署”及“弘扬社会主义核心价值观”的政治要求，这就有了明确的方向。

社会各方参与立法，是“立法工作格局”的重要一环，也是我国立法工作的特色。2021 年 1 月，全国人大常委会通过修改后的《行政处罚法》，其中第十一条第三款增加规定，“拟补充设定行政处罚的，应当通过听证会、论证会等形式广泛听取意见”，凸显了习近平法治思想在民主立法上的要求。

2. 坚持立改废并举

习近平总书记先后在不同场合强调相应立法的重要性。2019 年 11 月在主持中共中央政治局第十九次集体学习时强调，要系统梳理和修订应急管理相关法律法规；②例如，新冠肺炎疫情暴发后强调，要完善疫情防控相关立法，构建系统完备、科学规范、运行有效的疫情防控法律体系；③2020 年 6 月，在专家学者座谈会上讲话时指出，要有针对性地推进传染病防治法、突发公共卫生事件应对法等法律制定和修订工作。④从中国特色社会主义法律体系到中国特色社会主义法治体系，所经历的变化绝非只是字面上的表征，更在于其实际上已经将动态操作渗入法律体系的各个环节，“立”在广义上囊括了“制定、修改、解释、废止”等各领域。⑤因此，法律草案出台之后，还需要同步出台与之相配套的制度规定和社会规范体系，不断增强法律规范体系的及时性、系统

① 谭波：《习近平法治思想中的建设中国特色社会主义法治体系——以〈法治中国建设规划（2020—2025 年）〉为切入》，载《求是学刊》2021 年第 4 期。

② 习近平：《充分发挥我国应急管理体系特色和优势　积极推进我国应急管理体系和能力现代化》，载《人民日报》2019 年 12 月 1 日，第 1 版。

③ 习近平：《全面提高依法防控依法治理能力，健全国家公共卫生应急管理体系》，载中共中央党史和文献研究院：《习近平关于统筹疫情防控和经济社会发展重要论述选编》，中央文献出版社 2020 年版，第 50 页。

④ 中共中央党史和文献研究院：《习近平关于防范风险挑战、应对突发事件论述摘编》，中央文献出版社 2020 年版，第 174 页。

⑤ 谭波：《习近平法治思想中的建设中国特色社会主义法治体系——以〈法治中国建设规划（2020—2025 年）〉为切入》，载《求是学刊》2021 年第 4 期。

性、针对性、有效性。①

3. 扎根实践调查研究进行科学立法

2023年3月19日，中共中央办公厅印发了《关于在全党大兴调查研究的工作方案》。习近平总书记强调，调查研究是谋事之基、成事之道，没有调查就没有发言权，没有调查就没有决策权。习近平总书记的重要指示，深刻阐明了调查研究的极端重要性，也为科学立法提供了根本遵循。

科学立法之提出具有重大意义。随着大数据、人工智能、云计算等新技术的快速发展，催生出一系列新模式，而相关法律制度的出台则滞后于新技术的发展。针对新兴领域尚存诸多认识不全、不到位的情况，基于这种背景，深入实践进行调查研究从而发现实践中的痛点，对症下药进行科学立法，避免了盲目移植域外法律的危险。

（二）高效的法治实施体系

高效的法治实施体系是连接良法和善治的桥梁。在国家和社会各方面总体上实现有法可依的情况下，有法必依、执法必严、违法必究就显得更为重要、更加紧迫，直接关系到全面依法治国的成效。②

1. 依法行政的政府治理

行政机关是实施法律法规的重要主体，因此应推进机构、职能、权限、程序、责任法定化。例如，2021年修改的《行政处罚法》规定，无论是政府制定红头文件的抽象行政行为，还是作为具体行政行为的重大执法决定，都需要经过合法性审查或法制审核。此外，承接对突发事件应对等领域的高质量立法需求，《规划》专门强调“严格执行突发事件应对有关法律法规，依法实施应急处置措施，全面提高依法应对突发事件能力和水平”，这是强调政府执行能力的重要体现。

2. 司法公正治理

2013年1月，习近平总书记对做好新形势下政法工作作出批示，提出“努力让人民群众在每一个司法案件中都能感受到公平正义”的要求，③2019年2月，习近平总书

① 《〈中共中央关于坚持和完善中国特色社会主义制度　推进国家治理体系和治理能力现代化若干重大问题的决定〉辅导读本》，人民出版社2019年版，第242页。

② 同上书。

③ 习近平：《论坚持全面依法治国》，中央文献出版社2020年版，第17页。

记提出，努力让人民群众在每一项法律制度、每一个执法决定、每一宗司法案件中都感受到公平正义，将公平正义的要求扩及法律制度。① 公正司法是维护社会公平正义的最后一道防线。② 这种公平正义价值在法治体系组成部分中的普及，是对已经入宪的社会主义核心价值观中“平等”“公正”要求的回应，是《规划》所提出的“把社会主义核心价值观要求融入法治建设和社会治理”的具体体现。

在强调司法公正问题意识的基础上，习近平总书记强调应将符合国情和遵循司法规律相结合，提出“法律不应该是冷冰冰的，司法工作也是做群众工作”。③ 同时，他强调党对司法工作的绝对领导，并且驳斥了“党大还是法大”的伪命题，“就必须服从和遵守宪法法律，就不能以党自居，就不能把党的领导作为个人以言代法、以权压法、徇私枉法的挡箭牌”，④ 并指出了“权大还是法大”的真命题，“权力不论大小，只要不受监督和制约，都可能被滥用”。⑤ 另外，在强调全面落实司法责任制方面，“完善主审法官、合议庭办案责任制，让审理者裁判、由裁判者负责”，在此基础上，2014 年党的十八届四中全会《中共中央关于全面推进依法治国若干重大问题的决定》又补充了“主任检察官、主办侦查员办案责任制”，坚决落实“谁办案谁负责”。总之，一系列的改革举措均服务于司法公正。

3. 全民守法

2020 年 12 月中共中央印发的《法治社会建设实施纲要（2020—2025 年）》专门指出，全民守法是法治社会的基础工程，它联系着法治国家这一总体目标和法治政府建设这一主体工程的一体化实现。全面依法治国需要全社会共同参与，人民群众可以成为科学立法的智慧来源，又可以成为构建共建共享共治社会治理格局的有效参与者，还能够成为促进“枫桥经验”等纠纷调处化解模式的自觉遵守者和坚定捍卫者，同时，

① 习近平：《加强党对全面依法治国的领导》，载《前线》2019 年第 3 期。

② 王洪东：《习近平总书记论公平正义》，载求是网，http://www.qstheory.cn/laigao/2017-04/06/c_1120761428.htm，2023 年 5 月 11 日访问。

③ 中共中央宣传部：《习近平总书记系列重要讲话读本》，学习出版社、人民出版社 2014 年版，第 83 页。

④ 中共中央宣传部：《习近平新时代中国特色社会主义思想学习纲要》，学习出版社、人民出版社 2019 年版，第 106 页。

⑤ 中共中央宣传部：《习近平新时代中国特色社会主义思想三十讲》，学习出版社 2018 年版，第 188 页。

其满意度还是检验公共法律服务工作成效的最重要指标，这是在法治领域践行“坚持党的领导、人民当家作主、依法治国有机统一”的最佳途径。[①] 全面推进依法治国，必须坚持全民守法，让法治成为全民思维方式和行为习惯。

（三）严密的法治监督体系

在党的十九届四中全会上，习近平总书记提到“健全党和国家监督制度”，将作为主导的党内监督和国家监督的各种方式进行全方位的展示、设计，推动其贯通协调。

党内监督离不开对党员和党组织监督权利的保障。2020 年 12 月 25 日，中共中央印发修订后的《党员权利保障条例》，其中第十一条和第三十二条分别规定了党员的党内监督权和党组织畅通党内监督渠道的义务以及实名监督检举控告优先办理、优先处置的制度。对于作为监督专责机关的纪委政治监督，2021 年 1 月 22 日，习近平总书记又在中纪委第十九届五次会议上强调，要以强有力的政治监督，确保党中央重大决策部署贯彻落实到位，确保“十四五”时期目标任务落到实处。

在强调执法监督和司法监督的基础上，对立法监督的强调一并被提上前台。汲取有益的法治道路实践经验，我国宪法法治发展走上新时代舞台。宪法法治的重要一环，表现为对各类立法及行为的合宪性审查、宪法解释、备案审查以及依法撤销和纠正违宪违法的规范性文件方面。[②] 从 2017 年党的十九大提出“合宪性审查”到 2018 年全国人大宪法和法律委员会的成立，再到 2019 年十三届全国人大常委会第四十四次委员长会议根据宪法、立法法和监督法通过的《法规、司法解释备案审查工作办法》，都显示了中央势必要将“合宪性审查”和“合法性审查”进行到底的决心。

从 2013 年党的十八届三中全会提出“完善人权司法保障制度”，到 2014 年党的十八届四中全会提出“加强人权司法保障”，再到 2021 年《规划》提出“加强人权司法保障”，人权司法保障的深度、广度一直在发展。以错案防止和纠正为例，党的十八届四中全会增加了“冤案”和“假案”，并将措辞改为“有效防范”和“及时纠正”，《规划》又增加了“发现机制”的表述。这反映了我国在习近平法治思想指导下不断强

---

① 谭波：《习近平法治思想中的建设中国特色社会主义法治体系——以〈法治中国建设规划（2020—2025 年）〉为切入》，载《求是学刊》2021 年第 4 期。

② 《宪法学》编写组：《宪法学（第二版）》，高等教育出版社、人民出版社 2020 年版，第 338—339 页。

化法治监督的现实。

（四）完善法治保障体系

法治保障体系由政治、组织、队伍、人才、科技、设施等保障条件构成，是全面依法治国的基础性、战略性支撑。[①] 第一，加强政治和组织保障。要切实加强党对全面依法治国的领导，为全面依法治国提供方向引领和政治保障。[②] 第二，加强队伍和人才保障。加快构建中国特色、世界一流的法治人才培养体系，造就一大批德才兼备、德法兼修的高素质法治人才，建设一支忠于党、忠于国家、忠于人民、忠于法律的社会主义法治工作队伍。[③] 第三，加强科技和信息保障。充分运用大数据、人工智能、云计算等现代科技手段，全面建设"智慧法治"，推进法治中国建设的数据化、网络化、智能化。[④]

（五）完善党内法规体系

把党内法规体系纳入国家法治体系，坚持依法治国与依规治党一体建设，是中国特色社会主义法治的鲜明特征。[⑤] 经过百年持续建设，中国共产党已形成了一个包括党的组织法规、领导法规、自身建设法规、监督保障法规在内的比较完善的党内法规体系，彰显出世界上最大政党所具有的大党气派、大党智慧、大党治理之道。[⑥] 党的二十大高度重视党内法规制度建设，对《中国共产党章程》作了重要修改，对完善党内法规制度体系作出了重要部署。在对《中国共产党章程》的修改上，党的二十大审议通过《中国共产党章程（修正案）》，把党的十九大以来习近平新时代中国特色社会主义思想新发展，党中央提出的治国理政新理念、新思想、新战略，党中央推动全面从严治党向纵深发展的重大创新成果和新鲜经验以及党的二十大提出的一系列重要思想、重要观点、重大论断、重大措施写入党章，更好发挥党章在管党治党上的根本大法作用。[⑦]

---

① 参见黄文艺：《推进中国式法治现代化　构建人类法治文明新形态——对党的二十大报告的法治要义阐释》，载《中国法学》2022 年第 6 期。

② 《〈中共中央关于坚持和完善中国特色社会主义制度　推进国家治理体系和治理能力现代化若干重大问题的决定〉辅导读本》，人民出版社 2019 年版，第 243 页。

③ 习近平法治思想概论编写组：《习近平法治思想概论》，高等教育出版社 2021 年版，第 168 页。

④ 同上书。

⑤ 黄文艺：《推进中国式法治现代化　构建人类法治文明新形态——对党的二十大报告的法治要义阐释》，载《中国法学》2022 年第 6 期。

⑥ 参见宋功德：《党内法规的百年演进与治理之道》，载《中国法学》2021 年第 5 期。

⑦ 关于党章修改具体情况，参见《中国共产党第二十次全国代表大会秘书处负责人就党的二十大通过的中国共产党章程（修正案）答记者问》，载《人民日报》2022 年 10 月 27 日，第 6 版。

二、中国特色社会主义法治体系的制度创新

从党的十五大提出“有中国特色社会主义法律体系”到党的十八届四中全会《全面依法治国决定》确立“中国特色社会主义法治体系”，中国特色社会主义法律制度建设从静态的法律规范层面上升到动态的法律实施层面，形成了“法律体系”与“法治体系”有机统一的静态与动态相结合的法律制度体系，这也充分反映了中国特色社会主义法律制度不断走向成熟和定型的制度化特点。①

党的十八届四中全会之前，法学界习惯用“法律制度体系”来涵盖“法律体系”，并将法制区分为“静态的法律规范”和“动态的法律实施”。②党的十八届四中全会《全面依法治国决定》提出“中国特色社会主义法治体系”概念后，由于“中国特色社会主义法治体系”将“党内法规体系”纳入其中，拓展了“法律制度体系”的内容，因此，“中国特色社会主义法治体系”可以更加科学地体现中国特色社会主义法律制度体系的各项特征，故党的十九大报告进一步明确了全面推进依法治国的总目标之一就是建设中国特色社会主义法治体系，上述规定进一步赋予了中国特色社会主义法治体系作为全面推进依法治国各项法治工作的总抓手的地位。③换言之，法治体系是以立法、以形成法律体系作为基础的。法律体系一旦形成，法治就进入一个有法可依的阶段，同时也是将法治建设的主要矛盾由有法可依转移到有法必依上。④所以，从中国特色社会主义法治体系的高度来认识中国特色社会主义法律制度体系的特征，继而进一步科学地阐述中国特色社会主义法律制度体系在中国特色社会主义制度体系中的地位和作用，对于不断完善和丰富中国特色社会主义法律制度体系理论具有非常重要的理论意义和实践价值。⑤

从“法律体系”到“法治体系”的转变，实际上是一种制度性创新，乃从静态的

---

① 莫纪宏：《“制度之治”是法治的内在逻辑述要》，载《现代法学》2020 年第 3 期。
② 贺晓荣：《试论动态法制与静态法制相悖的文化因素》，载《法律科学》1989 年第 2 期。
③ 莫纪宏：《“制度之治”是法治的内在逻辑述要》，载《现代法学》2020 年第 3 期。
④ 《全国人大法律委员会委员谈中国特色法律体系形成》（2011 年 2 月 12 日），载中国人大网，http://www.npc.gov.cn/zgrdw/npc/xinwen/2011-02/12/content_1620195.htm，2023 年 6 月 28 日访问。
⑤ 莫纪宏：《“制度之治”是法治的内在逻辑述要》，载《现代法学》2020 年第 3 期。

法过渡到动态的法。这体现为，在中国特色社会主义法治体系中还包含大量的“软法”，这些软法既包括传统国家硬法文件中的软法，也包括国家机关制定的行政法规、规章以外的规范性文件，还包括了大量的政治组织和其他社会组织的自律、自治规范等。① 尤其是未来关于大数据领域的立法，软法定当扮演相当重要的角色。② 因此，中国特色社会主义法治体系作为全面推进依法治国的总目标和总抓手，其自身的逻辑更加完整、内涵更加丰富，特别是规范整合和体系化的功能更加显著，可以为全面推进依法治国的法治实践提供符合中国实际的、更加有效的政策依据。③

三、中国特色社会主义法治体系的基本经验

我国的法治体系具有十分鲜明的中国特色，体现出丰富而先进的中国法治经验。

（一）立足国情，顺应实践发展需要

我国的社会主义法治体系是根据我国经济社会发展需要并从实际出发制定的。改革开放以来，从修改宪法以及其他多部法律的制定和修改，始终以实践需求为导向。对改革开放中遇到的新问题，若制定法律尚不具备条件，可先制定行政法规和地方性法规，先行先试，待条件成熟时再制定为法律。同时，也要注意借鉴国外的立法经验，吸取有益之处，但绝不可照抄照搬。

（二）继承中华法系成文法传统和中华优秀传统法律文化的合理元素

中国是世界上文明发达最早的国家之一。建设中国特色社会主义法治体系，必须扎根中国文化，注重中华优秀传统法律文化的合理元素，在对中华优秀传统法律文化的丰富资源进行梳理和甄别的基础上，进行现代化的改造和扬弃，把那些能够与以民主法治、自由平等、公平正义、科学理性、社会和谐为内容的时代精神协调兼容的文化传统融入社会主义法治体系之中。建设中国特色社会主义法治体系，要把中华优秀传统法律文化中的经验智慧融入全面依法治国实践中，从5000多年的璀璨文明中传承人文精神、道德价值、法理精华，大力推动把社会主义核心价值观融入法治建设。我

① 参见韩春晖：《社会主义法治体系中的软法之治——访著名法学家罗豪才教授》，载《国家行政学院学报》2014年第6期。

② 参见沈岿：《数据治理与软法》，载《财经法学》2020年第1期。

③ 参见李玉基：《中国特色社会主义法律体系和法治体系的内涵》，载《西部法学评论》2014年第6期。

国《民法典》的颁布就是汲取了中华民族5000多年优秀传统法律文化，借鉴了人类法治文明建设有益成果，具有鲜明中国特色的基础性法律。①

（三）法治体系的建设应面向世界、对外开放与国际合作

经济全球化正在改变着人们的生产方式与生活方式，加之大数据时代的来临，使得全世界范围内的人与人之间的关联更加密切，这均影响着人类社会的法律制度。基于此，我国法治体系的建设应深刻把握全球化的发展趋势，积极应对中国对外开放和融入国际社会的现实需要，注重国内法与国际法的合理衔接，参与国际规则的制定，充分表达我国的立场和核心价值，促进社会公正和世界和谐的实现。

（四）坚持“一元多极”的立法体制

我国法治体系的内在层次和结构是由我国的“一元多极”的立法体制决定的。我国是统一的、多民族的、单一制的社会主义国家，为维护国家法治体系统一性，体现全体人民的共同意志和利益，我国施行“一元多极”的立法体制，即统一而又分层次的立法体制。具体而言，我国的法治体系在宪法的统领下由三个层次构成，即法律、行政法规与地方性法规。这也是基于我国实际情况的法治体系结构。由于我国幅员辽阔，各地经济文化发展不均，这决定了在宪法的统领下，需施行分层次立法。例如，浦东新区作为我国认定的改革试验的重镇，2021年6月，全国人大常委会作出一项立法授权决定，授权上海市人大及其常委会制定浦东新区法规，②这是全国人大常委会首次对非经济特区的地方人大进行立法授权，体现出了我国因地制宜、分层次的立法举措，旨在实现共同富裕。

（五）坚持党的领导、人民当家作主、依法治国的有机统一

习近平指出：“把坚持党的领导、人民当家作主、依法治国有机统一起来是我国社会主义法治建设的一条基本经验。”③“在中国，发展社会主义民主政治，保证人民当家

---

① 习近平法治思想概论编写组：《习近平法治思想概论》，高等教育出版社2021年版，第162页。

② 2021年6月10日，第十三届全国人民代表大会常务委员会第二十九次会议通过《全国人民代表大会常务委员会关于授权上海市人民代表大会及其常务委员会制定浦东新区法规的决定》，“授权上海市人民代表大会及其常务委员会根据浦东改革创新实践需要，遵循宪法规定以及法律和行政法规基本原则，制定浦东新区法规，在浦东新区实施”。

③ 习近平：《关于〈中共中央关于全面推进依法治国若干重大问题的决定〉的说明》，载《〈中共中央关于全面推进依法治国若干重大问题的决定〉辅导读本》，人民出版社2014年版，第51页。

作主，保证国家政治生活既充满活力又安定有序，关键是要坚持党的领导、人民当家作主、依法治国有机统一。”[①] 这是对我国历史经验的总结。因此，需要“紧紧围绕坚持党的领导、人民当家作主、依法治国有机统一深化政治体制改革，加快推进社会主义民主政治制度化、规范化、程序化，建设社会主义法治国家，发展更加广泛、更加充分、更加健全的人民民主”。[②]

实现“三统一”的根本在于坚持党的领导。习近平指出：“我们强调坚持党的领导、人民当家作主、依法治国有机统一，最根本的是坚持党的领导。坚持党的领导，就是要支持人民当家作主，实施好依法治国这个党领导人民治理国家的基本方略。党的领导和社会主义法治是一致的，只有坚持党的领导，人民当家作主才能充分实现，国家和社会生活制度化、法治化才能有序推进。不能把坚持党的领导同人民当家作主、依法治国对立起来，更不能用人民当家作主、依法治国来动摇和否定党的领导。那样做在思想上是错误的，在政治上是十分危险的。”[③] 中国特色社会主义法治体系的不断完善必须坚持党的领导。这是因为，党代表了最广大人民的根本利益，党的基本路线、党制定的大政方针、党提出的立法和修改建议，凝聚了全党全国的集体智慧，体现了最广大人民的共同意愿。

人民当家作主、坚持人民主体地位，是社会主义法治体系的本质。坚持法治体系为了人民、依靠人民、增进人民福祉落实到依法治国全过程。人民性是习近平法治思想最鲜明的品格。习近平总书记系统论述坚持人民主体地位并鲜明提出坚持法治为了人民、依靠人民、造福人民、保护人民，将为人民谋幸福的根本使命、全心全意为人民服务的根本宗旨落实到全面依法治国理论和实践中，创造性发展了马克思主义人民观，确立了全面依法治国坚持以人民为中心的根本立场。[④]

---

① 习近平：《在庆祝全国人民代表大会成立60周年大会上的讲话》，载《人民日报》2014年9月6日，第2版。

② 《中共中央关于全面深化改革若干重大问题的决定》，载《〈中共中央关于全面深化改革若干重大问题的决定〉辅导读本》，人民出版社2013年版，第4页。

③ 习近平：《在中央政法工作会议上的讲话》，载中共中央文献研究室：《习近平关于全面依法治国论述摘编》，中央文献出版社2015年版，第19页。

④ 参见中央全面依法治国委员会办公室：《习近平法治思想开辟马克思主义法治理论中国化时代化新境界》，载《求是》2022年第24期。

第三节 中国特色社会主义法治体系建设的发展逻辑

一、中国特色社会主义法治体系的发展机理

中国特色社会主义法治体系的发展机理，可以从以下三个维度把握。

第一，中华法系的历史维度。中华法系凝聚了中华民族的智慧，有很多优秀的思想和理念值得我们传承并将它们融入法治体系当中，诸如天下无讼、以和为贵的价值追求等。① 此外，与其他法系不同，中华法系的精髓在于其并非简单着眼于法律技术操作，而是着眼于整个文明秩序的建构，例如奉行“理天下者，以人为本”，坚持“大一统”国家观，维护国家法制统一，因此具有独特优势。② 在全面推进中国特色社会主义法治体系更加完善的系统工程中，我们应当全面深刻认识和理解中华法系，挖掘和传承中华法系之精华，择善而用。③

第二，全球发展的时代维度。从全球局势看，当今世界正经历百年未有之大变局。虽然和平与发展仍然是时代主旋律，但仍面临许多挑战。在全球治理体系深刻变革期，法治成为国家综合实力的重要组成部分，国际竞争越来越体现为制度、规则、法律之争。我们必须放大全球视野，统筹推进国内法治和涉外法治，加快完善法治体系，尤其是加快涉外法律体系及其实施机制建设，推动我国法域外适用的体制机制建设，更好维护国家主权，促进世界和平。④

第三，法治体系的系统维度。全面推进依法治国是一个系统工程，在实际工作中必须有一个总揽全局、牵引各方的总目标、总抓手，这个总抓手就是中国特色社会主义法治体系。⑤ 因此，我们需要深刻把握“中国特色社会主义法治体系更加完善”这一战略思想和部署的针对性、时代性、系统性，在更高起点、更高水平上统筹推进法律规范体系、法治实施体系、法治监督体系、法治保障体系、党内法规体系建设，加快

① 习近平：《坚定不移走中国特色社会主义法治道路 为全面建设社会主义现代化国家提供有力法治保障》，载《求是》2021 年第 5 期。
② 张文显：《全面推进中国特色社会主义法治体系更加完善》，载《法制与社会发展》2023 年第 1 期。
③ 同上。
④ 同上。
⑤ 参见张文显：《习近平法治思想研究（中）——习近平法治思想的一般理论》，载《法制与社会发展》2016 年第 3 期。

社会规范体系建设。[1]法治体系的系统维度源自习近平法治思想的统筹全局的系统观念，其精髓可以概括为“加强前瞻性思考、全局性谋划、战略性布局、整体性推进”。[2]因此，在中国特色社会主义法治体系的不断完善过程中，也要做到上述“四性”工作。

二、中国特色社会主义法治体系的目标定位

中国特色社会主义法治体系的建设应从以下三个定位来开展：

（一）实现“两个一百年”的奋斗目标

党的十八大报告指出，只要我们胸怀理想，坚定信念、不动摇、不懈怠、不折腾，顽强奋斗、艰苦奋斗、不懈奋斗，就一定能在中国共产党成立一百年时全面建成小康社会，就一定能在新中国成立一百年时建成富强民主文明和谐的社会主义现代化国家。

到目前为止，我们已经实现了第一个百年奋斗目标，在中华大地上全面建成了小康社会，已经踏上了全面建设社会主义现代化国家、向第二个百年奋斗目标进军的新征程。全面建设社会主义现代化国家，离不开法治的规范和保障。党的二十大基于这一规律性认识，明确提出“在法治轨道上全面建设社会主义现代化国家”，这对法治体系建设提出了新的更高的要求。法治体系是法治轨道的重要依托，决定着法治轨道的本质。所以，必须坚持走中国式法治现代化新道路，加快完善中国特色社会主义法治体系，以高质量法治体系为依托构筑高质量法治轨道，为全面建设社会主义现代化国家奠法治之基、修法治之路、铺法治之轨、开法治之道。

（二）实现法治现代化

习近平法治思想以历史唯物主义对人类社会数千年风雨沧桑、兴衰交替的历史进行回观和反思，揭示出“法治兴则国兴，法治强则国强”的历史规律。[3]我国法治现代化的目标是加快推进我国法治的转型升级。法治转型升级的实践路径包括：从法治国家转型升级为法治中国，从法律之治转型升级为良法善治，从法律大国转型升级为法

---

① 张文显：《全面推进中国特色社会主义法治体系更加完善》，载《法制与社会发展》2023 年第 1 期。

② 习近平：《把握新发展阶段，贯彻新发展理念，构建新发展格局》，载《求是》2021 年第 9 期。

③ 《〈中共中央关于坚持和完善中国特色社会主义制度　推进国家治理体系和治理能力现代化若干重大问题的决定〉辅导读本》，人民出版社 2019 年版，第 11 页。

治强国。[①]

第一，从法治国家转型升级为法治中国。“法治中国”既是中外法治文明的现代版，又是“法治国家”的升级版。党的十八大以来，习近平总书记提出“建设法治中国”，不断把法治中国建设推向前进。[②]相较于“法治国家”这一概念，“法治中国”这一概念的内涵更加丰富、更具中国特色。建设法治中国，不仅要建设法治国家，还要建设法治社会、法治政府、法治政党；不仅要推进依法治国，还要推进依法行政、依法执政、依法治理、依法自治；不仅致力于国内法治建设，还要面向世界，推动国际关系和全球治理民主化、法治化，不断提升中国在国际法治和全球治理中的话语权和影响力。[③]

第二，从法律之治转型升级为良法善治。世界范围内的法治现代化有各种各样的目标定位和发展道路，但就我国的法治现代化而言，我们走的是一条具有鲜明中国特色的社会主义法治发展道路，是与社会主义市场经济、民主政治、先进文化、和谐社会和生态文明协调的法治现代化道路，是与国家治理体系和治理能力现代化相适应的法治现代化道路。[④]我国的法治现代化只能是服务于最广大人民群众的“善法”，而绝不是服务于统治阶级的“恶法”，这是与西方近代法治相区别之处。换言之，中国法治作为现代法治，不仅是形式上的法治，更是实质上的法治，是一种良法治理。

第三，从法律大国转型升级为法治强国。法治强国有多层含义：其一，法治是实现强国的手段；其二，法治是国家强盛的重要标志，在强国大国中，法治成为国家与社会的核心价值，成为国家治理和社会治理的根本方式；其三，法治作为国家强盛的软实力，奉行法治，才能使我国在国际关系和全球治理中拥有与我国的历史文明、人口总量、经济实力和安理会常任理事国的地位相当的话语权。[⑤]

（三）实现国家治理、政府治理、社会治理的民主化与法治化

党的十八届三中全会《中共中央关于全面深化改革若干重大问题的决定》中指出：

---

① 张文显：《法治中国建设的前沿问题》，载《中共中央党校学报》2014年第5期。

② 习近平：《在庆祝全国人民代表大会成立60周年大会上的讲话》，载《人民日报》2014年9月6日，第2版。

③ 张文显：《法治的中国实践和中国道路》，人民出版社2017年版，第193页。

④ 张文显：《法治中国建设的前沿问题》，载《中共中央党校学报》2014年第5期。

⑤ 参见同上。

"全面深化改革的总目标是完善和发展中国特色社会主义制度，推进国家治理体系和治理能力现代化。"① "到2020年，在重要领域和关键环节改革上取得决定性成果，完成根本决定提出的改革任务，形成系统完备、科学规范、运行有效的制度体系，使各方面制度更加成熟更加定型。"② 党的二十大报告对法治国家、法治政府、法治社会建设作出了重要部署，将有力推进国家治理现代化、政府治理现代化、社会治理现代化。

建设法治国家是国家治理现代化的必然要求，一个现代化国家必然是法治国家。③ "建设中国特色社会主义法治体系，建设社会主义法治国家"这个总目标的提出，既明确了全面推进依法治国的性质和方向，又突出了全面推进依法治国的工作重点和总抓手，对全面推进依法治国具有纲举目张的意义。④

习近平多次强调，推进全面依法治国，法治政府建设是重点任务和主体工程，对法治国家、法治社会建设具有示范带动作用，要率先突破。⑤ 法治政府的建设需要：第一，用法治给行政权力定规矩、划界限，应当完善行政组织和行政程序法律制度，推进机构、职能、权限、程序、责任法定化；第二，加快转变政府职能，处理好政府与市场的关系，打造法治化的营商环境；第三，强化行政执法监督机制和能力建设。⑥

法治社会建设是法治国家建设的基础工程，唯有绝大多数人守法才可能建成法治国家。⑦ 习近平指出，"和谐社会应该是法治社会"，⑧ "要加快实现社会治理法治化，依法防范风险、化解矛盾、维护权益，营造公平、透明、可预期的法治环境"。⑨ 党

① 《中共中央关于全面深化改革若干重大问题的决定》，载《人民日报》2013年11月16日，第1版。

② 同上。

③ 习近平：《提高国防和军队建设法治化水平》（2014年12月26日），载习近平：《论坚持全面依法治国》，中央文献出版社2020年版，第130页。

④ 《〈中共中央关于坚持和完善中国特色社会主义制度 推进国家治理体系和治理能力现代化若干重大问题的决定〉辅导读本》，人民出版社2019年版，第180页。

⑤ 参见习近平：《坚定不移走中国特色社会主义法治道路 为全面建设社会主义现代化国家提供有力法治保障》，载《求是》2021年第5期。

⑥ 《〈中共中央关于坚持和完善中国特色社会主义制度 推进国家治理体系和治理能力现代化若干重大问题的决定〉辅导读本》，人民出版社2019年版，第182页。

⑦ 同上书，第185页。

⑧ 习近平：《密织法律之网，强化法治之力》（2014年10月23日），载习近平：《论坚持全面依法治国》，中央文献出版社2020年版，第103页。

⑨ 习近平：《在中央全面依法治国委员会第一次会议上的讲话》（2018年8月24日），载习近平：《论坚持全面依法治国》，中央文献出版社2020年版，第234页。

的二十大报告对法治社会建设作出了重要部署，系统提出了法治社会建设的行动指南，包括以下方面：第一，健全共建共治共享的社会治理制度。第二，推进多层次多领域依法治理。第三，完善社会矛盾纠纷预防化解机制。第四，健全社会治安防控体系。

三、中国特色社会主义法治体系的发展重点

中国特色社会主义法治体系的发展重点应当从以下五个方面来开展。

（一）健全保证宪法全面实施的体制机制

习近平强调指出“宪法是国家的根本法，是治国安邦的总章程”，[①]“宪法是治国理政的总章程”，[②]“宪法是全面依法治国的根本依据”，[③]“宪法是我们党长期执政的根本法律依据”，[④]“全面贯彻实施宪法，是建设社会主义法治国家的首要任务和基础性工作”。[⑤]这些精辟论述阐明了宪法在全面依法治国中的重要地位和重要作用。加强宪法的实施和监督在中国特色社会主义法治体系的不断完善中具有重要作用。

第一，运用宪法精神凝聚立法共识。例如，在制定英雄烈士保护法过程中，针对如何界定英雄烈士范围问题，有关方面进行了认真研究并提出意见：即，本法主要是根据宪法序言和人民英雄纪念碑碑文的精神对英雄烈士确定了一个基本范围。[⑥]据此，英雄烈士保护法对英雄烈士范围作出了相应规定。再例如，在制定个人信息保护法过程中，针对如何理解个人信息权利问题，可通过对我国宪法精神的理解便可解决该问题。即：我国宪法规定了人格尊严与自由等基本权利，其并非绝对排他性权利，而个人信息权益乃为人格尊严与自由等基本权利的具体落实，因此亦非绝对排他性权利，

① 习近平：《坚持依法治国首先要坚持依宪治国，坚持依法执政首先要坚持依宪执政》（2014年12月—2018年12月），载习近平：《论坚持全面依法治国》，中央文献出版社2020年版，第126页。

② 习近平：《关于我国宪法和推进全面依法治国》（2018年2月24日），载习近平：《论坚持全面依法治国》，中央文献出版社2020年版，第213页。

③ 习近平：《切实尊崇宪法，严格实施宪法》（2018年1月19日），载习近平：《论坚持全面依法治国》，中央文献出版社2020年版，第201页。

④ 同上书。

⑤ 习近平：《在首都各界纪念现行宪法公布施行三十周年大会上的讲话》（2012年12月4日），载习近平：《论坚持全面依法治国》，中央文献出版社2020年版，第10页。

⑥ 沈春耀：《健全保证宪法全面实施的体制机制》，载《中国人大》2019年第22期。

如此便可精准理解与适用个人信息保护法。①

第二，开展合宪性审查工作。党的十九大提出："推进合宪性审查工作，维护宪法权威。"2018 年以来，全国人大及其常委会在履行有关职责中注重加强合宪性审查工作，如制定监察法、修订刑事诉讼法、修订人民法院组织法和人民检察院组织法，作出关于设立上海金融法院、关于国家监察委员会制定监察法规等决定时，有关方面都进行了合宪性审查。②

第三，在备案审查工作中认真处理合宪性问题。备案审查制度是保障宪法法律实施、维护国家法制统一的宪法性制度。③例如，全国政协十三届一次会议期间，有全国政协委员提出提案，建议对收容教育制度进行合宪性审查。有关法制机构进行了认真研究，在向十三届全国人大常委会第七次会议作的年度备案审查工作情况报告中，对该问题提出了明确意见，建议适时废止收容教育制度。④

第四，在立法工作中深化合宪性研究。例如，在审议外商投资法草案过程中，有关法制工作机构加强对外商投资立法合宪性研究，形成专题研究意见。⑤再例如，未来的有关人工智能立法、大数据立法等新兴领域，更应深化合宪性研究，符合宪法规定、宪法精神。

第五，完善监督宪法实施的相关制度。应落实宪法解释程序机制，积极回应涉及宪法有关问题的关切，努力实现宪法的稳定性和适应性的统一。⑥

（二）完善立法体制机制

第一，完善立法工作格局。党的十九届五中全会提出，完善党委领导、人大主导、政府依托、各方参与的立法工作格局。《立法法》第三条明确规定，立法应当坚持中国共产党的领导。完善党委领导体制，有利于破解立法工作中的难题困境，实现党的主张

---

① 参见江必新、李占国主编：《中华人民共和国个人信息保护法条文解读与法律适用》，中国法制出版社 2021 年版，第 4—5 页。

② 《〈中共中央关于坚持和完善中国特色社会主义制度　推进国家治理体系和治理能力现代化若干重大问题的决定〉辅导读本》，人民出版社 2019 年版，第 253 页。

③ 沈春耀：《健全保证宪法全面实施的体制机制》，载《中国人大》2019 年第 22 期。

④ 《〈中共中央关于坚持和完善中国特色社会主义制度　推进国家治理体系和治理能力现代化若干重大问题的决定〉辅导读本》，人民出版社 2019 年版，第 254 页。

⑤ 沈春耀：《健全保证宪法全面实施的体制机制》，载《中国人大》2019 年第 22 期。

⑥ 同上。

与人民意志的统一。尤其是，公众参与是民主立法的根本要求。因此，应健全社会公众参与立法工作的体制机制，完善基层立法联系点制度，健全法律法规规章草案公开征求意见机制和公众意见采纳情况反馈机制。① 第二，加强重要领域、新兴领域和涉外领域立法，尽快出台相关法律法规，引导新模式、新业态、新科技在法治轨道上创新发展，同时为维护中国的主权、安全和发展利益提供立法保障。第三，提升质量。坚持立改废释并举，做到立法同改革发展的要求同步。第四，坚持科学立法、民主立法，这也是提升立法质量的关键。2020 年 5 月 28 日，十三届全国人大三次会议审议通过《民法典》，这是新中国成立以来第一部以“法典”命名的法律，是新时代我国社会主义法治建设的重大成果。民法典为其他领域立法法典化提供了很好的范例，要总结编纂民法典的经验，适时推动条件成熟的立法领域法典编纂工作。② 这便是科学立法的题中之意。

（三）健全社会公平正义法治保障制度

坚持和完善中国特色社会主义法治体系必须努力满足人民在民主、法治、公平、正义、安全、环境等各方面日益增长的要求，这要求政府、社会、经济、司法领域必须贯彻法治理念。

第一，法治政府。法治政府的实现应做到：其一，依法界定政府职权职责。党的十九届四中、五中全会分别提出，最大限度减少不必要的行政执法事项，全面实行政府权责清单制度，体现了政府权力谦抑审慎干预的现代法理，是对当前法治实践中存在的执法滥权、执法腐败、执法扰民等问题的源头治理之策。③ 其二，深化行政执法体制改革，优化配置执法力量，推动整合同一领域或相近领域执法队伍，实行综合设置。其三，提高依法行政水平。新时代依法行政应追求执法文明化、柔性化，做到真正服务于民。其四，深化政务公开。政务公开应坚持以受众需求为导向，完善政务信息发布内容、形式、技术等方面的标准，提高信息公开精准性和实效性。

第二，法治经济。习近平总书记指出：“法治是最好的营商环境。”④ 党的十九届五

---

① 黄文艺：《习近平法治思想中的未来法治建设》，载《东方法学》2021 年第 1 期。
② 习近平法治思想概论编写组：《习近平法治思想概论》，高等教育出版社 2021 年版，第 162 页。
③ 韩春晖：《最大限度减少不必要的行政执法事项》，载《学习时报》2019 年 12 月 11 日，第 2 版。
④ 习近平：《完善法治建设规划提高立法工作质量效率为推进改革发展稳定工作营造良好法治环境》，载《人民日报》2019 年 2 月 26 日，第 1 版。

中全会提出，持续优化市场化法治化国际化营商环境。为此，应坚持依法平等保护国企民企、内资外资、大中小微企业的合法权益，保障各类市场主体机会平等、权利平等、规则平等，营造稳定、公正、透明、可预期的法治化营商环境。

第三，法治社会。加快法治社会建设，首先需要加强法治宣传教育，不断提升全体公民法治意识和法治素养。其次，推进多层次多领域依法治理。重点是深入推进基层依法治理和行业依法治理。深入推进基层依法治理，就是坚持和发展新时代"枫桥经验"，坚持法治、德治相结合，运用法治思维和法治方式化解矛盾、保障权益。[①] 最后，完善多元化纠纷解决机制。积极推动群团组织、行业协会设立专业性调解组织；完善行政调解、行政复议、行政裁决等机制；完善信访工作制度。

第四，深入推进政法领域改革。习近平总书记在2019年中央政法工作会议上明确提出，要加快推进政法领域全面深化改革，推动改革取得新的突破性进展。[②] 其一，深化政法机构改革。习近平总书记指出："加快构建优化协同高效的政法机构职能体系。"[③] 建立科学合理、系统完备、运行高效的政法机构职能体系，是推进政法工作现代化的应有之义。其二，深化司法体制综合配套改革。各级审判机关、监察机关要深化司法体制综合配套改革，坚持和完善中国特色社会主义司法制度，保证依法独立公正行使审判权、检察权，不断提高司法公信力。[④] 其三，深化政法公共服务体系建设。习近平总书记指出："政法机关承担着大量公共服务职能，要努力提供普惠均等、便捷高效、智能精准的公共服务。"[⑤] 完善公共法律服务体系，推进公共法律服务均等化、便利化、精准化建设，让城乡居民平等享受公共法律服务。

（四）加强对法律实施的监督

习近平总书记提出："没有监督的权力必然导致腐败，这是一条铁律。"[⑥] 党的十九

---

① 黄文艺：《习近平法治思想中的未来法治建设》，载《东方法学》2021年第1期。

② 习近平：《全面深入做好新时代政法各项工作促进社会公平正义保障人民安居乐业》，载《人民日报》2019年1月17日，第1版。

③ 同上。

④ 习近平法治思想概论编写组：《习近平法治思想概论》，高等教育出版社2021年版，第164页。

⑤ 习近平：《全面深入做好新时代政法各项工作促进社会公平正义保障人民安居乐业》，载《人民日报》2019年1月17日，第1版。

⑥ 习近平：《在全国组织工作会议上的讲话》，载《十八大以来重要文献选编（上）》，中央文献出版社2014年版，第342页。

大明确提出“健全党和国家监督体系”的目标，要求“构建党统一指挥、全面覆盖、权威高效的监督体系，把党内监督同国家机关监督、民主监督、司法监督、群众监督、舆论监督贯通起来，增强监督合力”。[①] 这需要从三方面入手：第一，健全党内监督机制。党中央制定了《中国共产党党内监督条例》等党内法规，建立了相关制度，极大地提升了党内监督的权威性、实效性。下一步，应进一步完善党的监督法规制度，推动党内监督程序化、精细化、规范化，提高监督工作质量、效率和公信力。第二，健全以权利制约权力机制。应进一步保障人民群众知情权、表达权、参与权，畅通人民群众通过网上网下等形式批评、申诉、检举、控告渠道，让公权力在群众监督下运行。第三，健全以科技制约权力机制。面向未来，应紧紧抓住新一轮科技革命的历史性机遇，加快推进公权力运行全过程的数据化，加强大数据管理监督系统技术研发，提高以科技制约权力的智能化、精准化水平。[②]

（五）创新法治人才培养机制

习近平总书记指出：“法治人才培养上不去，法治领域不能人才辈出，全面依法治国就不可能做好。”[③] 第一，深化高等法学教育改革。一是优化法学课程体系；二是强化法学实践教学，打破高校和社会之间的体制壁垒，建立健全法学教育工作者、法学研究工作者与法律实践工作者之间的交流。第二，加强法学专家队伍建设。法学专家队伍肩负着构建中国特色法学学科体系、理论体系和话语体系的学术使命。第三，加强法律服务队伍建设。加快律师队伍建设，大力发展公证员、基层法律服务工作者、人民调解员队伍，提高各类法律服务人员专业素质。

---

① 习近平：《决胜全面建成小康社会夺取新时代中国特色社会主义伟大胜利——在中国共产党第十九次全国代表大会上的报告》，载《人民日报》2017 年 10 月 28 日，第 5 版。

② 黄文艺：《习近平法治思想中的未来法治建设》，载《东方法学》2021 年第 1 期。

③ 习近平：《立德树人德法兼修抓好法治人才培养励志勤学刻苦磨炼促进青年成长进步》，载《人民日报》2017 年 5 月 4 日，第 1 版。

第八章　坚持依法治国、依法执政、依法行政共同推进，法治国家、法治政府、法治社会一体建设

全面依法治国是一项系统工程。坚持依法治国、依法执政、依法行政共同推进，法治国家、法治政府、法治社会一体建设，是从全局上、整体上把握全面依法治国的科学指引。依法治国、依法执政、依法行政是一个有机联系的整体。依法治国是党领导人民治理国家的基本方略，依法执政是我们党执政的基本方式，依法行政是政府行政的基本准则，必须坚持共同推进。法治国家、法治政府、法治社会是法治中国建设的三根支柱。法治国家是目标，法治政府是主体，法治社会是基础，三者统一于全面建设社会主义现代化国家的伟大进程。

中国共产党领导的法治中国建设是中国式现代化的重要保障。新时代坚持全面依法治国，推进法治中国建设必须完成中国特色社会主义法治体系、建设法治政府、严格公正司法和建设法治社会四大任务。其中，法治政府建设是全面依法治国必须率先突破的重点任务和主体工程，要转变政府职能，加强自身法定化建设，提高政府工作效率和公信力；完善行政执法体制机制，强化行政执法能力。全民守法是法治社会建设的基础工程，必须多管齐下：强化依法治理、培育全社会法治信仰，打造共建共治共享的社会治理格局，完善社会矛盾纠纷多元预防调处化解综合机制，提升网络空间治理效能。

第一节　“共同推进”“一体建设”是全面依法治国的工作布局

一、全面依法治国是一个系统工程

党的十八大以来，以习近平同志为核心的党中央始终从全局和战略高度定位法治、布局法治、厉行法治，提出全面依法治国，并历史性地将之纳入协调推进“四个

全面”战略布局中，明确作为“两个布局”战略擘画的重要组成部分。这是习近平法治思想的重大原创性贡献，是着眼于党和国家事业发展布局作出的重大战略抉择，使法治在中国特色社会主义建设事业中的战略地位得到前所未有的提升、发挥了前所未有的战略作用，对党和国家事业发展产生了广泛、深刻、持续的重大影响。[①]党的十八届四中全会通过的《全面依法治国决定》明确提出全面推进依法治国的总目标，即建设中国特色社会主义法治体系、建设社会主义法治国家。习近平总书记进一步指出：“提出这个总目标，既明确了全面推进依法治国的性质和方向，又突出了全面推进依法治国的工作重点和总抓手。”这个总目标是贯穿《全面依法治国决定》全篇的一条主线，对全面推进依法治国具有纲举目张的意义。[②]党的十八届四中全会强调指出，全面推进依法治国是国家治理领域一场广泛而深刻的革命，需要付出长期艰苦努力。[③]

2017年，党的十九大报告延续了“全面依法治国是国家治理的一场深刻革命”[④]的重要判断，在党的十八大报告“全面推进依法治国”基础上，进一步要求“坚持全面依法治国”，这既表明了法治道路的长期性和艰巨性，也向全党迈入法治道路提出了更高的要求。为此，中共中央成立了全面依法治国领导小组，为全面依法治国提供了最有力的组织保障，对于长期性、持续性地全面推进依法治国具有深远的历史意义和现实意义。党的二十大报告对全面依法治国的定位与基本表述与十九大报告基本相同。但是从文件结构上，党的二十大报告把全面依法治国摆到了党和国家事业发展布局中更加突出、更加重要的位置上，在编排体例上的一个明显的变化即是将“坚持全面依法治国”部分独立出来进行专门的阐述。

“系统”，特别是“系统思维”和“系统观念”是习近平总书记经常使用的术语或词汇。自党的十八大以来，习近平总书记在多种场合反复强调这几个概念，尤其是党

① 熊选国：《论全面依法治国的战略地位和作用》，载《中国法学》2023年第2期。

② 翟国强、刘灿华：《“习近平总书记关于全面推进依法治国总目标重要论述”研究述评》，载《党建》2022年第6期。

③《中共中央关于全面推进依法治国若干重大问题的决定》，载中国政府网，http://www.gov.cn/xinwen/2014-10/28/content_2771714.htm，2023年5月7日访问。

④ 习近平：《决胜全面建成小康社会　夺取新时代中国特色社会主义伟大胜利——在中国共产党第十九次全国代表大会上的报告》（2017年10月18日），人民出版社2017年版，第38页。

的十九大之后，面对日益复杂的国际国内发展环境，更是频繁使用这一类术语。依法治国是坚持和发展中国特色社会主义的本质要求和重要保障，是实现国家治理体系和治理能力现代化的必然要求。[①] 全面推进依法治国更是一个系统工程，涉及立法、执法、司法、守法等各个方面，涉及中国特色社会主义事业“五位一体”总体布局的各个领域，因此，必须加强顶层设计、统筹谋划，在实际工作中必须有一个总揽全局、牵引各方的总抓手，围绕这个总抓手来谋划和推进依法治国各项工作。这个总抓手就是建设中国特色社会主义法治体系。坚持全面依法治国，必须坚定不移走中国特色社会主义法治道路，坚持党的领导，坚持中国特色社会主义制度，坚持中国特色社会主义法治理论。

二、依法治国、依法执政、依法行政构成有机整体

坚持依法治国、依法执政、依法行政共同推进。依法治国是党领导人民治理国家的基本方略，依法治国的主体是人民。必须保证人民在党的领导下，依照法律规定，通过各种途径和形式管理国家事务，管理经济文化事业，管理社会事务，使国家各项工作都依法进行，实现社会主义民主的制度化、法律化，使这种制度和法律不因领导人的改变而改变，不因领导人看法和注意力的改变而改变。依法执政是新的历史条件下我们党执政的基本方式，依法执政的基本内容体现在四个方面：一是我们党通过法定程序将党的主张上升为国家意志；二是党领导立法；三是党带头遵守宪法法律；四是党确保宪法法律实施。依法行政是法治状态下政府行为的基本原则和基本方式，依法行政的基本要求是合法行政，法定职责必须为、法无授权不可为，要执法严明、公开公正、廉洁高效、守法诚信。[②]

依法治国、依法执政、依法行政是一个有机联系的整体，三者具有内涵的统一性、目标的一致性、成效的相关性，必须彼此协调、共同推进、形成合力。依法治国必须着眼全局、全面部署，努力确保依法执政、依法行政与之齐头并进。

---

① 吴儒忠：《从梦想到制度：习近平治国理政思想略论》，载《聊城大学学报（社会科学版）》2015 年第 2 期。

② 《中共中央关于坚持和完善中国特色社会主义制度　推进国家治理体系和治理能力现代化若干重大问题的决定》，载中国政府网，http://www.gov.cn/zhengce/2019-11/05/content_5449023.htm。

三、法治国家、法治政府、法治社会相辅相成、一体建设

坚持法治国家、法治政府、法治社会一体建设。法治国家是法治建设的目标。法治国家要求国家权力由宪法和法律赋予，依照法律的程序规定行使，并对行使公权力的行为承担相应的法律责任。法治国家必然是民主的国家、依法而治的国家。法治政府是依法设立，职权由法律赋予且依法行使，对其行为承担法律责任的政府。能否建成法治政府，决定着法治国家建设的成败。法治社会是指公民、法人和其他社会组织依照法律行使权利、履行义务，依法承担社会责任，依法办事、依法解决纠纷，社会治理依法进行。①

法治国家、法治政府、法治社会，三者相互联系、内在统一，是法治建设的三大支柱，缺少任何一个方面，全面推进依法治国的总目标就无法实现。因此，在全面推进依法治国进程中，必须将法治国家、法治政府、法治社会建设同步规划、同步实施、一体建设。

第二节　法治国家建设目标

一、现代化国家必然是法治国家

（一）法治是人类文明进步的基础

法治是人类文明进步的重要标志，是治国理政的基本方式。② 人类进行法治实践的时间，可以追溯到两千年以前。古希腊文明被认为是西方文明的主要源头之一。古希腊雅典被后世学者称为“法治国”，③ 对人类文明的发展有着深远的积极影响。古罗马文明在西方文明发展史上起着承前启后的作用，当时法治已经表现为一种社会实践的制度规定，罗马律法对西方乃至世界文明发展进程作出了重要的贡献。

在我国，“我们的先人们早就开始探索如何驾驭人类自身这个重大课题，春秋战

① 《学习贯彻党的十八届四中全会精神，全面推进依法治国》，载中国人大网，http://www.npc.gov.cn/zgrdw/npc/xinwen/2014-11/20/content_1886726.htm，2023 年 5 月 6 日访问。

② 《法治中国建设规划（2020—2025 年）》。

③ 卓泽渊：《法治国家论》，法律出版社 2003 年版，第 22 页。

国时期就有了自成体系的成文法典，汉唐时期形成了比较完备的法典”。① 中国在秦统一六国之后乃至汉朝初期都被认为是土地国有的法典化时期。② 汉朝建国后以律法为基础的国家治理体系，为汉朝的长期稳定和繁荣奠定了坚实的基础。唐朝作为中国古代封建历史时期一个强大的政权，其律法体系经过不断发展，逐渐成为了一个庞大的、涵盖全面的国家治理参考体系，尤其是《贞观律》使得封建法律体系得以渐趋完善，为之后标志中国封建历史时期唐朝律法成熟的《唐律疏议》的形成奠定了基础。③

当然，古代强调的法治国家，其实施主体乃是国君王侯，这是完全不同于现代法治国家的，但它们在确立法治权威性地位、以法律作为治理国家的基本手段和根本措施等方面却是一致的，基本都体现了“法治兴则国兴，法治强则国强”。

（二）法治化是国家治理现代化的必然要求

习近平总书记指出，一个现代化国家必然是法治国家。④ 法治是人类政治文明的重要成果。现代国家治理体系是一个有机、协调、动态和整体的制度运行系统。法治作为国家治理体系和治理能力的重要依托，是现代社会治理的基本手段。⑤ 国家治理现代化，必须走向法治化，并为国家治理现代化提供保障。中国近代历史上的法治探索努力，无论是晚清时期梁启超等人提出“法治主义，为今日救时惟一之主义”，⑥ 希望把中国建立成为一个法治国家，还是 20 世纪上半叶的中华民国时期探索法治之路的尝试，最终都由于历史的局限性和政治条件，无法使法治国家真正成为明确的国家建设目标，当然更不可能建设现代化国家。

（三）法治中国建设是中国式现代化的重要保障

第一，全面依法治国是推进中国式现代化的有力保障。“坚持全面依法治国，推进法治中国建设”既是国家治理现代化的必然要求，也是推进中国式现代化的重要保障。

---

① 习近平：《习近平谈治国理政》(第二卷)，外文出版社 2017 年版，第 118 页。
② 参见臧知非：《战国秦汉土地国有制形成与演变的几点思考》，载《中国社会科学》2020 年第 1 期。
③ 《“盛唐之下，律法为基”｜唐律催生了盛世，却逃不脱“弱民”定律》，https://baijiahao.baidu.com/s?id=1670981733099034340&wfr=spider&for=pc，2023 年 3 月 27 日访问。
④ 习近平在重庆代表团参加审议时的讲话，《人民日报》2018 年 3 月 11 日，第 1 版。
⑤ 习近平：《坚持法治精神，实现公平正义》，载习近平：《论坚持全面依法治国》，中央文献出版社 2020 年版，第 183 页。
⑥ 梁启超：《梁启超全集》，北京出版社 1999 年版，第 1255 页。

全面建设社会主义现代化国家必然要厉行法治，更好发挥法治保障作用，以法治建设促进经济社会高质量发展，以建设社会主义法治国家有力保障全面建设社会主义现代化国家。习近平总书记指出，新中国成立70多年来，我国之所以创造出经济快速发展和社会长期稳定两大奇迹，同我们不断推进社会主义法治建设有着十分紧密的关系。在当前我国实现中华民族伟大复兴的关键时期，推进国家治理体系和治理能力现代化依然必须保持在法治轨道上。只有全面依法治国才能有效保障国家治理体系的系统性、规范性、协调性，因此，必须发挥好法治保障作用，以法治建设促进经济社会高质量发展，以建设社会主义法治国家有力保障全面建设社会主义现代化国家。

第二，坚持党的领导是我国社会主义法治建设的根本原则。在全面依法治国各项工作中落实和体现党的领导，是我国社会主义法治建设的根本政治原则。习近平总书记指出，党的领导是中国特色社会主义法治之魂，是我们的法治同西方资本主义国家的法治最大的区别。新征程上，要始终坚持党对法治建设的领导，特别是要加强党中央对全面依法治国的集中统一领导，健全党领导法治建设的体制机制，切实做到法治建设方向由党指引，法治建设基本原则由党确定，法治建设决策部署由党作出，法治工作推进由党统领。坚持党对法治建设的领导，最重要的是坚持走中国特色社会主义法治道路。中国特色社会主义法治道路，本质上是中国特色社会主义道路在法治领域的具体体现，是建设社会主义法治国家唯一正确的道路。

二、推进法治中国建设的重要任务

党的十八大以来，以习近平同志为核心的党中央从全局和战略高度定位法治、布局法治、厉行法治，对全面依法治国作出一系列重大决策部署。新时代坚持全面依法治国，推进法治中国建设要完成四个方面的任务和要求。

（一）完善以宪法为核心的中国特色社会主义法治体系

法治体系建设是法治国家建设的重要方面。法治体系是一国全部现行法律规范按照不同的方式组合而成的有机联系的统一整体。① 推进法治中国建设，首先要完善以

① 卓泽渊：《法治国家论》，法律出版社2003年版，第137页。

宪法为核心的中国特色社会主义法治体系。宪法法律在所有社会规则体系中具有最高的权威性与最高的法律效力。我们必须高度重视宪法在治国理政中的重要地位和作用，坚持宪法法律至上，把全面贯彻实施宪法作为首要任务，把宪法作为根本活动准则；其次是我们立法修法关注的焦点应当重点放在当前亟待加强的、人民群众关心的、各方面工作急需的重点领域，我国经济社会快速发展变化态势下的新兴领域和我国经济社会发展与对外交往日益密切的“一带一路”建设、对外经济贸易投资等涉外领域；最后还要在立法和决策具体过程中坚持科学性、民主性和合法合规性，通过有效统筹法律的立改废释纂实现科学立法，通过严格落实程序制度保证重大决策的质量和效率。

（二）推进依法行政，建设法治政府

党的二十大报告明确了法治政府建设在全面依法治国工作布局中具有重要地位和作用，提出“法治政府建设是全面依法治国的重点任务和主体工程”。[①] 推进法治政府建设，在全面依法治国工作布局中具有示范带动作用。政府机构是各级国家机关中最庞大的，其行使的各种职权、公权力也是最多的，政府机构能否实现依法行政，能否建设法治政府，对于全面依法治国，对于我们建设社会主义法治国家有至关重要的意义。只有政府带头依法行政、依法办事，国家才能在法治轨道上有序发展。

（三）严格公正司法

第一，司法公正是法治国家的基本要求。习近平总书记指出：“公正是法治的生命线。公平正义是我们党追求的一个非常崇高的价值，全心全意为人民服务的宗旨决定了我们必须追求公平正义，保护人民权益、伸张正义。全面依法治国，必须解决围绕保障和促进公平正义来进行。”[②]“公平是指处理事情合情合理，不偏袒哪一方；正义是指公正，公平正直，没有偏私。公平正义朴素的含义包括惩恶扬善、是非分明、办事公道、态度公允、利益平衡、多寡相均等内容。”[③]

① 《高举中国特色社会主义伟大旗帜　为全面建设社会主义现代化国家而团结奋斗——在中国共产党第二十次全国代表大会上的报告》（2022 年 10 月 16 日），载《人民日报》2022 年 10 月 26 日，第 1 版。

② 习近平：《在省部级主要领导干部学习贯彻党的十八届四中全会精神　全面推进依法治国专题研讨班上的讲话》，中央文献研究室编：《习近平关于全面依法治国论述摘编》，中央文献出版社 2015 年版，第 38 页。

③ 中央政法委：《社会主义法治理念读本》，中国长安出版社 2009 年版，第 84 页。

第二，严格公正司法是推进全面依法治国、建设社会主义法治现代化国家的必然要求。严格公正司法以“严”为首，以“正”为要，贯穿于审判执行工作的全过程和各方面，也是实现审判体系和审判能力现代化的必然要求。只有严格公正司法，我们才能做到“法立，有犯而必施；令出，唯行而不返”；也唯有严格公正司法，我们才能让人民群众的获得感、幸福感、安全感更有保障、更加充分、更可持续。

第三，新时代司法体制改革的新要求。党的二十大对司法体制改革提出了新的更高要求。新时代新征程，司法机关要持续深化司法体制综合配套改革，在全面准确落实司法责任制上下功夫，加快构建科学合理、规范有序、权责一致的司法权运行新机制，强化对司法活动的制约监督，全面推进司法体系和司法能力的现代化。

（四）建设法治社会，构筑法治国家的基础

法治社会是构筑法治国家的基础。习近平总书记指出：“法律要发挥作用，需要全社会信仰法律。”只有不断提升全民的法治意识和法治素养，让法治成为全民的思维方式和行为习惯，全体人民都做社会主义法治的忠实崇尚者、自觉遵守者、坚定捍卫者，尊法学法守法用法在全社会蔚然成风，才能全面建成法治社会。

党的二十大报告强调“加快建设法治社会”并作出战略部署，为加快推进法治社会建设提供了根本遵循和科学指南。加快建设法治社会，要大力弘扬社会主义法治精神，树立宪法法律至上、法律面前人人平等的法治理念，培育全社会法治信仰，强化人们的法治理念、法治思维。

第三节　新时代法治政府建设的重点任务

党的十八大以来，以习近平同志为核心的党中央高度重视法治政府建设，作为全面依法治国的重点任务和主体工程部署推进。党的十八届三中全会将深化行政执法体制改革作为全面深化改革的重要内容，党的十八届四中全会审议通过的《全面依法治国决定》对“深入推进依法行政，加快建设法治政府”进行重点安排。[①]2015年，中共中央、国务院印发《法治政府建设实施纲要（2015—2020年）》，对法治政府建设

① 习近平总书记提出了法治政府建设的六项核心目标：职能科学、权责法定、执法严明、公开公正、廉洁高效、守法诚信。

作出全面部署。党的十九届四中全会审议通过的《中共中央关于坚持和完善中国特色社会主义制度　推进国家治理体系和治理能力现代化若干重大问题的决定》对“构建职责明确、依法行政的政府治理体系”进行周密安排。特别是2021年中共中央、国务院印发的《法治政府建设实施纲要（2021—2025年）》，进一步明确了新发展阶段法治政府建设的指导思想、主要原则和总体目标，对更好发挥法治政府建设在法治国家、法治社会建设中的示范带动作用，具有重大意义。此外，在《法治中国建设规划（2020—2025年）》《法治社会建设实施纲要（2020—2025年）》中，都包含法治政府建设方面的具体要求。

在以习近平同志为核心的党中央领导下，我国在法治政府建设上进行了“放管服”、行政执法体制等方面的改革，探索健全了行政执法与刑事司法衔接、行政复议、行政诉讼等监管机制和包容审慎监管方式，创建了行政裁决制度、检察机关提起行政公益诉讼等制度。在立法实践中，通过制定《优化营商环境条例》《重大行政决策程序暂行条例》，以及修改《行政处罚法》《行政诉讼法》《政府信息公开条例》等立法修法活动为法治政府建设提供法律依据。我国法治政府建设取得明显进展，职责明确、依法行政的政府治理体系更加成熟更加定型，人民群众对法治政府建设的满意度和获得感不断增强。

党的二十大报告对新时代法治政府建设提出新的更高要求：“转变政府职能，优化政府职责体系和组织结构，推进机构、职能、权限、程序、责任法定化，提高行政效率和公信力。深化事业单位改革。深化行政执法体制改革，全面推进严格规范公正文明执法，加大关系群众切身利益的重点领域执法力度，完善行政执法程序，健全行政裁量基准。强化行政执法监督机制和能力建设，严格落实行政执法责任制和责任追究制度。完善基层综合执法体制机制。”①

一、法治政府建设是全面依法治国必须率先突破的重点任务和主体工程

习近平总书记强调，推进全面依法治国，法治政府建设是重点任务和主体工程，要率先突破。这深刻阐明了法治政府建设在全面依法治国工作布局中的重要地位和作

① 习近平：《高举中国特色社会主义伟大旗帜　为全面建设社会主义现代化国家而团结奋斗——在中国共产党第二十次全国代表大会上的报告（2022年10月16日）》，人民出版社2022年版，第41页。

用，凸显了法治政府在法治中国建设中的主体地位。① 国家行政机关是执法的最大主体。行政机关做不到依法行政，政府机关成不了法治政府，只有政府成为法治政府，国家才可能成为法治国家，社会才可能成为法治社会。

各级政府是制定实施法律法规规章的重要主体，承担着推动经济社会发展、管理社会事务、服务人民群众的重要职责，也是人民群众打交道最多、感受公平正义最直接的国家机关。人民群众对法治国家的直观认识和评价，主要就来自其与各级政府部门工作人员的接触。因此，推进法治政府建设，对法治国家、法治社会建设具有示范带动作用，必须率先突破。

法治政府建设要求必须扎实推进依法行政。依法行政是推进政府治理体系现代化的基本方式和重要抓手，是打造良好营商环境，实现经济社会高质量发展的重要保障。推进依法行政，要求加快构建职责明确、依法行政的政府治理体系，把政府工作全面纳入法治轨道，切实提高政府治理效能，更好地适应建设法治国家、推进国家治理体系和治理能力现代化的要求。

二、转变政府职能，加强自身法定化建设，提高政府工作效率和公信力

（一）转变政府职能

转变政府职能是深化行政体制改革的核心。政府职能深刻转变、持续优化，对解放和发展生产力、促进经济持续健康发展、增进社会公平正义，发挥着重要作用。面对新时代新使命，在前期改革基础上，要进一步厘清政府和市场、政府和社会的关系，推动有效市场和有为政府更好结合。为此，必须加快转变政府职能，围绕全面建设职能科学、权责法定、执法严明、公开公正、智能高效、廉洁诚信、人民满意的法治政府，持续推动政府转职能提效能，健全政府机构职能体系，依法全面履行政府职能，进而建立职责明确、依法行政的科学高效政府治理体系。

（二）优化政府职责体系和组织结构

职能科学是建设法治政府的基础和前提。为了适应我国国家治理体系和治理能力

① 江必新、黄明慧：《习近平法治思想中的法治政府建设理论研究》，载《行政法学研究》2021 年第 4 期。

现代化的新发展形势，我国政府职责体系和组织结构需要继续坚持优化政府组织结构与促进政府职能转变、理顺部门职责关系统筹结合，使机构设置更加科学、职能更加优化、权责更加协同。

第一，政府职责体系是中国特色社会主义制度的重要组成部分，是我们党治国理政的重要保障。中国特色社会主义进入新时代，推进国家治理体系和治理能力现代化必然要求进一步优化政府职责体系。优化政府职责体系是构建职责明确、依法行政的政府治理体系的重要内容。只有打造出一个更加精良的政府职责体系，实现中央到地方的各层级政府更加顺畅、有效地协力应对公共事务，才能够使国家治理效能得到新提升，才能实现国家行政体系更加完善、政府作用更好发挥、行政效率和公信力显著提升。因此，要按照坚持和完善中国特色社会主义制度的要求，着眼构建职责明确、依法行政的政府治理体系，优化政府职责体系，为经济、政治、文化、社会、生态文明等领域改革发展提供体制支撑和保障。

第二，科学、合理的政府组织结构是政府履行职责的重要保障。新中国成立后，我国逐步建立起与我国社会主义基本制度相适应的政府组织机构，为治国理政、推进社会主义建设发挥了重要作用。改革开放以来，适应党和国家工作重心转移、社会主义市场经济发展的要求，政府组织结构一直在不断调整优化，基本实现了从计划经济条件下的机构职能体系向社会主义市场经济条件下的机构职能体系的重大转变。近几午，基于对新时代中国特色社会主义的新形势新任务的分析判断，党中央对深化党和国家机构改革作出了全面部署，在加强党的全面领导基础上，对政府组织结构进行了系统性、整体性重构。政府组织结构的优化是一项复杂的系统工程，必须在适应经济社会发展需要的基础上，着眼于统筹推进“五位一体”总体布局和协调推进“四个全面”战略布局，以不断适应我国社会主要矛盾变化以及深化供给侧结构性改革要求，补齐行政管理短板，推动政府组织结构更加成熟、更加定型。

（三）推进机构、职能、权限、程序、责任法定化

新时代法治政府建设需要加快建立职责明确、依法行政的政府治理体系，坚持“法无授权不可为，法定职责必须为”的现代法治政府理念。行政机关的所有权力都来源于法律的授权。政府机构、职能、权限、程序、责任法定化是建设法治政府、规范

政府权力的前提与基础条件。各级政府作为国家权力机关的执行机关，承担着实施法律法规的重要职责，必须坚持依法行政，推进各级政府事权规范化、法律化，强化对行政权力的制约和监督，进一步提高政府工作人员依法行政能力，做到法定职责必须为、法无授权不可为，确保政府各项工作在法治轨道上全面推进。

（四）提高行政效率和公信力

转变政府职能、建设法治政府的成效，直接体现在行政效率和公信力的提升上。在推进政府机构职能优化协同高效的同时，必须健全依法行政制度体系和行政决策制度体系，强化制度和政策执行，全面提升行政效率。科学决策、民主决策、依法决策，并严格落实执行决策程序规定是提高决策质量和效率的保障。提升行政执法水平，努力让人民群众在每一个执法行为中都能看到风清气正，从每一项执法决定中都能感受到公平正义。政府在日常工作中须注意加强政务诚信建设，健全政府守信践诺机制，加大失信惩戒力度，不断提升诚信行政水平，以政务诚信引领社会诚信。

三、完善行政执法体制机制，强化行政执法能力

行政执法是政府实施法律法规、履行法定职能、管理社会经济社会事务的主要方式。其基本内涵指国家行政机关基于行政职权，执行和实施法律、法规和规章的行政行为。行政执法直接关系人民群众对党和政府的信任、对法治的信心，因而在法治政府建设中居于中心环节。建设法治政府必须坚持按照建立权责统一、权威高效的行政执法体制的要求，深化行政执法体制改革，严格规范公正文明执法。习近平总书记强调："执法是行政机关履行政府职能、管理经济社会事务的主要方式，各级政府必须依法全面履行职能，坚持法定职责必须为、法无授权不可为，健全依法决策机制，完善执法程序，严格执法责任，做到严格规范公正文明执法。"①

（一）深化行政执法体制改革，大力推进公正文明、合理合规的行政执法活动

第一，行政执法体制改革是新时代法治政府建设的重要内容。行政执法工作对落实法律实效至关重要。在我国，深化行政执法体制改革是坚持依法行政、建设法治政

① 中共中央文献研究室编：《习近平关于全面依法治国论述摘编》，中央文献出版社 2015 年版，第 61—62 页。

府的条件，是推进法治中国建设的关键，是全面推进依法治国、加快建设法治政府的迫切要求。近些年来，我国持续推进行政执法体制机制改革创新。当前，要继续深化综合行政执法体制改革，加强综合执法、联合执法、协作执法的组织指挥和统筹协调；大力推进跨领域跨部门联合执法，加快实现违法线索互联、执法标准互通、处理结果互认；在行政许可权、行政处罚权改革中，健全审批、监管、处罚衔接机制，防止相互脱节；完善行政执法与刑事司法衔接机制，推进信息共享机制化、案件移送标准和程序规范化；通过构建完善权责清晰、运转顺畅、保障有力、廉洁高效的行政执法体制机制，持续提高执法质量和水平。

第二，严格执法是法治政府建设的关键环节。严格规范公正文明执法对于推进法治政府建设具有举足轻重的作用。它是行政执法工作的生命线，也是有机统一的整体。其中，严格是执法基本要求，规范是执法行为准则，公正是执法价值取向，文明是执法职业素养，要准确把握、全面贯彻，不能顾此失彼。党的十八大以来，我国严格规范公正文明执法的水平明显提升：通过全面推行行政执法公示、行政执法全过程记录和重大执法决定法制审核的行政执法“三项制度”，有效整治了行政执法乱象问题；通过行政执法主体和人员资格管理、执法案卷评查、行政执法考核评议等方式，加强了对行政执法活动的监督；积极探索“互联网 + 执法”，推进行政执法全过程留痕，实现“非现场执法”“智能办案”“掌上执法 App”的应用，不仅提高了执法的规范化和精细化水平，也提升行政执法队伍形象。

第三，优先加大重点领域执法力度。当前，行政执法的着力点应优先放在食品药品、公共卫生、自然资源、生态环境、安全生产、劳动保障、城市管理、交通运输、金融服务、教育培训等与人民群众生产生活息息相关的重点领域。这些领域内如果执法不严、监管不到位，就会严重损害人民群众切身利益，甚至危害生命安全。必须切实强化重点领域执法，分领域梳理存在的突出问题，开展集中专项整治。对潜在风险大、可能造成严重不良后果的，要加强日常监管和执法巡查，从源头上预防和化解违法风险。建立完善严重违法惩罚性赔偿和巨额罚款制度、终身禁入机制，着力解决违法成本低、维权成本高等问题，让严重违法者付出应有代价。

第四，建立完善行政执法程序。程序是实体的保障，必须建立完善的行政执法程序，才能使执法行为保持在法治轨迹内进行。要按照行政执法类型，优化行政执法流程，规范行政执法行为，如此方能赢得人民群众和市场主体对执法工作的更多理解支持。在具体执法过程中，要注意严格落实行政执法公示、执法全过程记录、重大执法决定法制审核制度，实现行政执法信息及时准确公示、行政执法全过程留痕和可回溯管理、重大行政执法决定法制审核全覆盖。广泛建立和落实告知制度，依法保障行政相对人陈述、申辩、提出听证申请等权利。执法事项要严格按照法定权限和程序设定。

第五，健全行政裁量基准。长期以来，行政机关滥用自由裁量权、处罚畸重畸轻一直是社会反映强烈的突出执法问题。行政裁量基准可以从源头上防止和控制行政机关滥用行政裁量权，它通过细化量化行政裁量权的具体行使标准来实现对裁量权的自我规制。[①]党的十八大以来，构建行政裁量基准制度成为我国法治政府建设的重要路径和重要抓手。党的十八届四中全会通过的《全面依法治国决定》明确提出，要“建立健全行政裁量权基准制度，细化、量化行政裁量标准，规范裁量范围、种类、幅度”。党的十九届四中全会通过的《中共中央关于坚持和完善中国特色社会主义制度　推进国家治理体系和治理能力现代化若干重大问题的决定》强调，“严格规范公正文明执法，规范执法自由裁量权”。2021 年，中共中央、国务院印发的《法治政府建设实施纲要（2021—2025 年）》明确指出，“全面落实行政裁量权基准制度，细化量化本地区各行政执法行为的裁量范围、种类、幅度等并对外公布”。2021 年修订的《行政处罚法》第三十四条规定“行政机关可以依法制定行政处罚裁量基准，规范行使行政处罚裁量权”。2022 年 8 月，国务院办公厅出台的《关于进一步规范行政裁量权基准制定和管理工作的意见》，对裁量基准的制定与管理提出了明确要求。

在新时代法治政府建设过程中，必须注意健全行政裁量权基准，坚持法制统一、程序公正、公平合理、高效便民的原则，进一步规范行政裁量权基准制定和管理，合法合理规范行政裁量范围、种类、幅度，建立行政裁量权基准动态调整机制，做到过罚相当、宽严相济。重视裁量基准制定与管理的合法性问题，明确裁量基准的法律性质，确定裁量基准的制定主体和制定程序，确保裁量基准的内容不违反上位法，把握

① 参见周佑勇：《新时代推进行政裁量权基准制度建设的纲领性文件》，载《中国司法》2022 年第 8 期。

裁量基准与个案正义之间的适度平衡，有效推进行政执法规范化建设。①

（二）强化行政执法监督机制和能力建设

第一，行政执法监督机制和能力建设。“任何国家机关及其工作人员的权力都要受到制约和监督。”②行政执法监督是党和国家监督体系的重要组成部分，对于规范执法行为、提高执法效能，具有十分重要的作用。“行政机关拥有资源配置和社会管理的广泛权力，是各种腐败现象的汇合点。加强对行政权力的制约和监督，对法治政府建设至关重要。”③依法行政要求切实加强行政执法规范化建设，不断提升依法行政能力和行政执法水平。《法治政府建设实施纲要（2021—2025年）》明确要求，加强行政执法监督机制和能力建设，充分发挥行政执法监督统筹协调、规范保障、督促指导作用。强化行政执法监督的机制和能力建设，应立足党和国家工作大局，紧紧围绕人民群众关注的热点、难点、痛点问题，坚持问题导向，针对行政执法存在的实际问题和执法工作遇到的困难，深入调查研究，加强顶层设计。

第二，落实行政执法责任制和责任追究制度。严格落实行政执法责任制和责任追究制度是法治政府建设的应有之义。有权必有责、有责要担当、失责必追究。行政执法同基层和百姓联系最紧密，行政执法水平和质量的高低关系到人民群众切身利益，必须坚持有权必有责、有责要担当、失责必追究，进一步规范和监督执法活动，建立健全权责明晰的执法责任体系和责任追究机制，不断提高执法能力和水平。行政执法责任制与责任追究制度是关联相通的，确立行政执法部门与人员的责任是基础，严格考核并据此追责是关键。

（三）完善基层综合执法体制机制

党的二十大报告明确提出要“完善基层综合执法体制机制”。基层是社会治理的基础和重心，承担了大量行政管理职责，提升基层综合执法能力和水平对于推进依法行政至关重要。深化行政执法体制改革，重点在基层。只有加强基层执法力量，完善基

---

① 马怀德：《新时代法治政府建设的使命任务》，载《政法论坛》2023年第1期。

② 习近平：《在庆祝全国人民代表大会成立六十周年大会上的讲话》，载习近平：《论坚持全面依法治国》，中央文献出版社2020年版，第75页。

③ 张文显：《习近平法治思想研究（下）——习近平全面依法治国的核心观点》，载《法制与社会发展》2016年第4期。

层综合执法体制机制，才能从根本上提高行政执法的效率和公信力。党的十八大以来，我国开展了全方位的行政执法体制改革工作，并特别将基层综合行政执法改革作为其中的重要部分。2019 年，《关于推进基层整合审批服务执法力量的实施意见》强调要推进行政执法权限和力量向基层延伸和下沉，强化乡镇和街道的统一指挥和统筹协调职责。2020 年修订的《行政处罚法》将综合行政执法和乡镇街道行使行政处罚权正式写入立法，为推进基层综合行政执法改革工作提供了坚实的法律依据。2021 年《关于加强基层治理体系和治理能力现代化建设的意见》提出，依法赋予乡镇（街道）综合管理权、统筹协调权和应急处置权，强化其对涉及本区域重大决策、重大规划、重大项目的参与权和建议权。

第四节　法治社会是构筑基础

一、全民守法是法治社会的基础工程

2021 年，习近平总书记在中共中央政治局第三十五次集体学习时强调，坚定不移走中国特色社会主义法治道路，更好推进中国特色社会主义法治体系建设。① 习近平总书记对守法问题十分关注，在不同场合多次提及，形成了既符合时代需要又切合我国法治建设实际的“全民守法”理论。法治中国的建设是一个系统性工程，与习近平法治思想中的立法、司法、执法理论相比，在守法方面，习近平总书记指出，要把推进全民守法作为基础工程，推动各级领导干部带头尊法学法守法用法，引导广大群众自觉守法、遇事找法、解决问题靠法。要建设法治中国，就必须做到全民守法；唯有做到全民守法，才能筑牢法治社会根基。②

推进全民守法，必须抓住领导干部这个“关键少数”。“坚持抓住领导干部这个‘关键少数’”作为习近平法治思想“十一个坚持”中的重要内容，凸显了领导干部的重要地位与作用。③ 各级领导干部要带头做好表率担当，在尊法学法守法用法上走在前列，

---

① 习近平：《论坚持全面依法治国》，中央文献出版社 2020 年版，第 106 页。

② 《建设中国特色社会主义法治体系，总书记的最新论述》，载求是网，http://www.qstheory.cn/zhuanqu/2021-12/08/c_1128142253.htm，2023 年 5 月 7 日访问。

③ 《习近平在中央全面依法治国工作会议上强调　坚定不移走中国特色社会主义法治道路　为全面建设社会主义现代化国家提供有力法治保障》，载《人民日报》2020 年 11 月 18 日，第 1 版。

才能汇聚起法治建设的强大合力。各级领导干部要带头做守法的模范。各级领导干部带头守法，丝毫不逾越法治底线，不触碰法治红线，守住法治准线，才能营造良好的法治环境，才能为学法、守法、用法提供前提保障，才能为法治体系建设注入强大助推力。

推进全民守法，必须在全社会牢固树立法治观念。让法治观念在人们心中牢固树立起来，是新时代中国特色社会主义法治建设的一项重要内容。国家治理现代化离不开对权力的法治监督和对秩序的法治维护。无论是对权力的监督制约，还是对秩序的服从信守，都需要人民对法律发自内心的真诚拥护，增强法治观念也就成为实现国家治理现代化的思想条件和必然要求。只有增强法治观念，才能凝聚起建设社会主义法治国家的强大精神动力。人民是法治建设的主体，是法治国家的主人。人民权益要靠法律保障，法律权威要靠人民维护。各级领导干部在处理各类民生矛盾时，在破题破局改革发展中的重大问题时，要坚守法治底线和法治红线，正确处理政治和法治、改革和法治、依法治国和以德治国、依法治国和依规治党的关系，在坚持党的全面领导、保证人民当家作主等重大问题上做到头脑特别清晰、立场特别坚定。只有领导干部作为表率、人人参与的法治，全民守法才具有坚实的社会基础。只有将法治观念植根于民心，人人尊法学法守法用法，法治中国才能形神兼具、行稳致远。

二、强化依法治理、培育全社会法治信仰

“坚持全面依法治国，推进法治中国建设。”党的二十大报告提出，全面依法治国是国家治理的一场深刻革命，关系党执政兴国，关系人民幸福安康，关系党和国家长治久安。必须更好发挥法治固根本、稳预期、利长远的保障作用，在法治轨道上全面建设社会主义现代化国家。[①] 习近平总书记指出，法律要发生作用，首先全社会要信仰法律。法治信仰的培育既是一个法律体系不断健全、法治环境不断优化、执法司法公信力日渐提升的过程，也是一个法律主体对法治意识、法治思维、法治价值、法治精神、法治理念、法治方式逐渐认同和内化的过程。[②]

① 《习近平强调坚持全面依法治国，推进法治中国建设》，载中国政府网，http://www.gov.cn/xinwen/2022-10/16/content_5718818.htm，2023 年 5 月 7 日访问。

② 魏长领、李源：《法治信仰培育的两种模式及其关系》，载《郑州大学学报（哲学社会科学版）》2020 年第 4 期。

我国经过多年的法治宣传教育，增强了全社会的法治观念，提高了全体公民的法律素养，同时催生了人民群众日益增长的法律服务需求，也对科学立法、严格执法、公正司法提出了新的更高要求。2021 年 6 月，中共中央、国务院转发了《中央宣传部、司法部关于开展法治宣传教育的第八个五年规划（2021—2025 年）》，要求深入贯彻习近平法治思想，增强“四个意识”、坚定“四个自信”、做到“两个维护”，坚定不移走中国特色社会主义法治道路，紧紧围绕服务“十四五”时期经济社会发展，以使法治成为社会共识和基本准则为目标，以持续提升公民法治素养为重点，以提高普法针对性和实效性为工作着力点，完善和落实“谁执法谁普法”等普法责任制，促进提高社会文明程度，为全面建设社会主义现代化国家营造良好法治环境。根据这一规划的目标，到 2025 年，公民法治素养和社会治理法治化水平显著提升，全民普法工作体系更加健全。公民对法律法规的知晓度、法治精神的认同度、法治实践的参与度显著提高，全社会尊法学法守法用法的自觉性和主动性显著增强。多层次多领域依法治理深入推进，全社会办事依法、遇事找法、解决问题用法、化解矛盾靠法的法治环境显著改善。全民普法制度完备、实施精准、评价科学、责任落实的工作体系基本形成。

除了普法工作之外，在专业化人才培育方面，2023 年 2 月，中共中央办公厅、国务院办公厅印发了《关于加强新时代法学教育和法学理论研究的意见》，确立了到 2025 年的目标，法学院校区域布局与学科专业布局更加均衡，法学教育管理指导体制更加完善，人才培养质量稳步提升，重点领域人才短板加快补齐，法学理论研究领域不断拓展、研究能力持续提高，基础理论研究和应用对策研究更加繁荣，中国特色社会主义法治理论研究进一步创新发展。到 2035 年，与法治国家、法治政府、法治社会基本建成相适应，建成一批中国特色、世界一流法学院校，造就一批具有国际影响力的法学专家学者，持续培养大批德才兼备的高素质法治人才，构建起具有鲜明中国特色的法学学科体系、学术体系、话语体系，形成内容科学、结构合理、系统完备、协同高效的法学教育体系和法学理论研究体系。

三、法治建设既要抓末端、治已病，更要抓前端、治未病

党的二十大报告强调“加快建设法治社会”“推进多层次多领域依法治理，提升社

会治理法治化水平”。习近平总书记指出：“法治建设既要抓末端、治已病，更要抓前端、治未病。”要完善党委领导、政府负责、民主协商、社会协同、公众参与、法治保障、科技支撑的社会治理体系，打造共建共治共享的社会治理格局，依法维护社会秩序、解决社会问题、协调利益关系、推动社会事业发展，培育全社会办事依法、遇事找法、解决问题用法、化解矛盾靠法的法治环境，建设人人有责、人人尽责、人人享有的社会治理共同体，确保社会治理过程人民参与、成效人民评判、成果人民共享。

我国国情决定了我们不能成为“诉讼大国”。我国有14亿人口，大大小小的事都要打官司，那必然不堪重负！①我国传统儒家道德观主要根源农业文明并与之深度契合，“无诉”为价值追求的大传统诉讼文化，亦是源于对农业文明这一经济基础的回应，而之后不断壮大的商业文明的兴起，以宋代以降民间的“好诉之风”形成的一种新的诉讼文化氛围，这两种大小传统之间的张力和冲突，造成了两种诉讼文化之间的紧张。②改革开放以来，我国政治、经济、文化环境发生了重大变化，极大地促进了传统诉讼法律文化的现代转型。传统中国是以权力为核心的社会，崇尚权力、维护等级的思想压制了公民意识的产生和发展；到了今天，重构公民意识，意味着对权利的尊重和对权力的制约。③

习近平总书记强调，坚持和发展新时代“枫桥经验”，把非诉讼纠纷解决机制挺在前面，推动更多法治力量向引导和疏导端用力，加强矛盾纠纷源头预防、前端化解、关口把控，完善预防性法律制度，从源头上减少诉讼增量。党的十八大以来，以习近平同志为核心的党中央高度重视完善正确处理新形势下人民内部矛盾的有效机制；党的十九届四中全会提出要坚持和发展新时代“枫桥经验”，完善人民调解、行政调解、司法调解联动工作体系，完善社会矛盾纠纷多元预防调处化解综合机制，努力将矛盾化解在基层。2021年2月，中央全面深化改革委员会第十八次会议审议通过了《关于加强诉源治理推动矛盾纠纷源头化解的意见》，强调法治建设既要抓末端、治已病，更要抓前端、治未病。

---

① 习近平：《坚定不移走中国特色社会主义法治道路　为全面建设社会主义现代化国家提供有力法治保障》，载《求是》2021年第5期。

② 尤陈俊：《儒家道德观对传统中国诉讼文化的影响》，载《法学》2018年第3期。

③ 吴英旗：《传统诉讼法律文化现代转型的思考》，载《河北联合大学学报》2013年第4期。

四、坚持和发展新时代“枫桥经验”，完善社会矛盾纠纷多元预防调处化解综合机制

“枫桥经验”诞生于20世纪60年代初的基层实践中，已成为新时代村民自治、基层民主法治建设与社会治理的重要经验。党的十八大以来，习近平总书记高度重视坚持和发展“枫桥经验”，作出一系列重要论述。早在2013年10月，习近平总书记就坚持和发展“枫桥经验”作出了重要指示，要求各级党委和政府要充分认识“枫桥经验”的重大意义，发扬优良作风，适应时代要求，创新群众工作方法，善于运用法治思维和法治方式解决涉及群众切身利益的矛盾和问题，把“枫桥经验”坚持好、发展好，把党的群众路线坚持好、贯彻好。要推动更多法治力量向引导和疏导端用力，完善预防性法律制度，坚持和发展新时代“枫桥经验”，完善社会矛盾纠纷多元预防调处化解综合机制，更加重视基层基础工作，充分发挥共建共治共享在基层的作用，推进市域社会治理现代化，促进社会和谐稳定。

推进全民守法，必须全面提升社会治理法治化水平。中共中央印发《法治社会建设实施纲要（2020—2025年）》，强调推进社会治理法治化，其中一项重要内容就是依法有效化解社会矛盾纠纷。落实这一重要要求，需要坚持和发展新时代“枫桥经验”，完善社会矛盾纠纷多元预防调处化解综合机制，努力将矛盾纠纷化解在基层。①习近平总书记指出，要推动更多法治力量向引导和疏导端用力，完善预防性法律制度，坚持和发展新时代“枫桥经验”，完善社会矛盾纠纷多元预防调处化解综合机制，更加重视基层基础工作，充分发挥共建共治共享在基层的作用，推进市域社会治理现代化，促进社会和谐稳定。②近年来，从各地践行新时代“枫桥经验”的情况来看，完善各项体制机制化解社会矛盾纠纷，培育全社会办事依法、遇事找法、解决问题用法、化解矛盾靠法的法治环境，是推进社会治理法治化的重要途径。

“枫桥经验”是党的群众路线在基层社会治理中的生动实践，坚持和发展新时代

① 《法治社会建设实施纲要（2020—2025年）》，载中国政府网，http://www.gov.cn/zhengce/2020-12/07/content_5567791.htm，2023年5月7日访问。

② 习近平：《坚定不移走中国特色社会主义法治道路　为全面建设社会主义现代化国家提供有力法治保障》，载《求是》2021年第5期。

“枫桥经验”，首先应当加强和完善党的领导。习近平总书记强调，“要把加强基层党的建设、巩固党的执政基础作为贯穿社会治理和基层建设的一条红线”。①各地应当把党的基层组织作为创新社会治理的“主心骨”，强化党组织的政治引领、组织引领、能力引领、机制引领，有效整合基层力量资源，依法有效化解社会矛盾纠纷。要调动各方积极性，建立起法治化、规范化、常态化的多元纠纷解决机制。对于包括调解、仲裁、公证等在内的各种形态的纠纷解决机制，要加强统一部署和安排；对于各类调解组织，要建立配套的保障机制和激励机制；对于矛盾纠纷多发领域，要建立“一站式”纠纷解决机制。

以“枫桥经验”助力法治社会建设，还要在精细化、专业化上下功夫。随着社会分工越来越细，社会治理必然朝着精细化、专业化方向迈进，需要培育高素质、专业化的人才队伍。在制度领域，则需要深入推进诉讼与信访分离制度，推动各类调解与司法确认制度更好地对接，积极贯彻落实案件“繁简分流”改革，建立健全调解员的选任、培训、考核等制度。最后，“枫桥经验”是党领导人民群众创造和发展的经验，其一以贯之的根本立场就是坚持“以人民为中心”的发展理念，在社会治理中充分发挥人民群众的主体作用，依靠群众和发动群众，重视人的尊严与价值，始终维护广大人民群众的根本利益。②

五、依法治理网络空间

党的十八大以来，以习近平同志为核心的党中央高度重视互联网、发展互联网、治理互联网，深入推进网络强国战略，推动我国网信事业取得历史性成就、发生历史性变革。新时代新征程，要进一步加强网络空间治理，提高网络综合治理能力，不断提升网络空间治理效能，推动我国加快从网络大国向网络强国迈进。2019 年 7 月，中央全面深化改革委员会第九次会议审议通过《关于加快建立网络综合治理体系的意见》，推动网络治理由事后管理向过程治理、多头管理向协同治理转变。2021 年 9 月 14 日，中共中央办公厅、国务院办公厅印发了《关于加强网络文明建设的意见》(以下简称《意见》)，

---

① 中共中央文献研究室编：《习近平关于社会主义社会建设论述摘编》，中央文献出版社 2017 年版，第 129 页。

② 刘洋：《新时代枫桥经验中的传统法律文化底蕴》，载《领导科学论坛》2022 年第 12 期。

要求各地区各部门结合实际认真贯彻落实。①《意见》指出，加强网络文明建设，是推进社会主义精神文明建设、提高社会文明程度的必然要求，是适应社会主要矛盾变化、满足人民对美好生活向往的迫切需要，是加快建设网络强国、全面建设社会主义现代化国家的重要任务。《意见》包括总体要求、加强网络空间思想引领、加强网络空间文化培育、加强网络空间道德建设、加强网络空间行为规范、加强网络空间生态治理、加强网络空间文明创建、组织实施八个部分。习近平总书记指出："要坚持依法治网、依法办网、依法上网，让互联网在法治轨道上健康运行。"党的二十大报告提出："健全网络综合治理体系，推动形成良好网络生态。"网络空间天朗气清、生态良好，符合人民利益。

为保障网络强国战略的实现，党的十八大以来，我国先后制定了《网络安全法》《电子商务法》《数据安全法》《个人信息保护法》《反电信网络诈骗法》五部专门法律，出台了《网络安全审查办法》《云计算服务安全评估办法》等规章制度，制定发布了300余项国家标准，推动发布了多项我国主导和参与的国际标准，法治为我国网络安全和信息化事业发展保驾护航。我国持续推进法治化治理，完善长效治理机制。加强网络空间思想引领，坚持以习近平新时代中国特色社会主义思想统领互联网内容建设，推动党的创新理论走深走实。网络平台主体责任和行业自律有效落实；治理效能实现新提升，网络生态日益向好，网络空间法治化深入推进，网络违法犯罪打击防范治理能力持续提升。健全防范青少年沉迷网络工作机制，依法坚决打击和制止青少年网络欺凌，保护青少年在网络空间的合法权益。2022年4月19日，中央全面深化改革委员会第二十五次会议审议通过《关于加强数字政府建设的指导意见》，习近平总书记强调，要全面贯彻网络强国战略，把数字技术广泛应用于政府管理服务，推动政府数字化、智能化运行，为推进国家治理体系和治理能力现代化提供有力支撑。2023年6月9日，最高人民法院、最高人民检察院、公安部发布《关于依法惩治网络暴力违法犯罪的指导意见（征求意见稿）》，意在强化网暴治理。在维护国家网络安全方面，中国持续在网络基础资源、重要网络系统、网络数据等领域开展安全执法工作，有效防范化解安全风险，体系化构建网络时代的安全环境。

① 中共中央办公厅、国务院办公厅印发《关于加强网络文明建设的意见》，载中国政府网，http://www.gov.cn/xinwen/2021-09/14/content_5637195.htm，2023年5月7日访问。

第九章　坚持全面推进科学立法、严格执法、公正司法、全民守法

“科学立法、严格执法、公正司法、全民守法”既是我国新时代中国特色社会主义法治建设的指导方针，也是习近平法治思想的重要组成部分。坚持全面推进科学立法、严格执法、公正司法、全民守法，是全面依法治国的基本要求和重要环节。首先，建设中国特色社会主义法治体系必须坚持立法先行，推进科学立法、民主立法、依法立法，以良法促进发展、保障善治；其次，必须全面推进严格规范公正文明执法，将坚持依法行政、建设法治政府作为全面依法治国的重点任务；再次，必须推进公正司法，提高司法公信力，加快建设公正、高效、权威的社会主义司法制度，让人民群众在每一个司法案件中都感受到公平正义；最后，必须落实全民守法，加强法治宣传，将学法懂法、尊法信法、用法护法等环节有机地结合在一起，加快建设法治社会。

第一节　新时代中国特色社会主义法治建设方针概述

一、新时代社会主义法治建设方针的提出

与我国新时代中国特色社会主义法治建设的指导方针相对应的旧“十六字方针”是“有法可依、有法必依、执法必严、违法必究”，它是改革开放后我国社会主义法制建设的基本方针和要求。1978 年在党的十一届三中全会上，邓小平提出要“加强社会主义法制，使民主制度化、法律化，使这种制度和法律具有稳定性、连续性和极大的权威，做到有法可依，有法必依，执法必严，违法必究”。① 由此，有法可依、有法必依、执法必严、违法必究成为我国社会主义法制建设的基本方针和要求，为改革开放

① 《中国共产党第十一届中央委员会第三次全体会议公报》，载中共中央文献研究室编：《三中全会以来重要文献选编》(上)，人民出版社 1982 年版，第 10—11 页。

后我国社会主义民主法制建设发挥了重要的指导作用。

旧“十六字方针”向新“十六字方针”转化的重要历史背景是依法治国方略下社会主义法制建设向社会主义法治建设的转变。

1996年，第八届全国人大第四次会议把“依法治国，建设社会主义法制国家”作为一项基本方针，写入了《国民经济和社会发展“九五”计划和2010年远景目标纲要》。1999年3月，第九届全国人大第二次会议将“依法治国，建设社会主义法治国家”正式写入我国《宪法》。2002年11月，党的十六大报告把依法治国作为社会主义民主政治建设的重要内容和目标，强调依法治国是党领导人民治理国家的基本方略。在从“法制”向“法治”的转化中，“制”和“治”看起来只是一字之差，其实是一次重大的观念变革，表明中国不仅要加强法律制度建设，而且要从治国方式上根本抛弃“人治”传统。①

旧的“十六字方针”难以适应社会主义法治建设的需要。于此背景下，2012年11月8日，胡锦涛在中国共产党第十八次全国代表大会报告的第五部分“坚持走中国特色社会主义政治发展道路和推进政治体制改革”中，通过第四项“全面推进依法治国”提出：“法治是治国理政的基本方式。要推进科学立法、严格执法、公正司法、全民守法。”②2014年，党的十八届四中全会通过《全面依法治国决定》，指出“全面推进依法治国，总目标是建设中国特色社会主义法治体系，建设社会主义法治国家……实现科学立法、严格执法、公正司法、全民守法，促进国家治理体系和治理能力现代化”。由此，“科学立法、严格执法、公正司法、全民守法”成为指导我国新时代中国特色社会主义法治建设的新“十六字方针”。

2020年11月，习近平总书记在中央全面依法治国工作会议上对当前和今后一个时期推进全面依法治国的重点工作提出了“十一个坚持”的要求，其中第八项便是“坚持全面推进科学立法、严格执法、公正司法、全民守法”，这是习近平法治思想对依法治国工作布局的明确要求，也是新时代建设社会主义法治国家的重点任务。

---

① 肖扬：《依法治国基本方略的提出、形成和发展》，载《求是》2007年第20期。

② 胡锦涛：《坚定不移沿着中国特色社会主义道路前进　为全面建成小康社会而奋斗——在中国共产党第十八次全国代表大会上的报告》(2012年11月8日)，载《人民日报》2012年11月9日，第1版。

二、新时代社会主义法治建设方针的内容

科学立法、严格执法、公正司法、全民守法既是新时代中国特色社会主义法治建设方针的内容，也是全面推进依法治国的重点任务和重要环节。

（一）科学立法

科学立法在立法层面上要求法律规范的制定要遵循、反映和体现客观规律。实现科学立法，必须坚持以科学的理论为指导，从国情和实际出发，科学合理地规范自然人、法人和其他组织的权利与义务，科学合理地规范国家机关的权力与责任，使法律符合经济社会发展要求，使立法活动和立法效果体现公正、平等、民主、科学、法治等社会主义价值理念。科学立法中的“立法”是一个广义的概念，国家机关的一切制定法律规范的活动都属于立法的范畴。它既包括立法机关制定法律和地方性法规的活动，也包括行政机关制定行政法规、部门规章、地方政府规章以及规范性文件的活动。完善立法的同时，还要“完善包括市民公约、乡规民约、行业规章、团体章程在内的社会规范体系，为全面推进依法治国提供基本遵循”。[①] 推进科学立法，应当以具有中国特色的立法体制为依托，以提高立法质量为核心，着重抓好立法前、立法中和立法后几个主要环节，健全立法起草、论证、协调、审议机制，完善立法草案表决程序，增强法律规范的及时性、系统性、针对性、有效性，提高法律规范的可执行性、可操作性。在立法内容上要加强重点领域立法，使立法能够及时反映党和国家事业发展要求，能够回应人民群众的关切期待。对涉及全面深化改革、推动经济发展、完善社会治理、保障人民生活、维护国家安全的法律规范要抓紧制定并及时修改。同时，科学立法离不开民主立法和依法立法，三者统一于建设和完善具有中国特色的社会主义法治体系的立法实践之中。

（二）严格执法

严格执法是指国家行政机关及其工作人员在实施法律、行使行政管理权过程中的行政执法行为应符合严格、规范、公正、文明的要求。严格执法是对法律实施中执法

---

① 习近平：《加快建设社会主义法治国家》（2014 年 10 月 23 日），载习近平：《习近平著作选读》（第一卷），人民出版社 2023 年版，第 303 页。

不规范、不严格、不透明、不文明以及不作为、乱作为等突出问题的回应，是法律权威和实施效率的保障。在对严格执法的要求中，严格是执法基本要求，规范是执法行为准则，公正体现了执法的价值取向，文明体现了执法的职业素养，对这四个方面既要准确把握，也要全面贯彻，不能顾此失彼。推进严格执法，要着重抓好执法体制、执法方法、执法保障、执法监督等各个环节，确保法律公正、有效实施。在体制上，要以建设法治政府为目标，建立行政机关内部重大决策合法性审查机制，积极推行政府法律顾问制度，推进机构、职能、权限、程序、责任法定化，推进各级政府事权规范化、法律化，建立权责统一、权威高效的依法行政体制。在方法上，严格执法资质、完善执法程序，建立健全行政裁量权基准制度，建立执法全过程记录制度，推行人性化执法、柔性执法、阳光执法，在行政执法中体现文明和人文关怀。在保障上，全面提供政治、组织、队伍、人才、科技、信息等保障，其中最重要的便是强有力的政治组织保障和队伍人才保障。在监督上，对于行政执法行为要加强全方位的监督，充分发挥党内监督、人大监督、民主监督、行政监督、司法监督、审计监督、社会监督、舆论监督等各项监督的作用，增强监督合力和实效。

（三）公正司法

司法是维护社会公平正义的最后一道防线。司法工作的任务和目标就是通过公正的司法活动来维护社会公平正义，这体现了党中央提出的建设公正、高效、权威的司法体制的基本目标，旨在实现“努力让人民群众在每一个司法案件中感受到公平正义”的要求。我国在司法上采用了具有中国社会主义特色的广义司法的概念，将司法界定为包括审判、检察、侦查、执行等与依法处理案件相关的一系列专门活动。所以，司法在我国虽然主要体现为各级人民法院所从事的审判活动，但它还包括我国检察机关、公安机关、司法行政机关、监察机关以及国家安全机关等承担司法职能的国家机关依照法定职权和程序来处理案件的专门活动。推进公正司法，要着重抓好实体公正、程序公正和形象公正，三者相辅相成，紧密联系。其中，实体公正是司法公正的根本目标，程序公正是司法公正的重要保障，形象公正是司法公正的重要外在体现。要确保公正司法，各项司法活动的开展必须注重提高司法效率，坚持司法公开，狠抓司法廉洁，加强司法民主，促进公正司法落到实处，构建对公正司法的全面且有力的保障。

坚持公正司法是提升人民群众对司法工作认知度、认可度、信任度、满意度的根本途径，是提升司法公信力的最重要的抓手。

（四）全民守法

全民守法，就是任何组织或者个人都必须在宪法法律范围内活动，都必须依法行使权利或权力、依法履行义务或职责。全民守法是人民群众主动将法律付诸实践的一个动态过程，它将学法懂法、尊法信法、用法护法等环节有机地结合在一起。全民守法从守法主体范围的广泛性上体现了法律的普适性原则，强调社会主义法律平等适用的要求，法治宣传教育的对象首先就是全体普通民众，只有全民普法，才能实现全民知法和全民守法，才能广泛形成守法光荣、违法可耻的社会氛围，使尊法守法真正成为全体人民的共同追求和自觉行动。同时，在我国现实背景下，中国共产党是守法的带头者和模范示范者，要把领导干部作为普法的重点，确保各级党组织和党员干部带头模范守法。行使国家公权力的立法机关、司法机关、行政机关及其工作人员既是法律的制定者和实施者，也是守法的重要力量，还是责无旁贷的法治宣传者。要将普法与立法、执法、司法等环节紧密结合起来，严格落实有关国家机关的普法责任制，将立法、执法、司法全过程与法治宣传教育结合起来，切实增强法治宣传的效果。

三、新时代社会主义法治建设方针的内在逻辑

新时代中国特色社会主义法治建设十六字方针内含法律运行的逻辑体系。新十六字方针覆盖法律运行的立法、执法、司法和守法四个主要环节，抓住了新时代法治建设的主要矛盾，既体现了法治建设各环节的全面性，又符合我国法律运行的基本逻辑规律。立法、执法、司法和守法是一个一体推进、具有层次性和有机联系的整体。

立法是法治建设的起始环节，科学立法与民主立法和依法立法相配合，确保在有法可依基础上所立之法是“良法”“善法”，实现真正的良法之治，这是现代法治思想最基本的要求。科学立法是严格执法、公正司法和全民守法的前提和基础，它为执法、司法和守法三项活动提供明确的法律依据和立法指引。

“徒法不足以自行”，有了好的法律，还必须通过有效的实施使良法发挥积极作用，而严格执法和公正司法正是社会主义法治建设中对法律实施的重要要求。通过严格执

法和公正司法这两大法律实施途径，既可以确保体现人民意志的法律规范得到有效贯彻，也是对科学立法的有效保障，同时通过行政公信力和司法公信力的提高，使法律的权威性得以维护，增强了人们对法律规范的认同感和遵守法律规范的自觉性，为全民守法奠定坚实的基础。

全民守法是社会主义法治的根基和保障，它是科学立法、严格执法、公正司法价值目标实现后的最优状态，又为科学立法、严格执法、公正司法更好的实现提供了价值共识、文化土壤。社会主义法治建设深刻改变了中国人民的思想信念，民主、法治、公平等理念逐步深入人民心中，形成人人信仰法治的局面是法治建设的核心追求和基本保障。①

值得注意的是，新十六字方针包含的“科学立法”“严格执法”“公正司法”所严格对应的并不是立法机关、执法机关、司法机关这三个主体，而是立法、执法、司法这三项活动，而且其中的立法、司法等均采用了最广义的概念，将一切法律规范的创制活动都纳入“立法”的范畴，将我国审判机关、检察机关、公安机关、司法行政机关、监察机关以及国家安全机关等参与的一切司法活动都纳入了“司法”的范畴。然而，“严格执法”中的“执法”一词要做狭义上的理解，它主要是指国家行政机关及其工作人员在行使行政管理权的过程中，依照法定的职权和程序，贯彻实施法律的活动，其含义基本等同于行政执法。只有这样，将“严格执法”与“科学立法”和“公正司法”相并列作为我国新时代中国特色社会主义法治的建设方针才能形成清晰而严密的内在逻辑。

四、新时代社会主义法治建设方针的意义

（一）新时代中国特色社会主义法治国家建设的基本要求

从产生背景、确立目的、指导思想、实施重点等多方面来看，“有法可依、有法必依、执法必严、违法必究”的社会主义法制建设“十六字方针”是以完善法律制度建设为中心，着重解决有法可依、有法必依的问题。当我们将“依法治国，建设社会主

① 叶青：《坚持全面推进科学立法、严格执法、公正司法、全民守法》，载《法治现代化研究》2021 年第 2 期。

义法治国家”作为治国方略写入《宪法》，当我国社会主义法律体系已基本建成之后，旧的“十六字方针”已不能适应新时代法治建设的需要。在此背景下，以习近平同志为核心的党中央把全面依法治国纳入“四个全面”战略布局，面对新形势的需要对依法治国战略需求作出全新判断，提出新时代法治建设的“科学立法、严格执法、公正司法、全民守法”新十六字方针。这个转变体现了立法导向的法制建设向以法治国家为目标的法治建设的转变，是形式法治向实质法治的深刻转型，实现了社会主义法治理念和实践的跨越式发展，适应了新时代中国特色社会主义法治国家建设的基本要求。

（二）全面推进依法治国的重要环节

全面依法治国是一个系统工程，要整体谋划，更加注重系统性、整体性、协同性。习近平法治思想对如何建设社会主义法治国家提出了科学严密的阐释，可以概括为“三位一体、四个环节、五大体系”。“三位一体”是指“法治国家、法治政府、法治社会一体建设”；“四个环节”是指“科学立法、严格执法、公正司法、全民守法”；“五大体系”是指“完备的法律规范体系、高效的法治实施体系、严密的法治监督体系、有力的法治保障体系、完善的党内法规体系”。“四个环节”全面覆盖立法、执法、司法和守法四个法治建设指标，以“四个环节”为内容的新时代中国特色社会主义法治建设方针明确了全面推进依法治国战略的具体方向和任务。

（三）建设社会主义法治国家的重点任务

与推进国家治理体系和治理能力现代化、建设社会主义法治国家的日标相比，我国目前的法治建设还存在诸多问题，在立法、执法、司法、守法方面突出表现为：有的法律法规未能全面反映客观规律和人民意愿，针对性、可操作性不强，立法工作中部门化倾向、争权诿责现象较为突出；有法不依、执法不严、违法不究现象比较严重，执法体制权责脱节、多头执法、选择性执法现象仍然存在，执法司法不规范、不严格、不透明、不文明现象较为突出，群众对执法司法不公和腐败问题反映强烈；部分社会成员尊法信法守法用法、依法维权意识不强，一些国家工作人员特别是领导干部依法办事观念不强、能力不足，知法犯法、以言代法、以权压法、徇私枉法现象依然存在等。对此，有针对性地解决这些问题，全面推进科学立法、严格执法、公正司法、全民守法成为建设社会主义法治国家的重点任务。

（四）习近平法治思想的核心要义

坚持全面推进“科学立法、严格执法、公正司法、全民守法”是习近平法治思想的核心要义之一。2020 年 11 月，习近平总书记在中央全面依法治国工作会议上对当前和今后一个时期推进全面依法治国的重点工作提出了“十一个坚持”的要求。“十一个坚持”是习近平法治思想的核心要义，是习近平法治思想的重要组成部分，是习近平法治思想对依法治国工作布局的明确要求，是习近平总书记对如何建设法治国家所提出的明确分工和具体任务。

第二节　科学立法

党的十八届四中全会在《全面依法治国决定》中对科学立法给予了高度重视，明确指出：“建设中国特色社会主义法治体系，必须坚持立法先行，发挥立法的引领和推动作用，抓住提高立法质量这个关键。”作为新时代中国特色社会主义法治建设方针之一的科学立法是提高立法质量的指导性原则和核心途径，是建设中国特色社会主义法治体系的先决性工作，是法治国家建设的重要内容，是严格执法、公正司法、全民守法的前提和基础。

一、科学立法的内涵

根据马克思主义的辩证唯物主义学说，生产力决定生产关系，经济基础决定上层建筑。作为上层建筑组成部分的法律规范必须反映经济基础并与经济基础相适应。正如马克思所说的：“社会不是以法律为基础。那是法学家们的幻想。相反地，法律应该以社会为基础，法律应该是社会共同的、由一定物质产生方式产生的利益和需要的表现，而不是单个人恣意横行。”① “无论是政治的立法还是市民的立法都只能表明和记载经济关系的要求而已。”② 因而，必须坚持科学立法，使立法符合客观经济条件和经济规律的要求，“立法者应该把自己看作一个自然科学家。他不是在创造法律，不是在发明

---

① 中共中央马克思恩格斯列宁斯大林著作编译局：《马克思恩格斯全集》第 6 卷，人民出版社 1961 年版，第 291—292 页。

② 中共中央马克思恩格斯列宁斯大林著作编译局：《马克思恩格斯全集》第 4 卷，人民出版社 1958 年版，第 121—122 页。

法律，而仅仅是在表述法律，他用有意识的实在法把精神关系的内在规律表现出来”。①

科学立法，就是要求法律准确反映和体现所调整社会关系的客观规律，同时遵循法律体系的内在规律。科学立法的核心，在于立法要尊重和体现规律。实现科学立法，必须坚持以科学的理论为指导，从国情和实际出发，科学合理地规范公民、法人和其他组织的权利与义务，科学合理地规范国家机关的权力与责任，使法律符合经济社会发展要求，真正经得起实践和历史的检验。②

值得注意的是，对科学立法中的“法”应作广义而不是狭义的理解，它不仅仅是指全国人大及其常委会通过的法律、国务院颁发的行政法规、地方各级人大及其常委会通过的地方性法规以及自治条例和单行条例，也包括国务院各部门的规章、地方政府的规章以及有关国家机关发布的规范性文件。一切法律规范的创制活动都要符合科学立法的要求。

二、科学立法的主要问题

要做到科学立法，确保立法尊重和符合客观规律，就必须在立法中坚持从我国的国情和实际出发，坚持走具有中国特色的社会主义法治建设道路。目前我国立法工作存在的比较突出的问题是立法质量问题和立法效率问题。

一方面，改革开放以来，我国立法工作取得的成就举世瞩目，在2010年底形成中国特色社会主义法律体系。在中国特色社会主义进入新时代之后，立法面临着新形势、新任务和新要求，“人民群众对立法的期盼，已经不是有没有，而是好不好、管用不管用、能不能解决实际问题；不是什么法都能治国，不是什么法都能治好国；越是强调法治，越是要提高立法质量”。③因此，要抓住提高立法质量这个关键，深入推进科学立法、民主立法，完善立法体制和程序，努力使每一项立法都符合宪法精神、反映人

---

① 中共中央马克思恩格斯列宁斯大林著作编译局：《马克思恩格斯全集》第1卷，人民出版社1995年版，第347页。

② 张德江：《提高立法质量　落实立法规划——在全国人大常委会立法工作会议上的讲话》，载中国人大网，http://www.npc.gov.cn/npc/c238/201311/891aa5de337e40bfb09e62a4c92e4493.shtml，2023年3月13日访问。

③ 习近平：《全面推进科学立法、严格执法、公正司法、全民守法》（2013年2月23日），载习近平：《论坚持全面依法治国》，中央文献出版社2020年版，第20页。

民意愿、得到人民拥护。

另一方面，虽然我国社会主义法律体系已经建成，但立法是一项长期的任务。立法必须紧跟时代步伐，回应实践需要。随着社会的发展，新生事物不断出现，为减少和消除法律的盲区和空白，就需要及时开展对新兴领域的立法。同时，对那些已有的与现实脱节的法律也要及时地进行补充、修改甚至废除。法律的立、改、废都要注重提高效率，防止久拖不决。习近平指出："有些部门和地方反映，立法工作和改革发展不同步，慢半拍甚至拖后腿问题比较突出。"① 立法工作在保证质量的前提下要提高效率，适应新时势立法工作的需要，与改革开放和现代化建设进程相适应，切实为社会稳定和经济发展提供充分的立法保障。

三、科学立法的环节

推进科学立法，应当以具有中国特色的立法体制为依托，着重抓好立法前、立法中和立法后几个主要环节。

立法前要抓好立法项目规划和论证。履行立法职能的国家机关要适应现实立法需求，以增强立法系统性、整体性、协同性、时效性为导向，突出重点领域、新兴领域、涉外领域立法，做好科学的立法规划。在充分论证必要性和可行性的基础上，确定立法项目。

立法中要完善工作机制，优化立法方法，狠抓立法质量。既要坚持民主立法，广泛征求各方意见，积极回应社会关切，也要坚持依法立法，严格遵守宪法的规定，严格依照相关法律法规和程序的规定进行立法。同时，加强立法调查研究，加强立法评估、咨询、论证，准确认识和把握事物的本质和规律，确保立法质量，切实增强法律的可执行性和可操作性。此外，注重运用科学的立法方式，适应不同立法的需求和任务，综合运用制定、修改、废止、解释等多种形式，增强立法工作的协调性、及时性、系统性。

立法后要加强对立法的跟踪和管理。立法的通过和实施决不意味着立法工作的完

① 习近平：《为做好党和国家各项工作营造良好法治环境》(2019 年 2 月 25 日)，载习近平：《论坚持全面依法治国》，中央文献出版社 2020 年版，第 254 页。

结，出台相关立法的国家机关要关注立法效果，建立健全常态化、规范化的立法后评估制度，运用科学的方法和技术，对已出台法律规范的制度设计、实施效果、存在问题等进行跟踪、调查、评价，为相关立法的修改、废止、解释等提供依据。

四、科学立法与民主立法和依法立法

习近平指出，推进科学立法工作，要“提高科学立法、民主立法、依法立法水平，不断完善中国特色社会主义法律体系”。①

所谓民主立法，就是要求法律真正反映最广大人民的共同意愿、充分实现最广大人民的民主权利、切实维护最广大人民的根本利益。民主立法是习近平法治思想中“坚持以人民为中心”的核心要义在立法上的反映。民主立法的核心，在于立法要为了人民、依靠人民。实现民主立法，必须坚持人民主体地位，贯彻群众路线，充分发扬民主，保证人民通过多种途径有序参与立法，使立法更好地体现民情、汇聚民意、集中民智，尊重和保障人权，促进人的全面发展。推进民主立法，应当着重增强立法的公开性，完善立法论证、听证、法律草案公开征求意见的制度，积极发挥专家在立法中的作用，健全公众意见采纳情况反馈机制。

所谓依法立法，就是要求立法体现合法性要求，不得违背宪法的精神和原则，不得违背《立法法》及相关法律所规定的立法权限和立法程序的规定，不得违背上位法的规定，维护社会主义法制的统一和尊严。依法立法是社会主义法治原则在立法中的具体体现。根据依法立法的要求，一是要遵守宪法的精神和原则，坚持依宪立法；二是要依法定权限立法，遵循“法无授权不可为”的公权力行使原则，各立法主体应准确把握各层次立法的权限安排和功能定位，处理好宪法、法律、行政法规、地方性法规与规章的关系；三是要依法定程序立法，无论是法律规范的起草、审议、公布，还是法律规范的修改、废止，都要严格遵守法定程序，确保各项立法活动在法定轨道上运行；四是要确保内容合法，各层次立法在不得违背上位法规定的同时，要注重与相同位阶但不同社会领域、法律部门之间制度规范的相互衔接一致，避免各地、各部门

① 习近平：《在中央全面依法治国委员会第一次会议上的讲话》（2018年8月24日），载习近平：《论坚持全面依法治国》，中央文献出版社2020年版，第233页。

之间立法的冲突和矛盾，确保法制的统一。

科学立法离不开民主立法和依法立法，三者相辅相成，是密不可分的统一整体。依法立法是基本前提，不依法制定的法律缺乏合法性前提，其科学性和民主性将无从谈起；民主立法是重要保障，只有坚持立法公开，提升立法的民主性，才能使立法决策更加符合人民群众的需求和客观实际，才能切实提高立法质量，增进立法实效；科学立法是关键要求，它既在方法论上为立法工作提供指导，又在价值层面衡量立法质量的高低，是判断立法质量的重要标尺，同时也只有坚持科学立法，才能更好地促进民主立法和依法立法。科学立法与民主立法和依法立法三者统一于建设和完善具有中国特色的社会主义法治体系的立法实践之中。

第三节　严格执法

法律的生命力在于实施，法律的权威也在于实施，而法律的实施是一项系统工程，执法便是其至关重要的环节之一。严格执法既是法治的基本要求，也是法律贯彻实施的重要保障。

一、严格执法的内涵

要准确把握严格执法的内涵，首先就必须厘清执法与司法以及行政执法等概念之间的关系。

从文义上来看，执法就是执行法律即法律的执行，广义的执法是指国家行政机关、司法机关及其公职人员依照法定程序实施法律的活动。现实生活中人们将司法机关审判案件的活动称为执法办案即是从广义的执法而言。然而，我国新时代中国特色社会主义法治建设的指导方针将“严格执法”与“公正司法”相并列，因此“严格执法”中的“执法”一词要作狭义上的理解，它主要指国家行政机关及其工作人员在行使行政管理权的过程中，依照法定的职权和程序，贯彻实施法律的活动。可见，“严格执法”中执法的含义基本等同于行政执法。作为行政机关实施法律法规、履行行政职能、对社会生活进行全面管理的主要方式，行政执法是行政机关最重要的职能之一，是法治政府建设的关键环节。

不过，行政机关的职能从学理上并不仅限于行政执法，除行政执法之外，还包括行政立法和行政司法。以公安机关为例，公安机关属于行政机关，但公安机关除依法实施行政处罚、行政强制措施以及行政许可等行政执法行为外，还依法实施刑事侦查、决定执行刑事强制措施、执行及代为执行刑罚等刑事司法行为，包括刑事案件立案、侦查、预审，决定执行刑事强制措施，对依法不应当追究刑事责任的不予立案，已经追究的撤销案件，对侦查终结应当起诉的案件移送人民检察院审查决定，对判处有期徒刑并在交付执行前或剩余刑期在3个月以下的服刑犯负责代为执行，同时负责执行被依法判处拘役、剥夺政治权利、驱逐出境等犯罪分子等，这些行为都属于司法行为。同时，国家及地方公安机关还从事制定部门规章以及规范性文件的立法行为。因此，狭义上的执法即行政执法只是行政机关法定职能的一个方面，对应我国新时代中国特色社会主义法治建设的指导方针，严格执法是对行政执法的要求，而行政机关的行政立法行为和行政司法行为则分别与指导方针中的科学立法和公正司法相对应。

从文义上来看，“严格执法”应当是指国家行政机关及其工作人员在实施行政执法行为时要认真遵守法律规范，严守标准，不偏离原则，不放松、不马虎。但因为该词中包含“严格”二字，因此往往会被大众理解为执法者对于执法对象要严格，从而容易让人将之混同于“从严执法”甚至“从重执法”。然而，行政执法中的“严”与“宽”是相辅相成、相互补充、缺一不可的，正确的态度和做法是当严则严，当宽则宽，宽严相济，否则，单独地强调“严”或者“宽”都会失之于片面和偏颇。作为我国新时代中国特色社会主义法治建设的指导方针，行政执法仅仅“严格”是远远不够的。“强调严格执法，让违法者敬法畏法，但绝不是暴力执法、过激执法，要让执法既有力度又有温度。”①党的二十大报告提出，严格规范公正文明是行政执法工作的生命线，也是有机统一的整体。因此，“严格执法”中的“严格”一词应作广义的解释，应当将它视为“严格规范公正文明”的统称。

综上，所谓严格执法，即严格规范公正文明执法，是指国家行政机关及其工作人员在实施法律、行使行政管理权过程中的行政执法行为应符合严格、规范、公正、文

① 习近平：《坚定不移走中国特色社会主义法治道路　为全面建设社会主义现代化国家提供有力法治保障》，载《求是》2021年第5期。

明的整体要求。

二、严格执法的要求

如前所述，严格规范公正文明是行政执法中有机统一的整体要求。其中，严格是执法基本要求，规范是执法行为准则，公正体现了执法的价值取向，文明体现了执法的职业素养，对这四个方面既要准确把握，也要全面贯彻，不能顾此失彼。

（一）严格执法

与作为我国新时代中国特色社会主义法治建设指导方针的“严格执法”中对“严格”一词的广义理解相比，此处的“严格”是从狭义上取义。我国社会主义法制建设的旧的“十六字方针”是“有法可依、有法必依、执法必严、违法必究”，其中后三项方针所针对的“有法不依”“执法不严”“违法不究”等现实问题实际上都与不能做到严格执法相关。当中国特色社会主义法律体系基本形成之后，执法更成为法治建设的关键环节。于此情形之下，“如果有了法律而不实施，或者实施不力，搞得有法不依、执法不严、违法不究，那制定再多法律也无济于事。我们社会生活中发生的许多问题，有的是因为立法不够、规范无据，但更多是因为有法不依、失于规制乃至以权谋私、徇私枉法、破坏法治”。[①]只有坚持严格执法，在行政执法过程中严格依照法律行事，不徇私情，做到有法必依、执法必严、违法必究，不让任何违法犯罪分子逃脱法网，才有助于促进社会公平正义的实现，提高执法公信力，维护国家法律的权威和尊严。

（二）规范执法

规范执法是指国家行政机关及其工作人员的行政执法行为应符合规范化的要求，确保执法的条件和程序合法、规范、统一。行政行为的种类很多，包括行政许可、行政处罚、行政强制、行政征收、行政给付、行政检查、行政确认、行政奖励、行政裁决以及其他依行政职权所为的行为，不同行政行为内容不同，在执法的条件和程序上有着明显的区别。现实中行政机关在实施各类行政行为时存在诸多执法不规范的现象，如执行条件不规范、执法程序不规范、执法方式不规范、适用法律不规范、执法案卷

① 全国人大常委会办公厅、中共中央文献研究室：《人民代表大会制度重要文献选编》(四)，中国民主法制出版社、中央文献出版社2015年版，第1579页。

管理不规范以及执行人员着装和用语不规范等，因此，有关人员必须加强业务学习，提高专业化水平，进一步规范执法行为。对于行政执法中的自由裁量权，要建立健全裁量权基准制度，细化、量化行政裁量标准，规范裁量范围、种类、幅度，提高执法规范化水平。目前行政机关大力推行重在规范执法程序的执法全过程记录制度，通过文字、音像记录等形式，对行政执法各个环节进行记录，全面、系统归档保存，做到执法全过程留痕和可回溯管理，这必将对推进规范执法发挥积极作用。

（三）公正执法

公正既是对司法行为的要求，也是对行政执法行为的要求。国家行政机关及其工作人员所实施的行政执法行为在合法的前提下，还应当符合社会公平正义的要求，确保法律效果和社会效果的统一。执法人员在实施行政执法行为时，不仅要正直公道、不徇私情、不偏不倚，而且要充分考虑与执法行为相关的各种因素，确保裁量适当，行为适度，符合立法目的，不违背公序良俗。目前各级行政机关促进公正执法的重要措施之一便是推行行政执法公示制度，主动、及时地向社会公开执法信息，让行政执法在阳光下运行，主动接受社会和广大人民群众的监督，打造“阳光政府”，以公开促公正努力，让人民群众在每一项行政执法行为中都能感受到公平正义。

（四）文明执法

所谓文明执法，是指国家行政机关及其工作人员要贯彻以人为本的理念，以文明的方法执法办案，在实施行政执法行为的过程中充分尊重行政执法相对人的权益，坚持教育与处罚相结合，管理与服务相结合，防止执法中的各种不文明现象。根据文明执法的要求，执法人员要举止文明，态度公允，用语规范；广泛运用说服教育、劝导示范、警示告诫、指导约谈等方式，推行柔性执法和轻微违法免罚，慎用或者不用强制处罚手段；即使依法需要采取强制处罚手段的，也要合法合情合理，尊重执法相对人的人格尊严，不得粗暴对待当事人；兼顾行政目标实现和保护相对人权益之间的平衡，如果行政目标的实现可能对相对人的权益造成不利影响，要尽可能将这种不利影响限制在最小的范围和限度之内；行政机关要狠抓执法纪律和职业道德教育，全面提高执法人员的文明素质等。

三、严格执法的环节

（一）执法体制

习近平指出："针对当前依然存在的执法不规范、不严格、不透明、不文明以及不作为、乱作为等突出问题，必须加快建立权责统一、权威高效的依法行政体制。"[①] 行政执法体制是依法行政体制的核心内容，行政执法体制的改革要进一步深化。要以建设法治政府为目标，建立行政机关内部重大决策合法性审查机制，积极推行政府法律顾问制度，推进机构、职能、权限、程序、责任法定化，推进各级政府事权规范化、法律化。根据不同层级政府的事权和职能，按照减少层次、整合队伍、提高效率的原则，合理配置执法力量。推进综合执法，尤其是在食品药品安全、工商质检、公共卫生、安全生产、文化旅游、资源环境、农林水利、交通运输、城乡建设、海洋渔业等重点领域内推行综合执法，有条件的领域可以推行跨部门综合执法。严格实行行政执法人员持证上岗和资格管理制度，健全行政执法和刑事司法衔接机制，全面落实行政执法责任制等，通过优化执法体制为严格执法提供坚实基础。

（二）执法方法

严格执法是对执法机关的约束和要求，绝不能将严格执法片面或错误地理解为"从严执法"甚至"从重执法"，否则，单独地强调"严"难免失之于片面和偏颇，既背离了执法的规范性和公正性，也违背了将"严格执法"作为新时代中国特色社会主义法治建设指导方针之一的初衷。可见，执法中仅仅有"严"的一面是远远不够的，要不断拓展和创新行政执法方式，让执法既有力度又有温度，努力做到宽严相济，推行人性化执法、柔性执法、阳光执法。为适应规范执法的要求，要进一步完善执法程序，建立执法全过程记录制度，健全行政裁量权基准制度，细化、量化行政裁量标准，规范裁量范围、种类、幅度，坚决消除运动式执法、差别式执法和选择性执法，确保行政行为的连贯性、稳定性和一致性。坚持文明执法，在执法方式方法上充分尊重行政执法相对人的权益，坚持教育与处罚相结合，管理与服务相结合，维护社会的和谐

① 习近平：《论坚持全面依法治国》，中央文献出版社2020年版，第220页。

和稳定。在当前时期，尤其是要加强人性化执法，对执法相对人加强理解、尊重、关爱和帮助，在行政执法中体现人文关怀。

（三）执法保障

严格执法的实现有赖于对执法工作的全面保障。2014年《全面依法治国决定》就将“有力的法治保障体系”纳入中国特色社会主义法治体系之中。而《法治中国建设规划（2020—2025）》更是专章规定为全面依法治国提供“政治、组织、队伍、人才、科技、信息等保障”，其中最重要的便是强有力的政治组织保障和队伍人才保障。在政治组织保障上，党的领导是中国特色社会主义最本质的特征，是社会主义法治最根本的保证。各级党政机关和领导干部要始终支持行政执法机关依法公正行使职权，党“保证执法”就是实现严格执法的最大底气。在队伍人才保障上，大力提高行政执法队伍思想政治素质、业务工作能力、职业道德水准，推进正规化、专业化、职业化，加强对协管人员等非正式编制人员的培训、约束和管理，维护执法队伍的形象。

（四）执法监督

习近平总书记强调指出：“我们要加强对执法活动的监督，坚决排除对执法活动的非法干扰，坚决防止和克服地方保护主义和部门保护主义，坚决防止和克服执法工作中的利益驱动，坚决惩治腐败现象，做到有权必有责、用权受监督、违法必追究。”①对于行政执法行为要加强全方位的监督，充分发挥党内监督、人大监督、民主监督、行政监督、司法监督、审计监督、社会监督、舆论监督等各项监督的作用，努力形成科学有效的权力运行制约和监督体系，增强监督合力和实效。同时，要全面落实行政执法责任制，健全事前、事中、事后监督有效衔接机制，对违法违纪人员依法追究责任，切实促进执法人员依法行政，增强政府公信力，保证法律规范的正确实施，维护自然人、法人和非法人组织的合法权益。

第四节　公正司法

司法是维护社会公平正义的最后一道防线。司法工作的任务和目标就是通过公正

① 习近平：《论坚持全面依法治国》，中央文献出版社2020年版，第21—22页。

的司法活动来维护社会公平正义。坚持依法治国，就必须建立和健全公正、高效、权威的社会主义司法制度，“努力让人民群众在每一个司法案件中都感受到公平正义”。[①]

一、公正司法的内涵

关于“司法”的含义和范围，学界有不同观点。许多西方国家以“三权分立”理论为基础，将司法等同于审判，因此司法机关也就主要指甚至仅仅指审判机关。与之不同，自新中国成立以来，我国在司法上采用了具有中国特色社会主义的广义司法的概念，将司法界定为包括审判、检察、侦查、执行等与依法处理案件相关的一系列专门活动。“广义上的司法权是指由司法机关在审判、检察、侦查、执行等司法活动中行使的权力，具体包括审判权、检察权、侦查权和执行权等。”[②]

我国《宪法》文本在内容排列上，与第3节“国务院”相并列的是第8节“人民法院和人民检察院”，并明确人民法院是国家的审判机关，人民检察院是国家的法律监督机关，这实际上意味着宪法将法院和检察院等同视为行政机关之外的司法机关。党中央的许多重要文件也佐证了这一基本观点，如，2004年9月党的十六届四中全会通过的《中共中央关于加强党的执政能力建设的决定》指出：“支持审判机关和检察机关依法独立公正地行使审判权和检察权，提高司法队伍素质，加强对司法活动的监督和保障。”2006年《中共中央关于进一步加强人民法院、人民检察院工作的决定》更加明确地指出：“人民法院和人民检察院是国家司法机关，是人民民主专政的国家机器的重要组成部分，肩负着贯彻依法治国基本方略的重要使命。”党的十七大报告则再次强调：“深化司法体制改革，优化司法职权配置，规范司法行为，建设公正高效权威的社会主义司法制度，保证审判机关、检察机关依法独立公正地行使审判权、检察权。”这些无疑都表明，我国的法院和检察院都是司法机关。[③]

公安机关和司法行政机关的性质比较特殊，虽然二者在架构上属于行政机关（政府）领导和管辖的范畴，但又都从事一定的司法事务或者与司法相关的事务，甚至有

① 习近平：《习近平谈治国理政》，外文出版社2014年版，第145页。
② 刘武俊：《司法行政权的界说及其合理配置》，载《理论导刊》2003年第9期。
③ 参见陈光中、崔洁：《司法、司法机关的中国式解读》，载《中国法学》2008年第2期。

些法律法规直接将其视为司法机关。例如，我国《刑法》第九十四条规定："本法所称司法工作人员，是指有侦查、检察、审判、监管职责的工作人员。"公安人员负有一定的侦查职责，而监狱、劳动教养、戒毒等场所的司法行政人员负有一定的监管职责，二者都属于此处的"司法工作人员"范畴。我国《未成年人保护法》则将"公安机关、人民检察院、人民法院和司法行政部门"依法履行职责对未成年人合法权益的保障都纳入了该法第7章所专章规定的"司法保护"。

2018年十三届全国人大一次会议通过的《中华人民共和国宪法修正案》规定设立国家监察委员会和地方各级监察委员会。各级监察委员会是国家的监察机关，监察机关办理职务违法和职务犯罪案件，应当与审判机关、检察机关、执法部门互相配合，互相制约。而职务违法犯罪案件的侦查和预防工作，在本质上属于司法活动的范畴，因此，监察机关虽然不属于司法机关，但其确定无疑地履行一定的司法职能。

此外，国家安全机关行使特殊侦查权，依法办理危害国家安全的重大刑事案件，同样从事一定的司法活动，履行一定的司法职能。

综上可见，我国在司法上采用了具有中国特色社会主义的广义司法的概念。司法虽然主要是指我国各级人民法院所从事的审判活动，但它还包括我国检察机关、公安机关、司法行政机关、监察机关以及国家安全机关等履行一定司法职能的机关依照法定职权和程序来处理案件的专门活动。

公正即公平正义，它既是司法活动的目的和追求，也是对司法行为本身的基本要求。公正司法的基本内涵就是司法活动要符合公平正义的要求，在其过程和结果中要坚持和体现公平正义的原则。正如习近平总书记所指出的"所谓公正司法，就是受到侵害的权利一定会得到保护和救济，违法犯罪活动一定要受到制裁和惩罚。如果人民群众通过司法程序不能保证自己的合法权利，那司法就没有公信力，人民群众也不会相信司法。法律本来应该具有定纷止争的功能，司法审判本来应该具有终局性的作用，如果司法不公、人心不服，这些功能就难以实现"。①

① 习近平：《全面推进科学立法、严格执法、公正司法、全民守法》(2013年2月23日)，载习近平：《论坚持全面依法治国》，中央文献出版社2020年版，第22页。

二、公正司法的要求

公正司法是司法权运作过程中各种因素达到的理想状态。要实现公正司法，就必须在司法活动中做到实体公正、程序公正和形象公正。三者相辅相成，紧密联系。其中，实体公正是司法公正的根本目标，程序公正是司法公正的重要保障，形象公正是司法公正的外在表现和提升司法公信力的重要抓手。

（一）实体公正

所谓实体公正，又称结果公正，是指司法活动就诉讼当事人的实体权利和义务关系所作出的裁决或处理是公正的，即通过审判将实体法律规范所确立的一般公正转化为对个案处理的结果上的公正。关于实体公正的构成要件，学术界有不同观点。一是两要件说，主张实体公正的构成要件有二，即判决是以事实为根据，适用法律正确。① 二是三要件说，认为实体公正由判决是以事实为根据、适用法律正确和同等情况同等对待（即同案同判）三要件构成。三是四要件说。四要件说有两种，一种认为实体公正的四个构成要件是判决结果符合形式正义、判决结果所依据的事实真实、判决结果严格依据现行法律规定作出、判决结果能够适用平衡各种效益；② 另一种认为实体公正的四个构成要件是裁判结果所依据的案件事实的认定正确、裁判结果适用法律正确、裁判结果能够衡平各方权益、同等情况同等对待。③

（二）程序公正

程序公正，又称过程公正，是指裁判过程和法律程序所体现的公平正义。程序公正作为一种观念，最早起源于英国古老的“自然正义”（Natural Justice）原则。其含义是：一方面，任何人都不可以自己审理自己或者审理与自己存在着利害关系的人的案件；另一方面，要充分听取原告、被告双方当事人的诉词或陈述。自然正义是司法审判应该满足的最低条件，任何人都不得违反，否则，该司法审判活动就是无效的。自然正义后来发展成为程序公正，它正体现了一句人所共知的法律格言：“正义不仅应得

① 公丕祥、刘敏：《论司法公正的价值内涵及制度保障》，载信春鹰等主编：《依法治国与司法改革》，中国法制出版社 1999 年版，第 203 页。

② 江伟：《民事诉讼机制的变革》，人民法院出版社 1998 年版，第 11—15 页。

③ 王盼：《审判独立与司法公正》，中国人民公安大学出版社 2002 年版，第 177—199 页。

到实现，而且要以人们看得见的方式加以实现。”程序公正是确保当事人诉讼权利得以实现的前提。当事人合法权益的保护必须通过行使诉讼权利来实现。因此，能否充分行使好法律规定的各项诉讼权利事关当事人的实体权利能否得到保护，事关法律规定能否在司法实践中得到执行。可以说，程序不公是对当事人基本权利的一种剥夺。没有程序上的公正，实体公正就会成为一句空话，当事人的合法权益最终也难以得到保障。

（三）形象公正

随着法治建设的进步和社会的发展，人民群众的法治观念和法律意识越来越强，对司法的要求也越来越高，因此，除了实体公正和程序公正之外，司法人员的形象公正也愈来愈成为司法公正的基本要求和必备内容。形象公正要求司法人员在司法活动中，应当严格遵守各项司法礼仪，保持良好的仪表和文明的举止，维护司法机关的尊严和司法人员的良好形象。例如，要认真、耐心地听取当事人和其他诉讼参与人发表的意见；除非因维护法庭秩序和庭审的需要，开庭时不得随意打断或者制止当事人和其他诉讼参与人的发言；使用规范、准确、文明的语言，不得对当事人或其他诉讼参与人有任何不公的训诫和不恰当的言辞；司法人员从事各种职务外活动，应当避免使公众对公正司法和清正廉洁产生合理怀疑，避免影响司法职责的正常履行，避免对司法机关的公信力产生不良影响等。

三、公正司法的保障

要确保公正司法，各项司法活动的开展还必须注重提高司法效率，坚持司法公开，狠抓司法廉洁，加强司法民主，促进公正司法落到实处，构建对公正司法的全面而有力的保障。

（一）司法效率

“迟到的公正不是公正”，公正与效率是司法活动的两大永恒主题。与公正一样，司法效率是现代司法理念的重要内容和必然要求。要实现和提高审判效率，法官履行职责时，就要在坚持司法公正的前提下，认真、及时、有效地工作，尽可能地缩短诉讼周期，降低诉讼成本，力求在法定期限内尽早结案，以尽可能合理、节约的审判资源最大限度地谋取对社会公平和正义的保障。目前，各司法机关通过各项措施提高司法效率，例如，在各诉讼领域普遍实行案件繁简分流，把有效的资源集中到重大、复杂案件上；简化立案程序，拓展邮寄立案、电话立案等方式；建立诉讼与非诉讼相衔接的矛盾纠纷多元解决机制，形成调解、仲裁、诉讼等多层次、多渠道的矛盾化解机制，及时有效化解矛盾纠纷；加强信息化建设，大力推行网上预约立案、信息查询、网上审批、网上办公等，高效便捷地维护了群众的诉讼权益。

（二）司法公开

阳光是最好的防腐剂，只有坚持司法公开，才能让暗箱操作没有空间，让司法腐败无法藏身。近年来，行使司法职能的各国家机关及其工作人员积极推行公开，以人民法院为例，大力建立公开透明的审判权力运行机制，坚持主动公开、依法公开、全面公开和实质公开，以公开为原则、以不公开为例外，将司法公开覆盖审判执行工作各领域、各环节，使得司法公开涵盖了立案公开、庭审公开、文书公开、执行公开、听证公开、审务公开、监督公开等全过程，在实施中注重以制度建设为前提，推动司法公开的规范化，最大限度保障人民群众的知情权、参与权、表达权和监督权。同时，人民法院切实回应群众关切，不断完善司法公开平台的互动功能、服务功能和便民功能，把深化司法公开变成人民法院和人民群众双向互动的过程，让司法公开成为密切联系群众的桥梁纽带。

（三）司法廉洁

司法是维护社会公平正义的最后一道防线，一次不公正的裁判，其恶果甚至超过十次犯罪，而贪污腐化是司法不公正的罪魁祸首，司法廉洁是打造司法公正的重要基石。目前，负有司法职能的人员在办理案件过程中还不能完全杜绝贪污腐化行为以及办理“金钱案”“权力案”“人情案”的现象，这都是司法不廉洁在司法活动中的体现。对此，相关机关要牢记“打铁必须自身硬”的道理，锲而不舍地加强队伍建设，常态化开展党内法规、职业行为规范、违纪违法警示等教育活动，引导司法办案人员强化纪律意识，坚守纪律底线，坚决拒绝为案件当事人及其关系人请托说情、打探案情、通风报信，拒绝私下会见案件当事人及其关系人，拒绝为案件当事人及其关系人批转、转递涉案材料，非因履行职责或者非经正当程序不得过问他人正在办理的案件，让司法权依法独立运行，切实维护社会公平正义。

（四）司法民主

我国是人民民主专政的社会主义国家，人民是国家的主人，国家的一切权力属于人民，因此，司法机关的产生和决策体制以及各项具体的司法活动都必然体现了人民性或民主性的特征。司法民主是社会主义民主制度在司法领域的重要体现，它既是对司法活动的重要要求，也是对司法公正的有力保障。在司法民主制度中，人民陪审员制度是人民群众了解司法、参与司法、监督司法的直接形式，长期以来，我国各级人民法院把广泛吸收人民陪审员参加审判工作作为扩大司法民主的重要手段。同样，特约监督员制度是我国法院特有的司法制度，在推进司法民主方面发挥了重要作用。公民对于国家机关及其工作人员有批评、建议权，对违法失职行为有申诉、控告或者检举权，这构成对司法活动进行监督、推进司法民主的重要方式。

四、公正司法与司法公信力

司法公信力是人民群众对司法工作认知度、认可度、信任度的综合反映，而一个国家或地区司法公信力的高低，是衡量其司法文明程度乃至法治文明程度的重要标尺。司法公信力建设对于推进公正司法、构建法治国家、促进社会和谐具有重大意义。

随着我国依法治国方略的全面推进和司法体制改革的逐步深入，司法公信力建设的重要性也日益凸显。党的十八大报告在小康社会的新要求中明确提出了司法公信力。习近平总书记在中共中央政治局第 21 次集体学习时强调“以提高司法公信力为根本尺度，坚定不移深化司法体制改革”，指出：“司法体制改革必须为了人民、依靠人民、造福人民。深化司法体制改革，要广泛听取人民群众意见，深入了解一线司法实际情况、了解人民群众到底在期待什么，把解决了多少问题、人民群众对问题解决的满意度作为评判改革成效的标准。”①

公正司法是影响司法公信力的最直接、最重要和最核心的因素。总的来说，司法工作客观状况的好坏与司法公信力的高低构成正相关关系，即：如果司法活动中能够做到公正司法，当事人以及社会公众对司法的满意度和信赖度就必然上升，司法公信

---

① 习近平：《以提高司法公信力为根本尺度　坚定不移深化司法体制改革》，载《人民日报》2015 年 3 月 26 日，第 1 版。

力也相应提高；反之，司法不公正，司法工作做得不好，当事人对司法活动不满意，社会公众对司法的信赖度必然下降，司法公信力也随之下降。可见，要提高司法公信力，就必须狠抓公正司法。坚持公正司法是提升司法公信力的最重要的抓手。

然而值得注意的是，不能将司法工作的客观状况视为影响甚至决定司法公信力的唯一因素。司法公信力受到多重因素的影响和制约，这些因素既包括司法工作的客观情况，也包括司法工作之外与司法相关的因素（如普通公众自身与司法机关打交道的体验，亲朋好友参与司法活动的经历，电视、报纸等传统媒体以及微信、微博等新媒体上传播的与司法相关的信息，突发的司法事件等），还包括一些与司法工作无关的因素（如公民个体的成长经历、教育背景、工作经验、收入状况、认知能力等），司法公信力是多重因素叠加影响的结果。因此，司法公信力的提升既有赖于司法机关大力提高工作的质量和效率，加强司法公开，坚持司法为民，重视法治宣传，推行公正司法，也有赖于新闻媒体对于司法工作、司法活动和司法事件进行客观、正面的宣传和报道，还有赖于普通公众端正认识，增强法律意识和认知能力，牢固树立法律信仰，全面、客观地看待司法。因此，司法公信力的提升是一项综合性的系统工程。

第五节　全民守法

法律的权威源自人民的内心拥护和真诚信仰。全面依法治国最广泛、最深厚的基础就是人民。作为新时代中国特色社会主义法治建设方针的全民守法是全面依法治国、建设法治社会的基础工程和长期任务，是体现人民当家作主、推进社会主义民主法治建设的重要环节。

一、全民守法的内涵

全民守法，就是任何组织或者个人都必须在宪法法律范围内活动，任何公民、社会组织和国家机关都要以宪法法律为行为准则，依照宪法法律行使权利或权力、履行义务或职责。[①]

---

① 习近平：《全面推进科学立法、严格执法、公正司法、全民守法》（2013 年 2 月 23 日），载习近平：《论坚持全面依法治国》，中央文献出版社 2020 年版，第 23—24 页。

全民守法的主体和客体均具有多层次性。

从主体上来讲，首先，普通民众是守法的最广泛主体。国家的法律规范只有得到人们的广泛接受，才能获得完全的持久的效力。广大的普通的社会公众是守法的一般对象，任何人都不得有超越宪法法律的特权，任何人违反了宪法法律都要受到追究。其次，在中国现实背景下，中国共产党是守法的带头者和模范示范者，各级党组织和党员干部必须带头模范守法。最后，行使国家公权力的立法机关、司法机关、行政机关及其工作人员既是法律的制定者和实施者，也是守法的重要力量，绝不允许任何人以任何借口或任何形式来以言代法、以权压法、徇私枉法。

从客体上来讲，全民守法所守的“法”应当是最广义的概念，它包括一切法律规范，从效力最高的我国的根本大法宪法到全国人大及其常委会通过的基本法律和一般法律，从国务院颁布的行政法规到有立法权的地方人大通过的地方性法规以及自治条例和单行条例，从国务院各部门的规章到地方政府的规章以及有关国家机关发布的规范性文件，甚至还包括我国参与和承认的国际条约以及习惯法等。

二、全民守法的环节

全民守法是人民群众主动地将法律付诸实践的一个动态过程，它将学法懂法、尊法信法、用法护法等环节有机地结合在一起。

首先，学法懂法是全民守法的前提和条件。现实生活中，许多人走上违法犯罪道路的重要原因之一就是不知法、不懂法。虽然随着我国社会主义法治体系的初步建成，各层次法律规范的数量非常庞大，要对所有法律部门的法律进行全面而深入的学习未免不太可行，但普通民众对于我国的根本大法宪法以及刑法、民法、劳动法、诉讼法、行政法等基本法律规范中与自己日常生活密切相关的法律知识进行学习还是非常有必要的。只有学法，才能知道哪些行为是法律所允许或倡导的，哪些行为是法律所否定和禁止的，由此在逐步培养社会主义法律意识的同时为尊法信法和用法护法创造条件。

其次，尊法信法是全民守法的基础和保障。“一切法律中最重要的法律，既不是刻在大理石上，也不是刻在铜表上，而是铭刻在公民的内心里。”“法律必须被信仰，否则它将形同虚设。”普通公众之所以要学法懂法，目的不是对抗法律、破坏法律、逃避法律或者恶意规避法律，而是树立法律信仰，发自内心地尊重法律，敬畏法律，对法有一种心悦诚服的认同感和归依感，信任法律的公平公正，愿意接受法律的约束和调整，不断增强守法意识。

最后，用法护法是全民守法的实施和体现。普通民众对法律进行学习和掌握的意义最终仍然是体现在对法的使用和实施上。对于立法活动，广大民众要积极通过有效途径和方式参与立法，把自己的立法诉求表达出来；对于执法活动，切实支持、配合行政机关的执法活动并对其进行有效的监督；对于司法活动，信任司法并将其作为化解矛盾、处理纠纷的最权威、最有效的方式，放弃靠闹访、制造群体性事件以及找门路、托关系、请客送礼等不正当方式来解决矛盾纠纷的错误做法。老百姓在学会拿起法律的武器来保护自己的合法权益的同时，要积极与各种违法犯罪行为作斗争，维护和捍卫法律的尊严。

三、全民守法与法治宣传教育

如前所述，学法懂法是全民守法的前提和条件，是培养、树立法律意识和法律信仰的重要环节，而法治宣传教育则是实现学法懂法的重要手段和途径。要把法治宣传教育作为一项基础性、先导性、长期性的工作来抓，推进全面依法治国，归根到底要靠全民法治素质的提高，靠依法办事习惯的养成。因此，法治宣传教育的对象首先就是全体普通民众，只有全民普法，才能实现全民知法和全民守法，才能广泛形成守法光荣、违法可耻的社会氛围，使尊法守法真正成为全体人民的共同追求和自觉行动。可以说，全民普法是全面依法治国的四梁八柱之一，对法治中国建设起着基础性的关键作用。

全民守法与科学立法、严格执法、公正司法是一个有机的整体，法治宣传教育中，要将普法与立法、执法、司法等环节紧密结合起来，严格落实有关国家机关的普法责任制。一方面，立法的全过程，无论是立法规划、立法调研、文本起草等立法前的准备工作，还是法律案的提出、审议、表决、通过、公布等正式立法程序以及立法后的评估工作等，都可以与普法结合起来。在立法过程中实施有效的普法，开展立法机构与人民群众的有效互动，有助于人民群众积极了解法律法规出台的背景、价值，适时参与到立法的讨论、修改中来，增强人民群众对立法的认可和信赖，是人民群众接受普法教育、树立法治思维、感受法治进程的重要渠道。另一方面，执法和司法作为法律实施的两大重要途径，也应与普法紧密结合起来。现实生活中，一些领域的违法犯罪行为未能得到有效根治的重要原因就是违法成本太低，违法行为未受到应有的处罚，其结果是劣币驱逐良币，守法者生存环境艰难而违法者日众，这给我们的法治环境带来极大的损害。因此，有关机关应当通过执法和司法这两大法律实施路径严惩违法行为，使违法者付出足够的代价，营造良好的守法环境。同时，建立和完善法官、检察官、行政执法人员等以案释法制度，相关主体在执法办案和司法办案过程中结合案情进行充分释法说理，对当事人乃至普通公众进行相应的法治宣传教育，确保借助执法和司法活动而使得针对性普法收到良好的效果。

党员干部是全面推进依法治国的重要组织者、推动者和实践者，与全面依法治国必须抓住领导干部这个“关键少数”一样，法治宣传教育也要抓住领导干部这个“关键少数”。各级领导干部“要系统学习中国特色社会主义法治理论，准确把握我们党处理法治问题的基本立场。首要的是学习宪法，还要学习同自己所担负的领导工作密切相关的法律法规”。[①] 领导干部要成为学法、尊法、守法、用法的模范，自觉提高运用法治思维和法治方式来深化改革、推动发展、化解矛盾、维护稳定的能力，时时处处做到依法办事，带头遵纪守法，捍卫法治。

① 习近平：《领导干部要做尊法学法守法用法的模范》（2015 年 2 月 2 日），载习近平：《习近平谈治国理政》（第二卷），外文出版社 2017 年版，第 127 页。

第十章　统筹推进国内法治和涉外法治

法治具有固根本、稳预期、利长远的保障作用，是社会治理的基本手段，并逐渐成为国家核心竞争力的重要内容。伴随着改革开放的进程，一个开放大国的法治国家建设必然包含外向型的法治内容。习近平法治思想顺应时代要求，在全面把握国内国际两个大局的基础上，深刻阐述了国内法治与涉外法治的时代内涵、辩证关系、根本要求及基本遵循。统筹推进国内法治和涉外法治的法治要求为建设中国特色社会主义法治体系、建设社会主义法治国家指明了前进方向；为我国积极参与全球治理改革、推动构建人类命运共同体提供了指导思想；也为我国应对复杂国际争端提供了必要的法治保障。统筹推进国内法治和涉外法治的法治要求标志着人类法治文明的历史性进步，有利于世界范围内的国际法治的发展与深化。

第一节　统筹推进国内法治和涉外法治的时代意蕴与重大意义

党的十八届四中全会通过的《全面依法治国决定》提出法治中国建设要“加强涉外法律工作”，并从工作层面角度对涉外法律工作进行了框架性的设计和规则。党的十九届四中全会通过的《中共中央关于坚持和完善中国特色社会主义制度　推进国家治理体系和治理能力现代化若干重大问题的决定》，首次提出“涉外法治”，要求“加强涉外法治工作”，强调要“加强涉外法治工作，建立涉外工作法务制度，加强国际法研究和运用，提高涉外工作法治化水平”。自此，“涉外法治”的概念进入国家法语。[①]党的十九届五中全会通过《中共中央关于制定国民经济和社会发展第十四个五年规划和2035年远景目标的建议》，进一步强调“加强涉外法治体系建设，加强国际法

① 何志鹏：《涉外法治：开放发展的规范导向》，载《政法论坛》2021年第5期。

运用”。

2020 年 11 月召开的中央全面依法治国工作会议正式确立了习近平法治思想，并将之确立为全面依法治国的根本指导思想。习近平总书记在这次会议上作出《坚定不移走中国特色社会主义法治道路为全面建设社会主义现代化国家提供有力法治保障》的重要讲话，首次明确提出“坚持统筹推进国内法治和涉外法治”及“十一个坚持”。这“十一个坚持”是习近平法治思想的核心要义，为我国法治建设提出了更高要求，也为我国应对复杂国际环境的法治发展指明了方向。

2021 年 1 月，中共中央印发了《法治中国建设规划（2020—2025 年）》。该规划在重申以往文件的基础上进一步细化，提出“加强涉外法治工作”的系列要求，包括完善涉外法律和规则体系、积极参与国际规则制定、推动形成公正合理的国际法律体系；同时以“一带一路”为主要领域，加快推进我国法域外适用的法律体系建设，强化涉外法律服务，维护我国公民、法人在海外及外国公民、法人在我国的正当权益等。这些具体工作的目标都聚焦提高涉外工作法治化水平，着眼于适应高水平对外开放工作的需要。2021 年 3 月，第十三届全国人大第四次会议表决通过了《中共中央关于制定国民经济和社会发展第十四个五年规划和 2035 年远景目标纲要》。该纲要第 59 章“全面推进依法治国”指出，要加强重点领域、新兴领域、涉外领域立法；加强涉外法治体系建设，加强涉外法律人才培养。

党的二十大报告重申要“加强重点领域、新兴领域、涉外领域立法”，同时强调“统筹推进国内法治和涉外法治，以良法促进发展、保障善治”。党的二十大报告首次单独把法治建设作为专章论述并且专门部署，充分体现了党中央对全面依法治国的高度重视。报告明确强调统筹推进国内法治和涉外法治，要不断谱写马克思主义中国化时代化新篇章，继续推进实践基础上的理论创新，把握好新时代中国特色社会主义思想的世界观和方法论，运用好贯穿其中的立场观点方法等。

一、当前时代背景的法治呼应

随着中国对外交往的不断扩大，中国与世界各国的依赖程度也日益加深。2001 年中国加入世界贸易组织，中国经济加速融入世界经济体系，同时也承担了更多的国际义务。2008年全球金融危机之后，中国成为G20成员之一，与美国及全球各主要经济体共同行动，在较短的时间内使全球金融体系恢复稳定。中国逐渐成为世界经济治理的重要参与者，在全球和区域层面的多边机制中不断提高制度性话语权，如积极参与国际货币基金组织（IMF）的投票权改革、主办G20杭州峰会、推动通过《巴黎协定》、与主要新兴经济体创建“金砖国家”合作机制、发起成立亚洲基础设施投资银行（AIIB）等。

在百年未有之大变局下，国际环境日益复杂，政治、经济、贸易和技术等领域的斗争层出不穷，特别是某些大国以制裁、干涉和滥用“长臂管辖”等手段打压中国企业，给中国正常的国际贸易与投资带来严重障碍。在此背景下，统筹推进国内法治与涉外法治显得尤为重要。

二、国家战略意图的法治保障

坚持统筹推进国内法治和涉外法治，加强涉外法治工作和涉外法治体系建设，主要有四个战略意图：

一是要加快涉外法治工作战略布局。在涉外法治领域强化顶层设计、总体布局，统筹兼顾、协调各方，统一领导、督促落实，协调推进国内治理和国际治理，更好维护国家主权、安全、发展利益。

二是要加快涉外法治体系建设。从立法、执法、司法、守法、法律服务等领域入手，形成系统完备的涉外法律法规体系，提升涉外执法及司法效能；引导我国法律主体在“走出去”过程中更加自觉地遵守当地法律法规和风俗习惯，运用法治手段维护自身合法权益；强化涉外法律服务，注重培育一批国际一流的仲裁机构、调解机构、律师事务所等，把涉外法治保障和服务工作做得更有成效。

三是要在对外工作中强化法治思维和法治方式。在对外工作中，善于运用法治思维和法治方式，有效应对挑战、防范风险，综合利用立法、执法、司法等手段开展对外斗争，坚决维护国家主权、尊严和核心利益。

四是从国际层面讲，要推进全球治理与国际法治。具体而言，就是习近平总书记在一系列重要讲话中反复强调的“三个坚持”“三个坚定维护”，即中国要坚持真正的多边主义，坚持走和平发展道路，坚持践行共商共建共享的全球治理观；要坚定维护以联合国为核心的国际体系，坚定维护以国际法为基础的国际秩序，坚定维护以联合国宪章宗旨和原则为基础的国际法基本原则和国际关系基本准则；对不公正不合理、不符合国际格局演变大势的国际规则、国际机制，要提出改革方案，推动全球治理体系变革和建设，推动构建人类命运共同体。显然，以上任何一项战略意图的实现都离不开涉外法治的推进，所以统筹推进国内法治和涉外法治是上述国家战略意图的法治保障，具有重大的战略意义。①

三、人类命运共同体的法治构建

国家和国际社会的治理方式是多样化的，包括法律、政治、道德等，但法律在全球范围内已经被公认是最主要的治理方式。参加2005年世界首脑会议的各国领导确认：国内层面与国际层面的善治与法治，对于稳定的经济增长、可持续发展以及消除贫困与饥饿是至关重要的。联合国大会、秘书处等通过了大量关于如何促进国内法治与国际法治的文件，如2005年《世界首脑会议成果》。虽然这些联合国文件并没有法律拘束力，但它们表明法治在国际社会中已被确认为最主要的治理方式。②

自党的十八大报告首次提出“倡导人类命运共同体意识”以来，习近平总书记在一系列国际场合倡议构建人类命运共同体，并多次深入浅出地阐释该理念的真知灼见。人类命运共同体理念是习近平法治思想中有关国际法治的核心理念，也是习近平法治思想的国际法治意涵的核心部分。它不但具有丰富的国际法内涵，而且具有重大的国际法意义。习近平总书记指出，构建人类命运共同体，应当“坚持对话协商，建设一个持久和平的世界”“坚持共建共享，建设一个普遍安全的世界”“坚持合作共赢，建设一个共同繁荣的世界”“坚持交流互鉴，建设一个开放包容的世界”“坚持绿色低碳，建设一个清洁美丽的世界”。③其中蕴含着和平与安全、合作与发展、平等与自由、可持续发展等诸多国际法宗旨和原则，清晰展现了人类命运共同体理念的国际法内涵。统筹推进国内法治和涉外法治正是人类命运共同体理念在我国的伟大法治构建和具体实践。

① 黄进：《论统筹推进国内法治和涉外法治》，载《中国社会科学》2022年第12期。
② 蔡从燕：《统筹推进国内法治和涉外法治中的“统筹”问题》，载《武大国际法评论》2022年第4期。
③ 习近平：《共同构建人类命运共同体》，载《求是》2021年第1期。

第二节　统筹推进国内法治和涉外法治的丰富内涵

统筹国内国际两个大局是中国共产党治国理政的基本理念和基本经验之一。从法治格局上看，全面依法治国涵盖国内和国际两个大局。坚持统筹推进国内法治和涉外法治的主张，是统筹国内国际两个大局的战略思想在法治领域的具体体现和法治实践。

一、国内法治、涉外法治与国际法治的概念辨析

法治包括国内法治、涉外法治和国际法治三个概念。以中国的立场和本位来看，法治包括国内法治和涉外法治；从国际社会的视角看，中国积极参与并维护以国际法为基础的国际法治。厘清三个概念以及三者之间的关系对于深刻理解“统筹推进国内法治和涉外法治”这一命题至关重要。

（一）国内法治

主权是国家具有的独立自主地处理自己的对内和对外事务的最高权力。国家的对内主权和对外主权是国家主权的两个方面，两者密不可分、相辅相成。国家基于主权依法治国，处理自己对内、对外事务的立法、执法、司法、守法、用法和法律服务等诸多领域的活动，就是国家法治。国家法治既包含处理纯国内事务的法治活动，也包含处理本国对外事务的涉外法治活动。国内法治就是国家处理纯国内事务的法治活动。

（二）涉外法治

涉外法治概念的提出，突出了妥善处理涉外法律关系[①]和加强涉外法治建设在全面依法治国方略中的重要作用。从一国的视角看，涉外法治工作处理的是该国的涉外事务，是一国的立法、执法、司法机关和法律服务机构、相关自然人、法人和其他组织，依该国法律法规，特别是涉外法律法规以及缔结或者参加的国际条约，处理涉外事务的法治活动。可以说，涉外法治主要表达的是一种从民族国家指向国际社会的视角，是特定国家针对国际秩序和国际法治提出的法治建设方面的立场、方案与建议。[②]因此，

---

① 涉外法律关系是指在法律关系的诸因素中至少有一个因素与外国或者境外的人、事、物有联系的法律关系。

② 张龑：《涉外法治的概念与体系》，载《中国法学》2022年第2期。

涉外法治主要包括两个相互交织的层面：积极层面在于参与全球法律治理改革，推动构建更加公平公正的国际法治；消极层面在于以具体法治的方式防御和反制抽象法治及其背后的霸权。我国涉外法治体系建设应以人类命运共同体与国家尊严为双重理念基础，以尊重国家主权与尊严、保护核心利益与发展利益以及善意合作与依法斗争相结合为原则，构建包括立法、执法、司法以及涉外法律服务等多层次的具体制度体系。①

从立法的角度来看，涉外立法既包括国内立法机关制定的调整涉外关系的法律法规，也包括被我国现行法律制度认可的解决涉外关系的国际法规则，因此涉外立法工作需要强调整体性思维。基于此，涉外法治至少包括以下三大部分：第一，我国国内法中的涉外部分，包括涉外立法、执法、争端解决（司法、仲裁、调解等）等方面的工作。第二，国际法治中的一部分，主要是指为国际法治贡献中国智慧和中国方案，以及中国参与和推动的国际法治的进程。第三，涉外法治还应涵盖溢出国内法治的国家主权安全和海外利益保护等方面的法律保障。

（三）国际法治

在国际领域，一国要积极参与全球治理体系变革，推动国际关系的民主化和法治化，引领构建公平正义的国际法治。国际法治是与国家法治相对应的概念，是国际社会基于国际法原则、规则、制度处理国际事务的法治活动。可以说，国家法治和国际法治是全球法治的两个方面，两者相互关联、相互影响、相互交融，但分属于两个不同的治理范畴和法治体系。坚持统筹推进国内法治和涉外法治，并积极参与建设国际法治，是建设社会主义法治强国的必然要求，也是在国际层面推动构建人类命运共同体的坚实保障。

二、国内法治、涉外法治、国家法治与国际法治之间的关系

（一）国内法治与涉外法治构成国家法治

从法治体系的角度看，国内法治和涉外法治是国家法治的两个方面，同属并从属于各国主权管辖下的国家法治体系。国内法治和涉外法治是法治中国建设不可分割的有机组成部分，两者相互联系，相辅相成。法治中国建设不能只讲国内法治而忽略涉

① 张龑：《涉外法治的概念与体系》，载《中国法学》2022 年第 2 期。

外法治，同样，涉外法治也不能脱离或违背国内法治。应将国内法治和涉外法治两者当作一个整体来考量，以整体性思维来统筹推进，不能顾此失彼。

（二）涉外法治表现为国际法治的本土化

国家法治和国际法治是全球法治的两个方面。从世界的视角看，涉外法治工作处理的是关涉不同国家之间的事务，其开展不仅需要考量所关涉的不同国家的法治状况，更不能忽视国际法律规范。因此，涉外法治是国际法治从一国角度的表达和表现，也属于国际法治的一部分。统筹推进国内法治和涉外法治的要求体现了国内法治与国际法治的互动。①

国际法治的本土化，包括涉外规范的本地落实和国际法在域内适用的制度安排。中国一方面充分认可这些全球共同理念，另一方面也积极履行国际承诺，并将这些体现了中国意愿、意志和理念的规范和进程引入中国，使之成为中国法的一部分，为国际社会共同应对风险和挑战积极努力，作出贡献。

（三）涉外法治是国内法治与国际法治的连接与中介

一国国内法在域外的延伸适用，及国际法和外国法在一国境内的转承适用，都需要借助涉外法治的连接和中介。涉外法治并未改变国内法与国际法“二元分立”的大格局。涉外法治仅有部分内容与国际法治相重叠，如国际习惯法和本国缔结或加入的国际条约在国内的适用。涉外法治中的许多法律法规只是国内法对于涉外法律关系的调整，是独立于国际法存在的，其立法依据是本国宪法或相关国内立法，适用范围也仅限于本国域内，并不必然涉及国际法的适用；同理，“涉外法治是国内法治的对外延伸”的判断也只是部分周延，因为涉外立法的法律效力和适用范围并非都延伸至域外。②

全球治理需要各国依本国法律对本国实行有效治理，即国内法治，也需要依国际法进行跨国治理和国际治理，即国际法治。涉外法治是国内法治和国际法治的结合部分、交叉部分、重叠部分。对我国而言，涉外法治是国内法治的对外延伸，仍是国内法治的一部分；而对国际社会而言，从第三者的视角来看，也可以把涉外法治部分视为国际法治的一部分。当然，国际法治涉及面更广大得多，仅就一国而言的涉外法治

① 黄进、鲁洋：《习近平法治思想的国际法治意涵》，载《政法论坛》2021 年第 3 期。

② 黄惠康：《准确把握“涉外法治”概念内涵统筹推进国内法治和涉外法治》，载《武大国际法评论》2022 年第 1 期。

是与其不可相提并论的。①

（四）以国内法治发展引领国际法治建设

尽管国际法和国内法属于不同的法律体系，但由于国内法和国际法的制定者都是国家，因此国际法和国内法不是互相对立的，而是密切联系、互相渗透和互相补充的。在国家参与国际法的规划、制定、监督和实施等方面，一国行之有效的法治理念、文化、原则可以拓展到涉外事务，贡献于国际体系。一国参与全球事务的法律治理具有多种形式，包括带动国际社会形成全球磋商机制，参与区域、全球组织机构，对全球事务进行筹划和推进等。对于一个国家而言，既可以接纳的态度投入国际法规范的确立和运行之中，也可以采取主动筹划、积极引领的态度推进国际法的形成、监督和实施，从双边或者多边角度，确立国际法规范的“硬法”或者“软法”，并积极推进这些规范的良好运行。

改革开放后，中国长期存在一种流传广泛的“以开放促动改革”的理念，也就是外国及国际的理念与先进经验，为中国提供了改革的方向与方式。在这一阶段，中国的国内法治在很大程度上是受国际法治引领和带动的。尤其是在中国加入世界贸易组织的过程中，世界贸易组织法律制度对我国国内法治提出一系列要求。时任中国外经贸部部长石广生在接受央视财经频道记者采访时表示，中国在入世准备过程中，全国人大已审议通过新修订的三部外资大法，国务院各有关部门也已修改清理了约二千三百份相关的法规、文件。②

国际法治不是一个外在于中国的既定体系和进程，中国有诸多的参与机会去调整、改变和引领国际法的价值、规范体系和程序安排。国内法与国际法的互动，一方面体现为涉外立法与我国缔结或加入的国际条约相衔接；另一方面体现为国内法对国际法形成的参与和影响。例如，2020 年我国修改专利法，将外观设计专利权的保护期由 10 年延长至 15 年，以适应我国加入《工业品外观设计国际注册海牙协定》的需要。又如，党的十八大以来，我国生态环境保护领域立法取得令世人瞩目的成就，为推动全球环境治理提供了中国方案和智慧。

① 黄进：《百年大变局下的国际法与国际法治》，载《交大法学》2023 年第 1 期。

② 《中国“入世”已清理修改 2300 份法规文件》，https://www.cctv.com/special/173/4/19040.html，2023 年 4 月 16 日访问。

中国不仅是国际法律体系的见证者、遵行者，而且是国际法律体系完善的积极参与者、倡导者。中国提出的“人类命运共同体”理念在很大程度上就标志着中国从被动追随、消极接受国际法规范向积极促进国际法规范的理念演进。习近平在2020年11月中央全面依法治国工作会议上的重要讲话中指出，“要推动全球治理变革，推动构建人类命运共同体”。中国将自身的治理经验和对未来的设计融入国际法体系的改进之中，积极参与国际法新规则的确立和既有系统的改进完善，确保一个既有利于中国发展，也有利于人类共同命运体的国际法秩序。①

综上，随着我国国际地位的提高，我国不断参与国际事务并发挥重要的建设性作用，我国在国际事务中的话语权也日益增强，为国际法治贡献中国智慧和中国方案也随之成为国际社会对我国提出的必然要求，同时也是我国国家法治应承担的历史使命，是本土法治的国际化的具体体现。

三、统筹推进的战略目标和任务

所谓“统筹”，简单来说就是统一筹划、统一考虑和安排，兼顾相关的各个方面。制定或修订单行的涉外立法或法律的涉外条款，要做出统一的筹划。就整个立法的质量、立法的轻重和侧重点，兼顾国内法治和涉外法治的通盘考量。

虽然国内法治和涉外法治都需要国家制度资源和智力支持的投入，但仍应当确保两者统筹兼顾、协调发展。“统筹推进”的目标在于“推进”，强调推动向前、发展进步。这要求统筹推进国内法治和涉外法治的最终效果是两者均朝着更加符合国家期待、更加满足人民所望、更加贴近时代对法治之需求，更加体现国际社会对和平安全、繁荣发展、公平正义之追求，共同促进全面依法治国取得新进展，促进中国特色社会主义法治建设取得新成就。因此，“统筹推进”实际上为国内法治和涉外法治建设确立了总目标，制定了总路线，指明了前进方向，擘画了宏观蓝图。

习近平总书记强调坚持统筹推进国内法治和涉外法治，加强涉外法治工作和涉外法治体系建设，其战略目标和任务有四个：一是要加快涉外法治工作战略布局，协调

① 何志鹏：《涉外法治：开放发展的规范导向》，载《政法论坛》2021年第5期。

推进国内治理和国际治理，更好维护国家主权、安全、发展利益；二是要加快建设涉外法治体系，形成系统完备的涉外法律法规体系，提升涉外执法司法效能；要引导企业、公民在走出去过程中更加自觉地遵守当地法律法规和风俗习惯，运用法治和规则维护自身合法权益；要强化涉外法律服务，注重培育一批国际一流的仲裁机构、律师事务所，把涉外法治保障和服务工作做得更有成效；三是要强化法治思维，运用法治方式，有效应对挑战、防范风险，综合利用立法、执法、司法等手段开展对外斗争，坚决维护国家主权、尊严和核心利益；四是要坚定维护以联合国为核心的国际体系，坚定维护以国际法为基础的国际秩序，坚定维护以联合国宪章宗旨和原则为基础的国际法基本原则和国际关系基本准则，推动全球治理体系变革和建设，推动构建人类命运共同体。

"坚持统筹推进国内法治和涉外法治"与其他"十个坚持"存在有机联系。坚持党的领导，是统筹推进国内法治和涉外法治工作的根本保证；坚持以人民为中心和坚持中国特色社会主义法治道路，是统筹推进国内法治和涉外法治工作的根本立场和方向道路；坚持依宪治国、依宪执政，是统筹推进国内法治和涉外法治工作的首要任务；坚持在法治的轨道上推进国家治理体系和治理能力现代化，是统筹推进国内法治和涉外法治工作的时代使命；坚持建设中国特色社会主义法治体系，是统筹推进国内法治和涉外法治工作的总抓手；坚持依法治国、依法执政、依法行政共同推进，坚持全面推进科学立法、严格执法、公正司法、全民守法，是统筹推进国内法治和涉外法治工作的基本路径和重点任务；坚持建设德才兼备的高素质法治工作队伍，是为统筹推进国内法治和涉外法治工作提供理论支撑和人才保障。①

四、统筹推进的根本要求和基本遵循

涉外法治的实现有赖于涉外工作的法治化，聚焦于涉外法律工作的强化和完善。为实现国际法治与涉外法治的有效统筹，需要在各个工作层次中推进实践。统筹推进的关键在于统筹，强调通盘筹划、统一部署、均衡兼顾、协同发展。这要求在推进国内法治和涉外法治的过程中，应当宏观布局、总体把控、系统建设、稳步推进。

---

① 陶凯元等：《以习近平法治思想为指引统筹推进国内法治与涉外法治建设》，载《中国应用法学》2023年第1期。

第一，遵循中国特色社会主义法治道路。习近平总书记指出："我们要坚持的中国特色社会主义法治道路，本质上是中国特色社会主义道路在法治领域的具体体现。"要坚持这条道路，一个关键抓手在于建设中国特色社会主义法治体系。这是一个包括涉外法治体系在内的国内法治体系，是由国内法治中非涉外法治和涉外法治两部分有机结合、统一构成的完整体系。统筹推进国内法治和涉外法治应当在建设中国特色社会主义法治体系的总体框架下进行，应当遵循中国特色社会主义法治道路。

第二，遵循全面依法治国的战略布局。全面依法治国是坚持和发展中国特色社会主义的本质要求和重要保障。全面依法治国的"全面性"要求国家无论处理对内事务，还是处理对外事务，都要依法而为、践行法治。所以，统筹推进国内法治和涉外法治是全面依法治国战略布局的题中应有之义。

第三，遵循习近平新时代中国特色社会主义思想。习近平法治思想是我们党在法治领域实践智慧的集中体现，是中国特色社会主义法治实践和成就的科学总结，是马克思主义法治理论中国化时代化的最新成果。作为习近平法治思想核心要义之一的坚持统筹推进国内法治和涉外法治，应当以习近平新时代中国特色社会主义思想为指导。

第四，遵循构建人类命运共同体的全球治理观。由于涉外法治不仅是国内法治的一部分，也是涉及本国的国际法治的一部分，所以涉外法治建设不仅关涉国内治理，也关涉国际治理和全球治理。我国在全球治理方面倡导的核心理念是，秉持共商共建共享的全球治理观，推动构建人类命运共同体，习近平法治思想中有关国际法治的核心理念也是推动构建人类命运共同体。因此，统筹推进国内法治和涉外法治应当在构建人类命运共同体的高度加以理解，遵循构建人类命运共同体的全球治理观。①

五、统筹推进的具体内容与表现形式

"统筹推进国内法治和涉外法治"围绕"涉外事务的法治化"这一核心，形成了多层次、多维度的丰富内涵，包括但不限于以下方面的内容：一是中国积极参与和引领国际规则，为全球治理贡献中国智慧和中国方案，推动全球治理体系朝着更加公平合

① 黄进：《论统筹推进国内法治和涉外法治》，载《中国社会科学》2022 年第 12 期。

理方向发展，同时应对西方国家遏制、打压和干涉，通过法律斗争争取较好的外部环境和发展空间；二是在国内全面推进依法治国、依法行政，同时在国际社会积极推进国际法治和践行真正的多边主义；三是在新发展格局下坚持和扩大高水平开放，同时坚定维护国家主权和领土完整，切实维护国家安全特别是政治安全、经济安全和海外利益；四是全面推进涉外法治的立法、执法和司法，同时加强理论构建和人才培养。

统筹推进的具体表现形式主要包括以下几个方面：

（一）本国法的域外适用

以法治的经验和原则推进国家涉外法律规则和相关国际法规范的构建，需要落实到我国相关法律规范在境外的应用和实施。随着各国法治的发展以及跨国交往的推进，民商事法律规范具有域外效力，民商事主体可以通过冲突规范法律选择的方式进行域外适用，这已经在国际社会得到公认，但刑法、行政法这一类具有公法性质的规范是否及在何种范围内具有域外效力，这在理论上仍然存在着一定的争议。国家各机关在执法和司法环节要准确把握、有效贯彻执行相关涉外规范，同时企业和个人要确保其行为的合规性。

（二）外国法在域内适用的管控

国家之间应当在充分协商的基础之上，确立法律规范的域外效力及应遵守的标准和程序，而不应采取单边霸权主义模式强行推进本国法的域外适用。针对以霸权方式强行推进本国法的域外适用的相关国家，其他国家可以采用立法、司法和行政的手段予以拒绝和阻断。在签订相关国际条约确立国际安排之时，各主权国家地位平等，防范某些国家的单边主义行动和法律霸权措施。由于其他国家的法律有可能在我国的人和事上适用，特别是有关国家可能出现立法、执法和司法方面的域外管辖，我国应迅速甄别、有效阻断，维护国家的主权、安全、发展利益，保护我国公民、法人或者其他组织的合法权益。

（三）国际法在域内适用的安排

尽管宪法层面未阐明国际法在中国法律体系中的地位，但在法律和司法行政实践之中，国际条约在我国是具有法律约束力的。我国还应在立法、司法、行政等各个领域和环节进一步明确国际条约与我国国内法的关系，确定条约进入我国法律体系的程序与方式，为我国法律体系与国际法体系有机结合作出实质性的努力。我国的相关机构有必要将不同国际法在国内适用的可能性及具体方式予以规范，确保国家的利益不至于在相互依赖的环境中受到负面影响。

（四）本国参与国际法的规划、制定、监督和实施等方面

我国不仅是国际法律体系的追随者、遵行者，还是国际法律体系改革和完善的建议者、参与者。自从中国 1971 年恢复在联合国的合法席位以来，已经对国际法实践有了较为充分的参与，在国际法的成就和存在的问题上也有着较为全面的把握。基于中国所提出的人类命运共同体的发展目标，中国对于国际和平与安全方面的法律制度、经济贸易合作方面的法律制度、科学技术进步与发展方面的法律制度、国际司法合作特别是引渡和庇护方面的法律制度，以及领土、海洋、航空、外空、网络空间等传统和新兴领域的国际法问题，都逐渐形成了自身的观点和立场。通过表述这些观点和立场，并且在国际社会与相关国家沟通、磋商，我们可以为现有国际法实体规范的完善和程序规范的合理化，作出更多有益的贡献。

（五）法律职业共同体作业能力的提升

统筹推进国际法治和涉外法治的目标，还需要进一步提升中国国际法职业共同体的作业能力。国际事务与国内事务的有机融合，就必须实现国际法的主流化，一方面是在国家法治队伍中的主流化，另一方面是在国际专业同行中的主流化。为此，有必要强化并升级涉外法治及其与国内法治相联结相融合的理论研究，并且务实分析、合理规划，培养高水平、能实战的涉外法治人才。①

第三节　统筹推进国内法治和涉外法治的伟大实践

国内法治与涉外法治的相关统筹工作一直是改革开放后尤其是“入世”以来我国法治工作的重点内容并已经取得了举世瞩目的成就，下面，本文仅就其中的部分探索做出总结。

一、立法实践

通过涉外立法维护我国国家安全，成为新时代涉外立法的新领域。党的十八大以

① 参见何志鹏：《国内法治与涉外法治的统筹与互动》，载《行政法学研究》2022 年第 5 期。

来涉外立法成果主要包括：制定《外商投资法》《出口管制法》《反外国制裁法》等多部涉外法律以及《不可靠实体清单规定》《阻断外国法律与措施不当域外适用办法》等规定；完善外商投资国家安全审查制度以及《证券法》《生物安全法》《反间谍法》《国家安全法》《反恐怖主义法》《境外非政府组织境内活动管理法》《网络安全法》《数据安全法》《国家情报法》《个人信息保护法》《香港特别行政区维护国家安全法》等含涉外条款的法律。这些法律法规有力维护了我国国家主权、安全、发展利益。

二、自由贸易试验区实践

自改革开放以来，国家设立各类涉外经济区域的目的之一是吸引外资和先进技术，在区域内建立与国际经贸规则相接轨的制度。这些经济区域包括经济特区、经济开发区、保税区、出口加工区等，均不同程度地涉及统筹推进国内法治和涉外法治问题。为了进一步推进与国际投资和贸易通行规则相衔接，推进涉外法律制度与国际经贸规则接轨，同时将成熟的经验在国内法律制度中推广和复制，中国自由贸易试验区在全国各地相继设立。

根据2013年《国务院关于印发中国（上海）自由贸易试验区总体方案的通知》，上海自由贸易试验区被赋予的使命包括："要探索建立投资准入前国民待遇和负面清单管理模式……要扩大服务业开放、推进金融领域开放创新，建设具有国际水准的投资贸易便利、监管高效便捷、法制环境规范的自由贸易试验区。"其后，在其他20家自由贸易试验区总体方案中，国务院均提出了与涉外法治相关的要求。

继上海自由贸易试验区于2013年挂牌之后，经过6次扩容，我国自由贸易试验区形成"1+3+7+1+6+3"格局。[①] 在这个新"雁阵"中，上海自由贸易试验区是"领雁"，各自由贸易试验区各有特色，战略定位各有侧重。例如，根据国务院的方案，上海自

① 第二批广东、天津、福建3个自由贸易试验区于2015年4月21日设立；第三批辽宁、浙江、河南、湖北、重庆、四川、陕西7个自由贸易试验区于2017年4月1日设立；2018年10月16日，国务院批复同意设立海南自由贸易试验区，自由贸易试验区迎来第四次扩容；2019年8月，国务院同意设立中国（上海）自由贸易试验区临港新片区，同时，第五批扩容名单出炉，山东、江苏、广西、河北、云南、黑龙江6个省份入围；2020年9月21日，北京、湖南、安徽自由贸易试验区总体方案及浙江自由贸易试验区扩展区域方案发布。

由贸易试验区是全方位的改革和开放的试验田，面向国际，推动上海成为国际经济中心、贸易中心、金融中心和航运中心、科技中心。虽然各自由贸易试验区各有特色、战略定位各有侧重，但是这些自由贸易试验区的一个共同特点就是政府不断精简优化管理体制、加强供给侧改革，各自由贸易试验区的制度创新主要从“程序”环节上简化贸易投资的环节、提高效率，①从制度优化、制度创新角度推动贸易投资便利化发展，并将试验成熟的贸易投资便利化措施法制化，向全国范围内推广。21个自由贸易试验区不断提升投资贸易便利化水平，积极对标国际经贸新规则及高标准，大力优化营商环境，全面发挥自由贸易试验区开放“风向标”、改革“试验田”的作用，吸引了大量的国内外市场主体来投资，每一个自由贸易试验区都已经成为区域经济发展的“增长极”，不仅在稳外贸、稳外资、稳增长中发挥了积极作用，还促进了我国经济的转型升级。同时，作为新时代改革开放的新高地，自由贸易试验区核心任务是制度创新，基本要求是可复制可推广。

贸易投资自由化则是从实体内容上促进各市场要素的自由流动。②自由贸易试验区对贸易投资自由化制度的创新与探索明显地反映在海南自由贸易试验区与上海自由贸易试验区临港新片区的任务与使命上。这两个自由贸易试验区分别于2018年9月与2019年8月成立。就上海自由贸易试验区临港新片区而言,《中国（上海）自由贸易试验区临港新片区总体方案的通知》赋予了新片区最大限度的自主创新权。新片区拥有自主改革、自主创新、自我管理等权利，更注重在不可复制、不可推广制度上进行差别化试点，实施有突破性的、颠覆性的创新举措，由“贸易投资便利化”向“贸易投资自由化”突破。

根据商务部数据显示，9年来，我国自由贸易试验区累计形成278项制度创新成果，涵盖投资便利化、贸易便利化、金融开放创新、事中事后监管等多个领域类型，相关经验的复制与推广为中国经济的高质量发展提供了强劲的推动力。例如在上海自由贸易试验区成功且已经推广到全国其他范围的外资准入国民待遇与负面清单管理制

① 彭德雷、阎海峰:《上海自贸区新片区“新”在哪里》，载《第一财经日报》2019年8月12日，第A12版。

② 刘笋:《投资自由化规则在晚近投资条约中的反映及其地位评析》，载《华东政法大学学报》2002年第1期。

度不仅是一种投资便利化规则，也是投资自由化规则。从提高政府工作效率、简化审查流程等角度而言，外资准入国民待遇与负面清单管理制度则体现了投资便利化；从扩大外资准入范围角度而言，外资准入国民待遇与负面清单管理制度体现了投资自由化。①

三、国际法治实践

中国政府重视发展与世界各国的友好关系，深化与全球性、区域性国际组织的合作，维护以联合国为核心的国际体系、以国际法为基础的国际秩序、以联合国宪章宗旨和原则为基础的国际关系基本准则，维护和践行真正的多边主义，积极参与全球治理体系改革和建设。中国政府对外缔结或参加了大量政治、经贸、文化、卫生、科技、司法协助等领域的双边、多边条约，为深化中国与世界各国及国际组织的全方位合作、推进中国国际法治提供了坚实的法律保障。

从国际组织而言，我国加入了联合国、世界贸易组织、国际货币基金组织、世界银行、上海合作组织等政府间国际组织，并承担了国际法主体在国际社会的政治性、经济性等权利与义务。

从缔结与加入的多边、区域或双边的国际条约而言，据不完全统计，仅 2021 年一年，我国对外缔结的国家间、政府间和政府部门间的双边条约、协定及其他具有条约、协定性质的文件共 100 余项，例如，2021 年我国核准了《区域全面经济伙伴关系协定》。②

此外，我国还十分重视国际软法的治理与合作。在调整国际经济关系的过程中，软法常常以通向硬法的“中间站”的面貌出现。在硬法无法触及或难以充分发挥作用的领域，各利益主体为了避免出现制度真空的局面，往往以软法为先导来协调各主体之间的行为。③ 例如，我国非常重视二十国集团、亚太经济合作组织等国际政府间的合作论坛，以及银行监管巴塞尔委员会、证券委员会国际组织、国际保险监督官协会及

① 王海峰：《外商投资准入国民待遇与负面清单管理法制研究》，上海三联书店出版社 2021 年版，第 21 页。

② 《2021 年中国对外缔结条约情况》，http://switzerlandemb.fmprc.gov.cn，2023 年 4 月 16 日访问。

③ 王海峰：《论国际经济合作领域中的“软法”现象》，载《国际贸易》2007 年第 5 期。

国际会计准则委员会等跨政府组织网络治理机制，积极倡导政府间的国际合作，推动国际社会达成共识。

同时，我国也十分重视国际软法的形成，并主动地提供中国方案、贡献中国智慧。例如，被称为国际三大标准化组织的国际标准化组织（ISO）、国际电工委员会（IEC）、国际电信联盟（ITU），先后迎来中国面孔。据国际标准化组织数据，在2000年前，中国制定的国际标准数量仅为13项；从2001年至2015年，中国经济社会高速发展，中国制定的国际标准达到182项；从2015年到2020年，随着经济和技术实力进一步提升，中国主持的国际标准数量超过了800项。①

第四节　统筹推进国内法治和涉外法治的关键路径

统筹推进国内法治和涉外法治的关键路径需要在立法、司法、执法等各个环节展开。

一、加强涉外法律法规体系建设

与国内法治的日趋完善相比，中国在涉外法治体系的发展方面还相对滞后。这主要表现在以下三个方面：第一，中国在运用国内法依法对他国的单边经济制裁和“长臂管辖”进行反制方面还存在“短板”和立法空白。在百年未有之大变局背景下，经济、网络空间、数据安全等多个领域的全球性挑战不断增多，单边主义和保护主义回归，直接威胁以联合国为核心的国际体系并破坏了以国际法为基础的国际秩序。近年来，中国企业和个人不断遭到来自其他国家和地区，特别是美国的单边制裁和“长臂管辖”。由于国内相关法律体系尚不健全，面对外国法律与措施的不当域外适用，中国更多的是依靠国际法加以反制来维护自身的利益。

第二，中国海外利益保护的法律体系还不够健全。随着“走出去”战略及“一带一路”倡议的深入推进，越来越多中资企业积极响应国家号召，在海外谋求生存和发展。中资企业的海外利益在迎来战略机遇的同时，也面临着来自投资东道国的诸多风

① 《800多项国际标准由我国牵头制定，见证中国经济技术全球影响力》，https://ciftis.org，2023年4月16日访问。

险与挑战。海外投资安全、海外公民的人身财产安全都亟待来自投资母国的法律保护。然而，我国海外利益保护的立法起步较晚，尚不健全，没有针对各类海外利益保护的专门立法，而是散见于其他法律法规中，导致我国在与东道国就投资、人员等权益交涉时缺乏法律依据或不易操作。特别是近年来，我国海外利益面临前所未有的风险和挑战，亟须全面完善相关涉外立法。实践表明了中国企业海外投资和"走出去"的法律保障体系建设明显滞后于中国的对外投资的步伐，还存在许多空白点和薄弱点。

第三，中国的自由贸易区和自由贸易港相继设立后，相应的立法、执法和司法制度都有待不断创新。一方面，需要探索建立与国际通行规则相衔接的各种制度体系，如金融制度、监管制度等；另一方面，更需要提高涉外案件司法裁判水平以及商事争端仲裁与调解的效果和公信力。

第四，国家安全方面的立法尚不能与时俱进。2015 年，《国家安全法》出台后，国际形势发生重大变化，中国面临的国家安全形势亦更加复杂，国家安全领域出现诸多新问题、新形态，特别是在经济安全、金融安全、科技安全等领域的国家安全问题尤为突出。国家安全法律体系建设滞后于国际形势的变化与发展。

总之，中国在应对他国的单边经济制裁与"长臂管辖"、维护海外利益以及创新发展国内自由贸易区制度等方面的法治建设还存在一定的滞后性，因此，在发展国内国际两个市场的同时，必须重视国内法治、涉外法治和国际法治的平衡发展。①

统筹国内法治和涉外法治，必须立足中国实际，切实解决问题。习近平总书记 2021 年 12 月在中央政治局第三十五次集体学习时的讲话中指出，要加强国家安全、科技创新、公共卫生、生物安全、生态文明、防范风险等重要领域立法，加快数字经济、互联网金融、人工智能、大数据、云计算等领域立法步伐，努力健全国家治理急需、满足人民日益增长的美好生活需要必备的法律制度。党的二十大报告特别强调在重点领域、新兴领域、涉外领域加强立法，就是统筹推进国内法治和涉外法治的重中之重。

针对上述我国涉外法律法规体系建设的薄弱环节，我们认为涉外法律法规的建设亟须在以下几个方面着手准备：

---

① 丁丽柏、金华：《论习近平法治思想中的国内法治与国际法治互动理念》，载《广西社会科学》2021 年第 12 期。

第一，确立《对外关系法》作为涉外法律法规体系基本法的性质。《对外关系法》已由第十四届全国人大常委会于2023年6月28日通过，自2023年7月1日起施行。《对外关系法》是依据《宪法》制定的宪法性法律，基本涵盖了对外关系领域的重要内容。"宪法性法律"是指具备一般法律基本特征和某些"宪法"特点的法律，是宪法"核心"内容的延伸。《对外关系法》细化了《宪法》对外职权部分的规定，具有一定的"宪法性"。因此，我们认为，《对外关系法》是我国涉外法律法规体系的基本法和母法。《对外关系法》可以是对其他专项性对外关系领域立法的补充，可以在对外关系领域发挥填补性作用，在对外关系领域具有统筹和填补的作用，有利于处理新兴问题和复杂问题，能最大程度实现对外关系领域的"有法可依"。① 因此，在涉外法律法规体系尚不健全的情况下，《对外关系法》的出台有助于改善我国涉外法治有法可依的局面。

第二，进一步加强反制裁、反干涉、反"长臂管辖"领域立法。在反外国制裁方面，应通过制定实施条例和司法解释等一系列配套措施，强化《反外国制裁法》的法律功效和作用，将《反外国制裁法》的各项条款落到实处。在反外国干涉方面，我们应当制定反外国干涉法，明确外国干涉的具体情形以及反制外国干涉的法律手段、方式、程序、法律责任等具体法律规则，填补反外国干涉领域的国内法律空白。在反"长臂管辖"方面，应当在《刑事诉讼法》《民事诉讼法》等相关法律中增加反外国"长臂管辖"的对等措施规定，构建"禁诉令""禁止令"等涉外法律制度。②

第三，加快建立海外投资立法和风险预警防范体系建设。海外投资保险制度是海外投资立法的重要组成部分，具有对政治风险的事先预防功能和对投资损失的事后补偿功能。美国等发达国家在推行该制度时已经立法先行，但我国目前尚没有关于海外投资保险制度的立法。实践工作的主要依据是中国出口信用保险公司制定的《海外投资投保指南》。为鼓励企业海外投资，我国可考虑先出台一部《海外投资保险条例》，用以满足投资者的现实需求，待条件成熟时，全国人大制定并出台《海外投资法》，将

---

① 胡程航：《〈对外关系法〉：我国对外关系法治化的里程碑》，载《上海法治报》2023年3月1日，第B6版。

② 刘敬东：《加强涉外领域立法的理论思考与建议》，载《国际法研究》2023年第2期。

海外投资保险制度整合其中，实现立法的统一。

第四，进一步强化国家安全重点领域的立法。根据党的二十大提出的推进国家安全体系和能力现代化目标任务，我们需要修订《国家安全法》相关条款，并根据该法律确定的基本原则分别制定经济安全、金融安全、科技安全、意识形态安全等重点领域的国家安全部门法。在风险监测预警体系和国家应急管理体系建设方面，我们可通过修订《突发事件应对法》，以进一步完善国家安全风险监测预警体系和国家应急管理体系，增加该法的涉外适用条款；对《刑法》《刑事诉讼法》涉及国家安全犯罪的相关规定进行修订，健全国家安全方面刑事管辖权制度，加大对境内外危害中国国家安全行为的刑事惩罚力度。①

二、加快中国法域外适用的法律体系建设

中国法域外适用问题是当前涉外法治体系建设的另一个紧迫需要。党的十九届四中全会明确提出："加快我国法域外适用的法律体系建设。"这充分表明建设中国法域外适用法律体系的必要性。特别是在当前"两个大局"交织的国际形势下，加快推进中国法域外适用法律体系建设，健全现行法律域外适用的标准和程序，强化涉外执法司法实践，有效助力应对他国对我国主权、安全、发展利益所构成的挑战和威胁。

从国际实践来看，国内法的域外适用应作为对外关系法调整的重要对象。相关制度不仅应包括特定领域中国法域外适用的规范基础、程序和执行方式的原则性规定，还应包括针对域外特定国家行为进行专门立法规制的相关规定。我国法域外适用问题已提上国家法治建设的重要议事日程，但尚未形成完整的法律体系。

我们认为，中国法域外适用的法律体系建设主要包括两大任务：第一，开展法律法规专项清理工作，优化现行法律法规的域外适用条款。我国现行的管辖权制度总体上偏向保守，尚不能很好满足我国法律域外适用的实践需求。譬如，在民商事领域，我国长期采取相对保守的司法管辖权立场。为此，我国可借鉴国外相关立法，厘清域外管辖的合法性边界，适度拓展民商事管辖权域外适用的范围，在这些领域的法律域

① 刘敬东：《加强涉外领域立法的理论思考与建议》，载《国际法研究》2023 年第 2 期。

外适用中引入“适当联系”的管辖权规则，而不再要求规制对象与我国具有实质性联系，进一步构建完善的涉外民商事管辖权、法律适用和司法协助体系；在海洋法领域，在相关涉海立法中合理设置域外效力条款，确立更广泛的域外管辖联系。①

第二，填补中国法域外适用的立法空白。我国应尽快建立独立的国内法域外适用法，并完善相应的行政、司法等配套设施，以及建立针对他国的国内法域外适用反制措施等。我们认为建立统一的国内法域外适用法，需要明确规定我国民事、刑事法律的域外适用效力及适用的条件；要完善相应的国内法域外适用配套机制，建立跨部门协调机制，确保中国法律域外适用的统一性和权威性；要强化涉外执法司法，加强中国法域外适用的精确性、多样性和灵活性，健全现行法律域外适用的标准和程序，强化执法实践，并加强国际司法执法合作；还要强化涉外法律服务，维护我国公民、法人在海外及外国公民、法人在我国的正当权益，依法维护海外侨胞权益等。②

三、推进涉外立法、执法、司法和法律服务的协调发展

涉外法治体系建设不仅需要完备的涉外立法，也离不开执法、司法以及法律服务等实施方面的制度保障。首先，在涉外法治的执法层面，涉外法难免与国际法纠缠在一起，而且会涉及多个国家的法律制度，故而涉外法在一定程度上很难有效实施。中国在建设涉外法治的过程中要保证缔结的国际法与涉外法的严格执行。涉外法存在的一个重要意义在于实现与国际法以及国内法的有机衔接，促进相关法律的有效实施。若要推进涉外法的执法严格化，当以现有的国际法秩序中公平合理的部分和以《联合国宪章》为核心的国际法体系为依托，与其他国家深入合作，如积极参与执法安全国际合作，加强反腐败国际合作等。

其次，涉外法治建设离不开公正的司法。法律追求公平正义，司法的使命也在于公平正义。法治的信誉很大程度上取决于一国司法的权威与公信力。在维护本国国家利益与公民合法权益的基础上妥当处理与他国及其公民之间的纠纷，既是对法官能力

① 黄瑶：《涉外立法视角下统筹推进国内法治和涉外法治》，载《中国社会科学报》2023 年 1 月 13 日，第 5 版。

② 黄惠康：《准确把握“涉外法治”概念内涵统筹推进国内法治和涉外法治》，载《武大国际法评论》2022 年第 1 期。

的考验，也是对一国法律职业共同体的考验。此外，要深化国际司法交流合作，完善我国司法协助体制机制，推进引渡、遣返犯罪嫌疑人和被判刑人移管等司法协助领域的国际合作。

最后，要达到统筹推进国际法治和涉外法治的目标，需要进一步提升中国国际法职业共同体的作业能力，要“建设通晓国际法律规则、善于处理涉外法律事务的涉外法治人才队伍”。涉外法治的建设是一个长期系统的工程，只有培养一批专业性强、素质高的涉外法治人才，才能确保优质的法律服务，切实维护我国公民、法人在海外的正当权益，依法维护海外侨胞权益。[①] 为此，我们有必要强化并升级涉外法治及其与国内法治相联结相融合的理论研究，并且务实分析、合理规划，培养高水平、能实战的涉外法治人才。[②]

四、正确对待国际条约在域内适用的安排

“条约必须信守”是国际法的一项重要原则，也是维护国际关系和国际法律秩序稳定性的根本基础。我国缔结或加入的条约对我国具有法律拘束力。将我国缔结或加入的条约纳入我国的国内法，是坚持统筹推进国内法治与涉外法治、协调推进国内治理与国际治理的重大举措，能够彰显我国信守条约的法治信念和推动国际法治的决心。条约在我国国家法治体系中的效力问题是长期以来国际法与国内法关系难以解决的主要症结。我们认为，通过完善立法将条约分类并赋予不同的法律效力是解决这一症结的有效途径。

宪法是我国的根本大法，具有最高的法律地位和最高的法律效力。条约应该纳入我国的法律体系，但其效力不应高于或等于宪法。依据宪法和缔结条约程序法的相关规定，将我国缔结或加入的条约可分成三大类：全国人大常委会批准或决定加入的条约，国务院批准、核准、接受或决定加入的条约，中央政府部门对外缔结的属于本部门职权范围内事项的协定。针对这三大类条约，我们可分别赋予与法律、行政法规和

① 黄惠康：《准确把握“涉外法治”概念内涵统筹推进国内法治和涉外法治》，载《武大国际法评论》2022 年第 1 期。

② 何志鹏：《国内法治与涉外法治的统筹与互动》，载《行政法学研究》2022 年第 5 期。

部门规章相等的法律效力，即根据宪法和法律规定，由全国人大常委会批准或决定加入的条约，在依法定程序获得批准或同意加入并对我国生效后，具有与全国人大及其常委会制定的法律同等的法律效力；由国务院批准、核准、接受或决定加入的条约，在依法定程序获得批准、核准、接受或同意加入并对我国生效后，具有与国务院制定的行政法规同等的法律效力；由中央政府部门对外缔结的属于本部门职权范围内事项的协定，在完成法定缔约程序并对我国生效后，具有与政府部门制定的部门规章同等的法律效力。①

五、参与、引领国际规则的制定并重视国际软法的“中间站”作用

深刻理解“统筹”二字的含义，既要加强国内立法，又要积极主动地参与并努力引领国际规则制定，推动全球治理体系向着更加公平、正义、法治的方向发展，创设于我国有利的国际制度环境，并提高我国在全球治理体系变革中的话语权和影响力。目前，在海洋、极地、网络、外空、核安全、反腐败、反恐、气候变化、环境污染、能源安全、人工智能、扶贫减灾、公共卫生等诸多领域存在制度空白，国际贸易、跨境投资、知识产权、数字经济等领域诞生诸多国际新规则，国际金融秩序、世界贸易秩序等领域面临制度革新的迫切需求。作为最大的发展中国家，我国应发挥应有作用，建设性参与并贡献中国方案，维护并发展以联合国为核心的国际体系和以国际法为基础的国际秩序，更好回应构建人类命运共同体对法治的需求。②目前，在国际经贸领域，中国已提出申请加入《全面与进步跨太平洋伙伴关系协定》以及《数字经济伙伴关系协定》等高标准国际经贸协定。引领及参与国际经贸新规则的制定与发展，将是中国涉外法治的重点工作，也是中国对国际法治的贡献。

与此同时，中国应当凭借其不断上升的软实力，扩充自己的盟友和伙伴，在国际软法的创设过程中，发挥主导性或决定性作用，至少需要做到以下几点：第一，加强跨政府组织网络的互动工作。我国中央政府下属的各经济管理职能部门，应积极与外

---

① 黄惠康：《准确把握“涉外法治”概念内涵统筹推进国内法治和涉外法治》，载《武大国际法评论》2022年第1期。

② 黄瑶：《涉外立法视角下统筹推进国内法治和涉外法治》，载《中国社会科学报》2023年1月13日，第5版。

国相对应的职能部门开展合作和建立工作联系，适时建议制定本领域内的操作规则或工作守则等。第二，大力发展行业协会等非政府组织机构。我国政府应当鼓励行业协会等非政府组织制定行业内的自律性规范，并使之在国际范围内推广。第三，积极参与一些非政府间国际组织的活动。由于某些非政府组织的成员既可以是国家机关也可以是一国内部的民间团体或个人成员，这些非政府组织已成为各国共同活动的一个场所，各国的政府代表和非政府代表可以从不同的角度就共同关心的问题进行探讨。如国际自然资源保护同盟，中国最初即是由中国环境科学学会以非政府组织的身份在1979年加入，后于1996年10月以国家的名义加入该组织。在这类非政府组织召开的国际会议中，各国可以就某些具体问题达成一致赞同的意见。这些一致性意见是一种典型的国际软法，在长期的实践中有可能上升为一种国际习惯。第四，主动承担起区域性组织的创立工作。中国目前是一个区域性大国，因此，中国应当承担起区域性组织的发起者和“造法”者的角色，在区域软法的创设过程中发挥软实力的作用，为区域政治稳定和经济繁荣作出贡献。①

① 王海峰:《论国际软法与国家“软实力”》，载《政治与法律》2007年第4期。

第十一章　坚持建设德才兼备的高素质法治工作队伍

党的十八大以来，中央陆续出台了《全面依法治国决定》《关于新形势下加强政法队伍建设的意见》(以下简称《意见》)、《法治中国建设规划（2020—2025年）》(以下简称《规划》）等重要文件，有力地指引了法治工作队伍建设的实践开展。党的十八届四中全会首次提出“法治工作队伍”的概念，根据《全面依法治国决定》，法治工作队伍即从事法律行业的人员，包括从事立法、执法、司法、法律服务、法学教育和研究工作的所有人员。

孟子云：“徒善不足以为政，徒法不能以自行。”全面依法治国以德才兼备的高素质法治工作队伍为重要前提，法治专门队伍、法律服务队伍和法学专家队伍，共同构成高素质的法治工作队伍。立法、执法、监察、司法工作是法治的第一线，从事立法、执法、监察、司法工作的队伍是法治专门队伍，包括立法人员、执法人员、监察人员、司法人员等。随着依规治党工作和党内法规建设的深入推进，党的机关中从事党内法规工作的人员也属于法治专门队伍范畴。《规划》提出，要加强党内法规专门工作队伍建设，突出政治标准，加强专业化建设，充实各级党内法规工作机构人员力量。① 法治专门队伍掌握和行使公权力，属于公职人员范畴。法律服务队伍是指提供法律咨询、代理、纠纷解决等法律服务的队伍，包括律师、企业法务人员、公证员、仲裁员、基层法律服务工作者、人民调解员等。法学专家队伍是指从事法学教育和法学研究工作的队伍，包括在普通高校、党校（行政学院）、社会科学院、军事院校、企业智库等机构工作的法学专业教师和研究人员。②

党的十八大以来，推进全面依法治国的重大举措之一就是“推进法治队伍建设，

① 《法治中国建设规划（2020—2025年）》，载《人民日报》2021年1月11日，第1—2版。
② 黄文艺：《论习近平法治思想中的法治工作队伍建设理论》，载《法学》2021年第3期。

发展壮大法律服务队伍，加强法学教育和法治人才培养”。习近平总书记对法治工作队伍建设非常重视，并从政治立场、理想信念和价值观教育、正规化专业化职业化建设、提高职业素养和专业水平、创新法治人才培养机制等方面进行了全面系统论述，提出了明确要求，形成了完备的理论体系。①

第一节　法治工作队伍建设的重要意义与总体要求

一、重要意义

党的十八届四中全会高屋建瓴，以建设法治中国的战略目标为出发点，统筹规划新时代法治人才培养工作，为建设社会主义法治国家、建立健全中国特色社会主义法治体系谋篇布局。在这次全会上，习近平总书记明确指出：“全面推进依法治国，建设一支德才兼备的高素质法治队伍至关重要。”② 习近平总书记在 2017 年 5 月 3 日考察中国政法大学时指出，“建设法治国家、法治政府、法治社会，实现科学立法、严格执法、公正司法、全民守法，都离不开一支高素质的法治工作队伍。法治人才培养上不去，法治领域不能人才辈出，全面依法治国就不可能做好”。③

习近平总书记始终高度重视建设德才兼备的高素质法治工作队伍。自 2018 年中央全面依法治国委员会第一次会议上提出的“十个坚持”，再到 2020 年中央全面依法治国工作会议上提出的“十一个坚持”，习近平总书记对“坚持建设德才兼备的高素质法治工作队伍”的强调贯穿其中。“法令行则国治，法令弛则国乱。”在新时代奋进的道路上，坚持建设德才兼备的高素质法治工作队伍，是营造优良经济社会发展环境的基础条件，是全面依法治国的重要保障。

建设一支高素质的法治工作队伍，是建设中国特色社会主义法治国家的保障条件和基础工程。习近平总书记曾指出，“要按照政治过硬、责任过硬、纪律过硬、作风过

---

① 蒋传光、赵诗杨：《习近平法治工作队伍建设理论及原创性贡献》，载《贵州社会科学》2022 年第 12 期。

② 《加快建设社会主义法治国家》（2014 年 10 月 23 日），载《习近平谈治国理政》（第二卷），外文出版社 2017 年版，第 122 页。

③ 习近平：《立德树人德法兼修抓好法治人才培养　励志勤学刻苦磨练促进青年成长进步》，载人民网时政，http://politics.people.com.cn/n1/2017/0504/c1024-29252342.html，2023 年 6 月 28 日访问。

硬的要求，努力建设一支信念坚定、执法为民、敢于担当、清正廉洁的政法队伍”。[①] 党的执政兴国、人民幸福安康、党和国家事业发展，都离不开全面依法治国。然而法律是需要人来执行，法治工作队伍具有良好的专业素养和司法职业操守，才能使司法活动成为社会公平的最后一道防线。

作为全面依法治国的中坚力量、实现社会主义法治的切实保障和实现国家治理体系和治理能力现代化的重要支撑，高素质的法治工作队伍建设极为关键。然而当下我国法治工作队伍与全面依法治国的宏伟目标相比，还存在着诸如队伍政治素养不高、队伍素质参差不齐、相关制度落实不严、内部监督效果不善、职业保障力度不够、待遇低人才难留、法治人才体系不完善、法律共同体建设不适应不协调等问题，需要采取切实措施补齐法治短板。

二、总体要求

（一）德才兼备

习近平总书记曾指出，建设中国特色社会主义法治国家，就是要坚持依法治国和以德治国相结合。习近平总书记在 2018 年 7 月 3 日全国组织工作会议上强调，我们选拔任用领导干部的标准是“德才兼备，以德为先，五湖四海，任人唯贤”，突出政治标准。德才兼备、德法兼修，是高素质法治人才的基本要求，也是法治工作队伍得以作为实现全面依法治国实践的特殊队伍的基本要求。“有德无才，才不以助其成；有才无德，德必助其奸。”高素质法治人才理应做到德才兼备，国家和社会发展的重任也只有德才兼备的人才能担当。德法兼修、明法笃行，是高素质法治工作队伍建设所必须坚持的导向。德才兼备要求我们在锤炼法治工作队伍过程中，要坚持法治与德治两手抓，两手都要硬。法治工作队伍的法学专业素质是基础。为适应法治中国的建设需要，要在法治实践中不断加强专业能力素养，注重法治工作队伍的素质提升，完善法治人才培养体系；良好的道德水平和职业道德素养是前提。习近平总书记 2014 年 1 月 7 日在中央政法工作会议上的讲话中强调：“要把强化公正廉洁的职业道德作为必修课，教育

---

① 习近平：《习近平关于全面依法治国论述摘编》，载《在中央政法工作会议上的讲话》，中央文献出版社 2016 年版，第 99 页。

引导广大干警自觉用职业道德约束自己，认识到不公不廉是最大耻辱。”① 历史反复证明“有才无德会坏事，有德无才会误事，有德有才方能干成事”，我们的法治工作队伍、法学专业知识水平和道德素养缺一不可，不论缺少哪一个，都贻害无穷。

习近平总书记在2014年1月7日中央政法工作会议上强调，“同面临的形势和任务相比，政法队伍能力水平还很不适应，‘追不上、打不赢、说不过、判不明’等问题还没有完全解决，面临着‘本领恐慌’问题，必须大力提高业务能力。‘才者，德之资也；德者，才之帅也。’有才无德会败坏党和人民事业，但有德无才也同样会贻误党和人民事业”。法治服务能力建设必须作为一项重要任务，应坚持从源头抓起，建立建设健全在职干警教育培训体系，增强干警本领，为更好履行政法工作各项任务确立架构保障。②

（二）高素质

作为法治工作队伍总体要求的高素质，包括三层含义：一是较高的政治素质。严格、公正执法司法的前提，是要具有坚定的政治立场、过硬的政治素质，要忠于事实和法律，要信仰法治、坚守法治。习近平总书记指出：“如果不信仰法治，没有坚守法治的定力，面对权势、金钱、人情、关系，是抵不住诱惑、抗不住干扰的。”③ 二是高强的业务能力。法治工作的特殊性在于其不仅强调政治性，而且对业务性的要求也很重要。习近平总书记提出必须大力提高政法队伍的业务能力，要把提升政法干警的“法律政策运用能力、防控风险能力、群众工作能力、科技应用能力、舆论引导能力”的专业化水平建设摆到更加重要的位置。④ 增强业务能力，首先要提高法律理论的水平，要注重培养自身的法学素养；其次也要能从理论回到实践，能够正确运用法律解决问题。法治工作者需要掌握扎实的理论知识，同时丰富自身社会阅历和经验，不断训练提高法律思维能力。三是崇高的职业道德。作为法治工作者，必须爱岗敬业、忠于事实和法律、维护社会公平正义，“德法兼修”是基本要求。习近平总书记指出，司法活动具有特殊性，但特殊性之中也蕴含着规律性，这就要求司法人员要“具有良好的法

---

① 习近平：《论坚持全面依法治国》，中央文献出版社2020年版，第47页。

② 习近平：《习近平关于全面依法治国论述摘编》，中央文献出版社2015年版，第101页。

③ 习近平：《论坚持全面依法治国》，中央文献出版社2020年版，第47—48页。

④ 同上书，第249页。

律专业素养和司法职业操守”。由此才能实现司法活动中特殊性与规律性的统一。① 习近平总书记指出，职业良知对司法人员而言是必不可少的，“少数干警缺乏应有的职业良知”和责任担当是当下执法、司法存在问题的重要原因之一。习近平总书记指出，政法机关的职业良知“来源于职业道德”，因而，对政法干警“要把强化公正廉洁的职业道德作为必修课，教育引导广大干警自觉用职业道德约束自己，认识到不公不廉是最大耻辱，做到对群众深恶痛绝的事零容忍、对群众急需急盼的事零懈怠，树立惩恶扬善、执法如山的浩然正气”。② 职业道德对于法治工作队伍的意义相较于其他职业更为特殊，这是因为法治工作本身就具有极为不同寻常的特殊性，因而法治工作队伍建设尤为强调职业道德的培养。

第二节　加强专门队伍建设

法治专门队伍是法治工作的中坚力量，高素质的法治专门队伍是新时代全面依法治国的重要组成部分。习近平总书记指出：“我国专门的法治队伍主要包括在人大和政府从事立法的工作人员、在行政机关从事执法的工作人员、在司法机关从事司法工作的人员。全面推进依法治国，首先要把这几支队伍建设好。” ③ 习近平总书记深刻地分析了这三支专门队伍的具体特点：“立法、执法、司法这三支队伍既有共性又有个性，都十分重要。立法是为国家定规矩、为社会定方圆的神圣工作，立法人员必须具有很高的思想政治素质，具备遵循规律、发扬民主、加强协调、凝聚共识的能力。执法是把纸面上的法律变为现实生活中活的法律的关键环节，执法人员必须忠于法律、捍卫法律，严格执法、敢于担当。司法是社会公平正义的最后一道防线，司法人员必须信仰法律、坚守法治，端稳天平、握牢法槌，铁面无私、秉公司法。” ④

中国特色社会主义建设进入新时代，全面深化改革进入深水区，我国社会主要矛盾已是人民日益增长的美好生活需要和不平衡不充分的发展之间的矛盾。在新的历史发展时期，人民群众对立法、执法、司法等法治工作和法治队伍建设提出了更高的要

① 习近平：《习近平关于全面依法治国论述摘编》，中央文献出版社 2015 年版，第 102 页。
② 习近平：《论坚持全面依法治国》，中央文献出版社 2020 年版，第 46—47 页。
③ 同上书，第 115 页。
④ 同上书，第 115—116 页。

求。只有不断锤炼政法队伍，打造一支政治、业务、纪律上均经得起检验、扛得住磨难的政法队伍，才能够让人民群众在严格规范公正文明的司法中感受到公平正义，才能够不断提升人民群众对司法工作的信任度、满意度。

习近平总书记在中央全面依法治国工作会议上指出，“要加强理想信念教育，深入开展社会主义核心价值观和社会主义法治理念教育，推进法治专门队伍革命化、正规化、专业化、职业化，确保做到忠于党、忠于国家、忠于人民、忠于法律”。[①] 新时代法治专门队伍建设的总体任务，就是推进法治专门队伍的革命化、正规化、专业化、职业化。

一、法治专门队伍的革命化

法治专门队伍建设的根本在于革命化建设，体现了法治专门队伍的性质和宗旨，决定着法治专门队伍建设的方向。革命化建设指着力提高政法工作队伍从业人员的政治站位和政治素养，在政法工作中坚定政治信仰、强化政治领导、提高政治能力、净化政治生态，实现党的政治建设的统领性，推动政法队伍忠诚履行职责、勇于担当作为、锐意改革创新，努力打造一支党中央放心、人民群众满意的高素质政法队伍。

政法队伍革命化是坚持和加强党的领导的根本政治要求，必须全力推进政法队伍革命化建设。革命化建设要求政法干部队伍必须高举革命旗帜，弘扬革命精神，坚守初心使命，传承革命传统，突出政治把关，以高昂的革命斗志投身于政法工作之中，真正做到信念如磐、意志如铁、勇往直前，将维护国家政治安全、确保社会大局稳定、促进社会公平正义、保障人民安居乐业的职责任务切切实实履行好。

习近平总书记反复强调，理想信念就是共产党人精神上的“钙”，没有理想信念、理想信念不坚定，精神上就会“缺钙”，就会得“软骨病”。政法队伍的政治建设关系到人民对于公平正义的美好追求，关系到全面依法治国、维护社会稳定全局，因而必须把理想信念教育摆在政法队伍建设第一位。把以习近平新时代中国特色社会主义思想为中心内容的党政理论学习培训向纵深推进，健全学习教育长效机制，区别层次、

① 习近平：《坚定不移走中国特色社会主义法治道路　为全面建设社会主义现代化国家提供有力法治保障》，载《人民日报》2020 年 11 月 18 日，第 1 版。

细化条线、实现全覆盖，全面提升法治工作队伍的思想政治素养，引导干警切实增强“四个意识”，坚定“四个自信”，做到“两个维护”。

二、法治专门队伍的正规化

法治专门队伍掌握着立法、执法、司法、法律监督、监察等重要权力，是实现国家长治久安的关键力量，因此必须以制度为抓手，加强法治专门队伍规范化、正规化建设。加强法治专门队伍法治化正规化建设，不仅是新时代坚持自我革命、坚定不移全面从严治党的内在要求，而且也是实现党执政兴国的重要着力点。

法治专门队伍正规化建设主要有以下几个要求：一是健全职业管理制度。对不同类型的法治专门队伍，分类专门管理、从严管理。习近平总书记提出要“建立符合职业特点的司法人员管理制度，在深化司法体制改革中居于基础性地位”。因而，“要通过改革建立符合职业特点的司法人员管理制度，完善司法人员分类管理制度，建立法官、检察官、人民警察专业职务序列及工资制度，增强司法人员的职业荣誉感和使命感”。① 习近平总书记的讲话虽然是就司法人员分类管理制度而言的，但对我国整个法治专门队伍的正规化建设，同样具有重要的指导意义。二是加强法律职业道德建设。强化突出公正廉洁的职业道德作为法治专门队伍建设的必修课。法律职业有别于一般的社会职业，它是基于公平公正的立场将法律运用到社会具体的事务中，崇高职业道德和个人品德是法治人才所必须具备的修养。习近平总书记指出，“要把强化公正廉洁的职业道德作为必修课，教育引导广大干警自觉用职业道德约束自己，认识到不公不廉是最大耻辱，做到对群众深恶痛绝的事零容忍、对群众急需急盼的事零懈怠，树立惩恶扬善、执法如山的浩然正气”。② 三是强化内部外部监督制约机制。习近平总书记指出，“通过完善的监督管理机制、有效的权力制衡机制、严肃的责任追究机制，加强对执法司法权的监督制约，最大限度减少权力出轨、个人寻租的机会”。③ 对权力的监督制约须进一步强化，必须坚持把纪律和规矩挺在前面。法治工作的全过程需要有法

① 习近平：《习近平关于全面依法治国论述摘编》，中央文献出版社 2015 年版，第 102—103 页。
② 习近平：《论坚持全面依法治国》，中央文献出版社 2020 年版，第 47 页。
③ 同上书，第 58 页。

治思维和法治方法贯穿其中，法治机构、职能、权限、程序、责任要全面推进法定化，规范监督权力运行机制和工作流程。强化内部监督与外部监督，“把司法权关进制度的笼子，让公平正义的阳光照进人民心田”。①

三、法治专门队伍的专业化

法治专门队伍专业化主要包括如下几项要求：第一，完善法律职业准入制度，法治专门队伍的素质关要从源头上把握好。习近平总书记强调，“要组织实施好第一次国家统一法律职业资格考试，发挥考试指挥棒作用，把好法律职业入口关”。②政法机关能力建设要从源头抓起，加强和改进法学教育，改革和完善司法考试制度，提高干警本领和履职能力。③法治专门队伍建设的重要特征是建立法律职业共同体。要形成法律职业共同体，就必须要有专门的选拔和准入制度。因此，通过法律职业资格考试是进入法治专门队伍的人员所必须具备的，法律职业的入口关必须把握好。第二，教育培训要进一步加强。习近平总书记指出，“要加强法治专门队伍教育培训，确保立法、执法、司法工作者信念过硬、政治过硬、责任过硬、能力过硬、作风过硬”。④《规划》提出，建立法律职业人员统一职前培训制度和在职法官、检察官、警官、律师同堂培训制度。⑤第三，建立律师、法学专家和立法工作者、法官、检察官、监察人员之间的交流互通机制；推动不同领域的法治人才的交流互派，实施跨行业、跨领域的挂职任职。完善从法学专业毕业生中招录法治人才的制度。这是提高法治工作队伍整体素质的一条重要途径。第四，完善法官、检察官逐级遴选制度。“推动建立省以下法院和检察院法官、检察官编制统一管理制度，法官、检察官由省提名和管理并按法定程序任免的机制。”⑥当前，法官、检察官遴选制度已基本建立，在此基础上推动遴选委员会功能优化、作用的实质化，使法官、检察官遴选委员会真正在建设一支优秀的法官、检察官

---

① 习近平：《论坚持全面依法治国》，中央文献出版社2020年版，第147页。
② 同上书，第235页。
③ 同上书，第56页。
④ 同上书，第235页。
⑤ 《法治中国建设规划（2020—2025年）》，载《人民日报》2021年1月11日，第1—2版。
⑥ 习近平：《习近平关于全面依法治国论述摘编》，中央文献出版社2015年版，第78—79页。

队伍中发挥基础性作用。

四、法治专门队伍的职业化

习近平总书记指出，“政法队伍是和平年代奉献最多、牺牲最大的队伍。对这支特殊的队伍，要给予特殊的关爱，做到政治上激励、工作上鼓劲、待遇上保障、人文上关怀，千方百计帮助解决各种实际困难，让干警安身、安心、安业”。[①]“要通过改革建立符合职业特点的司法人员管理制度，完善司法人员分类管理制度，建立法官、检察官、人民警察专业职务序列及工资制度，增强司法人员的职业荣誉感和使命感。”[②]

一是健全职业待遇保障制度。法治专门队伍职业激励保障体系须进一步建立健全，推动职业化建设，充分激发政法专门队伍创造力、战斗力。党的十八大以来，完善政法干警职业保障制度是政法改革的重点任务，政法机关各类人员职务序列及工资制度得以推动健全，逐渐形成向基层一线办案人员倾斜的激励机制。《意见》提出，政法干警医疗保障要加强，法官、检察官、人民警察参加工伤保险制度须加快推进，切实保障干警休息权，抚恤优待政策要进一步落实。[③]

二是完善依法履职保护制度。执法司法队伍具有较高的人身安全等风险，依法履职保护制度的完善健全十分紧迫。《全面依法治国决定》提出，建立健全司法人员履行法定职责保护机制。[④]2016 年中办国办印发的《保护司法人员依法履行法定职责的规定》，使司法人员依法履职保护制度得到进一步完善。2020 年通过的《刑法修正案（十一）》则单独规定了袭警罪。《规划》提出，执法司法人员依法履职免责、履行职务受侵害保障救济、不实举报澄清等制度需要稳步加快健全。[⑤]

三是健全职业荣誉制度。职业激励保障体系的重要内容之一就是职业荣誉制度。习近平总书记在全国公安工作会议上指出，“要完善人民警察荣誉制度，加大先进典型

① 习近平：《论坚持全面依法治国》，中央文献出版社 2020 年版，第 249 页。
② 同上书，第 61—62 页。
③ 参见《中共中央印发〈关于新形势下加强政法队伍建设的意见〉》，载《人民日报》2017 年 1 月 19 日，第 6 版。
④《中共中央关于全面推进依法治国若干重大问题的决定》，载《人民日报》2014 年 10 月 29 日，第 3 版。
⑤《法治中国建设规划（2020—2025 年）》，载《人民日报》2021 年 1 月 11 日，第 1—2 版。

培育和宣传力度，增强公安民警的职业荣誉感、自豪感、归属感”。[①]首先，根据各类法治专门队伍的工作特性，建立健全相应的、各具特点的职业荣誉制度。进一步加强和改进表彰奖励等工作，最大程度地激发法治专门队伍建功立业的积极性。其次，要健全常态化表彰、即时性奖励工作机制，使政治过硬、道德高尚、业务突出的优秀团队和个人得以被积极选树，进而充分发挥先进典型的示范引领作用。最后，建立健全对职业道德考核评价机制，能够把职业道德素质加以量化，从而作为法治工作队伍晋职晋级、选拔任免的重要标准。

第三节　加强法律服务队伍建设

习近平总书记对法律服务队伍在全面依法治国中的重要作用非常重视，指出：“法律服务队伍是全面依法治国的重要力量。”[②]法律服务是全面依法治国战略中的一项基础性工作，同时也是法治建设中真正以人民为中心、满足人民群众对美好生活的需要的重要举措。

改革开放以来，我国在法律服务事业方面取得极大发展，法律服务类别日益完善，法律服务队伍逐渐壮大并已初具规模，以律师制度为核心的法律服务制度业已建立，仍在不断健全和完善。我国的广大法律服务队伍成员依法开展法律服务，法律服务已经全面介入国家经济社会生活各个方面。在化解社会矛盾纠纷、保障法律正确实施、维护各类主体合法权益和社会公平正义、促进和谐社会建设方面，各个法律服务队伍发挥了重要作用，成为推进依法治国、建设社会主义法治国家的重要力量。但也要看到，随着改革开放不断深入、依法治国全面推进和公民法律意识不断增强，整个社会和人民群众的法律需求日益增长，对法律服务的质量要求越来越高。而目前我国法律服务工作还存在着不能满足经济社会发展和人民群众对法律服务的实际需要的问题。为促进经济社会快速发展，为社会提供各类法律服务，必须要有一支数量充足的由高素质律师、仲裁员、人民调解、司法鉴定、公证员、基层法律服务者等组成的法治工作队伍。

---

① 习近平：《坚持政治建警改革强警科技兴警从严治警履行好党和人民赋予的新时代职责使命》，载《人民日报》2019 年 5 月 9 日，第 1—2 版。

② 习近平：《坚定不移走中国特色社会主义法治道路　为全面建设社会主义现代化国家提供有力法治保障》，载《求是》2021 年第 5 期。

习近平总书记指出，“教育引导法律服务工作者坚持正确政治方向，依法依规诚信执业，认真履行社会责任”。[①]《规划》提出，律师、公证、仲裁、调解、司法鉴定等法律服务队伍须加快发展；职业道德准则、执业行为规范须进一步健全，相应的职业道德评价机制也要确立完善。[②]

一、强化律师队伍建设

习近平总书记指出：“律师队伍是依法治国的一支重要力量，要大力加强律师队伍思想政治建设，把拥护中国共产党领导、拥护社会主义法治作为律师从业的基本要求。”[③]《规划》对加强律师队伍建设提出了以下具体要求：

第一，要加强思想政治建设。我国律师从业的基本要求是拥护党的领导、拥护社会主义法治。律师要自觉接受社会主义核心价值观的教育，牢固树立社会主义法治理念，自觉践行社会主义法治理念。任何律师都应坚决抵制违反我国宪法原则、不顾我国具体国情、照抄照搬照学照用西方政治法律制度的行为，广大律师要坚定走中国特色社会主义法治道路的信念和自觉性。

第二，提高律师队伍业务素质。律师专业服务能力的提高是重中之重，律师诉讼和非诉讼专项法律服务业务能力需要进一步加强。除了要熟练掌握法律专业知识、精通法律，合格的律师还需要具有丰富的社会知识，并且深谙中国国情，了解中国的文化。作为具有14亿人口的大国，应当有相当数量的律师要能做到不仅可以提供高质量的国内法律服务，而且对国际法和外国法律也要有所了解，能够提供熟练的涉外法律服务。

第三，要加强职业道德建设。律师是具有一定特殊性的职业，其业务活动具有独立性，其业务领域涉及他人的重要利益，因而在一定程度上担负着维护法律正确实施和保障公民合法权益的职责。因此，律师必须具有良好的品德，诚实地对待自己的当事人，并且为社会提供优质的法律服务。所以，建立健全律师诚信执业评价、监督制

① 习近平：《论坚持全面依法治国》，中央文献出版社2020年版，第5页。
② 《法治中国建设规划（2020—2025年）》，载《人民日报》2021年1月11日，第1—2版。
③ 习近平：《论坚持全面依法治国》，中央文献出版社2020年版，第116页。

度、律师准入、退出和违法违规及失信惩戒制度，对于加强律师队伍的职业道德建设有充分的必要性。

第四，依法保障律师合法执业活动的各项权利，为律师提供法律服务创造良好的法治环境。

二、加强仲裁、调解、公证、司法鉴定等队伍建设

中办国办印发的《关于加快推进公共法律服务体系建设的意见》提出，公共法律服务队伍的结构须进一步调整优化，律师、公证员、仲裁员、法律援助人员的数量应当稳步增加。政府法律顾问队伍要加快发展，司法鉴定人员队伍要适应实践需要来发展。使更多具有专业背景的人才进入人民调解员队伍，积极发展专职人民调解员队伍，规范发展基层法律服务工作者队伍。①

公证员作为公证事业的核心力量，是法律职业共同体中的一员。在促进社会经济发展、维护社会秩序稳定、推进法治中国建设等进程中，公证员扮演着重要角色、发挥着关键性的作用。进一步完善我国的公证体制，着力提高公证的社会公信力。

司法鉴定具有极强的专业性，司法活动中对某一专门性问题需要进行鉴别和判断时，就需要司法鉴定。在社会分工日益精细化、专业化的今天，司法活动所涉及的领域愈发广阔，司法鉴定在服务诉讼活动、维护和促进司法公正中的地位和作用也日益突出。所以，对司法鉴定队伍的建设必须重视加强，司法鉴定人员的政治素质、法律素养、专业技能和职业道德水平也要进一步提高，司法鉴定质量和公信力才能得到长足提升。

仲裁作为争议解决方式的一种形式，具有自主选择、灵活简便、快捷保密等特性，因而也是当事人解决经济和商事纠纷的一个可选重要途径。为适应仲裁业务发展的需要，一支数量充足的高素质仲裁队伍的建设是必不可少的。同时，要进一步推动仲裁体制改革，建立健全涉外仲裁机构管理制度。

人民调解制度是社会基层治理中不可或缺的重要环节，这一制度是我国所特有的

---

① 参见《关于加快推进公共法律服务体系建设的意见》，载中国政府网，http://www.gov.cn/zhengce/2019-07/10/content_5408010.htm，2023 年 3 月 8 日访问。

纠纷解决机制。加强人民调解员队伍的建设、完善调解制度，能够更好、更充分地发挥调解制度的功能。

法律服务志愿者队伍是法律服务队伍的重要力量之一。具有法律专业知识，自愿无偿向社会提供法律咨询、代理行政复议和行政诉讼、代写法律文书、宣传法律知识等服务的人员，都可以作为法律服务志愿者。在普及法律知识、维护人民群众合法权益、促进社会公平正义等方面，法律服务志愿者队伍发挥了重要作用。

三、加快涉外人才培养

涉外法治人才是中国参与全球治理的执行主体和表达主体，也是在国际交往中维护我国权益的承担主体，对我国坚持统筹推进国内法治和涉外法治具有重要意义。在新的时代格局和历史背景下，要求我们必须顺应全球治理体系变革，根据我国对外法治发展实际需求，探索多层次学科融通、实践问题导向性强和具有质量保障机制的人才培养方案，培养一批通晓国际法律规则和实务、具有极强的外语交涉能力，能够在国际舞台上掌握话语权，维护国家利益的高素质涉外法治人才。

习近平总书记高度重视涉外法治人才短缺的问题，指出："这些年来，我国涉外法律服务业有了长足发展，但同快速增长的需求并不相配。目前，国内能够熟练办理涉外法律业务的律师只有7200多名，能够办理'双反双保'业务的律师不到600名，能够在世界贸易组织上诉机构独立办理业务的律师只有300多名。国内企业大量的涉外业务都被欧美律所拿走了，其中蕴含很大的安全风险。"① 正因如此，法治专业人才的培养，尤其是涉外法治人才的培养是统筹推进国内法治和涉外法治的重中之重。《全面依法治国决定》提出，高度专业化的涉外法治人才队伍必须能够通晓国际法律规则、善于处理涉外法律事务，要尽快建设一支这样的队伍。②《规划》提出，涉外法治人才培养必须打造新型模式，相应地高等学校中涉外法学专业学科的设置也需要调整、完善，对涉外法治人才的培养力度须进一步加大加强。③

① 习近平：《论坚持全面依法治国》，中央文献出版社2020年版，第257页。

② 《中共中央关于全面推进依法治国若干重大问题的决定》，载《人民日报》2014年10月29日，第4版。

③ 《法治中国建设规划（2020—2025年）》，载《人民日报》2021年1月11日，第1—2版。

党的十八大以来，我国综合国力日益壮大，中国在快速走向世界舞台的中央，由此面临的国际形势也发生了纷繁复杂的变化。新时代，国际形势发生重大变化，中国对外交流、竞争的方式也与往日不同，习近平总书记曾指出："中国走向世界，以负责任大国参与国际事务，必须善于运用法治。"① 我国目前涉外法治人才的需求缺口逐渐扩大，要求进一步创新法治人才的培养模式。面对涉外法治人才紧缺的现状，习近平总书记提出要加大涉外法治人才培养的重视程度，形成体系化、创新化的涉外法治人才培养模式，源源不断地造就出涉外法治人才，以满足对外交流中对涉外法治人才的需要。

培养涉外法治人才主要有两项基本要求：首先是加强政治素质教育。主要是坚定爱党爱国，做坚守社会主义核心价值观的可靠接班人，牢固树立政治意识、大局意识、核心意识、看齐意识，使社会主义核心价值观成为自己的基本遵循，立德树人，做一个德法兼修、勇于担当、求真务实、知行合一的有真本领、身体力行的大实干家。其次是具有扎实的专业知识能力。其中包括深厚的专业外语基础，结合国家战略掌握两门以上外语；系统研学不同法系及相关国际法课程，培养坚实的跨语言文化沟通能力。在具体方法上，加快推进新时代法学教育信息化、国际化，创新人才培养模式；完善课程内容，开设一批跨学科、跨专业、跨语种交叉课程；加快应用型复合型创新型法治人才培养，培养一批高素质、高水平、国际化的涉外法治人才。

第四节　加强法学专家队伍建设

法学专家队伍指在高校、科研机构从事法学教育和法学研究的专业人员。在中国特色法学体系的构建过程中，法学专家队伍担当着重要角色。法治理论创新需要法治实践的探索和法学研究的深入，而法治创新理论的总结概括提炼则离不开一支高水平的法学专家队伍。中国特色法学体系是马克思主义法学理论中国化的理论成果。法学专家队伍是构建中国化马克思主义法学理论体系，并使之体系化、科学化和学科化的重要力量。②

---

① 习近平：《加强党对全面依法治国的领导》，载《求是》2019 年第 4 期。

② 蒋传光、赵诗杨：《习近平法治工作队伍建设理论及原创性贡献》，载《贵州社会科学》2022 年第 12 期。

习近平总书记对法学专家队伍提出了一系列要求，强调："法学专业教师要坚定理想信念，成为马克思主义法学思想和中国特色社会主义法治理论的坚定信仰者、积极传播者和模范实践者。"① "不能做西方理论的'搬运工'，而要做中国学术的创造者、世界学术的贡献者。"②《全面依法治国决定》提出，要重点打造一支政治立场坚定、理论功底深厚、熟悉中国国情的高水平法学家和专家团队，建设高素质学术带头人、骨干教师、专兼职教师队伍。③ 党中央对法学法律工作者提出的做"中国特色社会主义法治道路的践行者、社会主义法治国家的建设者、中国特色社会主义法治理论的发展者、德才兼备的社会主义法治人才的培养者"的定位。④ 具体而言，法学专家队伍建设包括以下几个方面内容：

一、坚定政治立场

突出政治标准，站稳政治立场，是加强法学专家队伍建设的重要前提，要在此前提下落实立德树人的根本任务。坚定政治立场要求法学专家队伍在法学研究与法学教学中时刻把握政治立场，做到知行合一，勇于担当。有理论上的认同、思想上的自觉和行动上的贯彻，强化对马克思主义和中国特色社会主义的理性认同，增强对中国特色社会主义的道路自信、理论自信、制度自信、文化自信。政治立场坚定、法学素养深厚、深谙中国国情、精通国际规则的高水平教师队伍的打造，是实现全面依法治国，持续培养高素质法治人才的重要举措。加强法学专家队伍建设，必须坚持以习近平法治思想为根本遵循。将习近平法治思想与我国现实司法实践相结合，将习近平法治思想与理论研究相结合，用习近平法治思想全方位占领法学教育和法学理论研究阵地，教育引导广大法学院校师生和法学理论工作者

① 习近平：《论坚持全面依法治国》，中央文献出版社 2020 年版，第 178 页。

② 同上书，第 176 页。

③《中共中央关于全面推进依法治国若干重大问题的决定》，载《人民日报》2014 年 10 月 29 日，第 4 版。

④ 参见郭声琨：《在全面依法治国新征程中实现新担当新作为——在中国法学会第八次全国会员代表大会上的致词》，载新华网，http://www.xinhuanet.com/politics/leaders/2019-03/19/c_1124255312.htm；中共中央办公厅印发《关于进一步加强法学会建设的意见》，载中国法学会网，https://www.chinalaw.org.cn/portal/article/index/id/28859.html，2023 年 6 月 23 日访问。

做习近平法治思想的坚定信仰者、积极传播者、模范实践者。同时，深入推进习近平法治思想学理化的阐释、学术化的表达、体系化的构建，使理论研究成果得以向课程体系、教材体系、教学体系转化。统筹整合研究力量和资源，积极推出高质量研究成果，充分展现习近平法治思想鲜明的中国特色、实践特色、时代特色。①

二、构建学科体系

当前，我国法学学科体系建设存在明显的短板和不足，“比如学科结构不尽合理，法学学科体系、课程体系不够完善；社会亟须的新兴学科开设不足，法学学科同其他学科交叉融合还不够，知识容量需要扩充；有的学科理论建设落后于实践，不能回答和解释现实问题；有的教材编写和教学实施偏重于西方法学理论，缺乏鉴别批判，对中国特色社会主义法治理论研究不够深入；有的法学教育重形式轻实效、法治人才培养重专业轻思想政治素质，等等”。② 法学教育学科体系的不足要求我们必须统筹规划，构建适应当代法学教育发展的新型法学学科体系。

习近平总书记在中国政法大学考察时指出：“我们要坚持从我国国情和实际出发，正确解读中国现实、回答中国问题，提炼标识性学术概念，打造具有中国特色和国际视野的学术话语体系，尽快把我国法学学科体系和教材体系建立起来。”③ 他强调，加强中国特色法学学科体系建设，“要以我为主、兼收并蓄、突出特色”。“我们有我们的历史文化，有我们的体制机制，有我们的国情，我们的国家治理有其他国家不可比拟的特殊性和复杂性，也有我们自己长期积累的经验和优势，不能妄自菲薄，也不能数典忘祖。”④ “我们要有底气、有自信，要努力以中国智慧、中国实践为世界法治文明建设作出贡献。”⑤ 同时，“对世界上的优秀法治文明成果，我们要积极吸收借鉴，也要加以

---

① 中共中央办公厅、国务院办公厅《关于加强新时代法学教育和法学理论研究的意见》，载法制网，http://www.legaldaily.com.cn/Youth_and_Law/content/2023-06/01/content_8849554.html，2023 年 6 月 28 日访问。

② 习近平：《论坚持全面依法治国》，中央文献出版社 2020 年版，第 174—175 页。

③④ 同上书，第 176 页。

⑤ 同上书，第 177 页。

甄别，有选择地吸收和转化，不能囫囵吞枣、照搬照抄”。[①]《规划》提出，推动以马克思主义为指导的法学学科体系、学术体系、教材体系、话语体系建设。[②]上述论断为我们加强和完善法学学科体系指明了方向。

三、优化队伍素质

良好的思想政治素质、高尚的道德情操、丰富的知识理论素养，对法学专业教师而言是必不可少的基本要求。除此之外，为了能够担当起培养高素质法治人才的重任，法学专业教师还应当注重教育方法的科学理性，注重教学艺术的高效成果。[③]

第一，坚定理想信念。法学专业教师要恪守坚定的政治立场，做到习近平总书记所要求的“成为马克思主义法学思想和中国特色社会主义法治理论的坚定信仰者、积极传播者、模范实践者”。[④]

第二，师德师风建设是法学专业教师队伍建设的有力抓手。习近平总书记指出：“评价教师队伍素质的第一标准应该是师德师风。”[⑤]提高教师思想政治素质，增强职业道德水平，是法学专业教师队伍建设的首要任务。一位合格的法学专业教师，要做到“带头践行社会主义核心价值观，追求言为人师、行为世范，用自己的实际行动引导带动学生”；[⑥]人才培养不是独立的单个环节即可完成的，而是一整个教育链条，要做到把教书育人贯穿到人才培养的各个环节，塑造良好的师德师风，用正确的世界观、人生观、价值观引导学生，用正能量鼓舞激励学生。

第三，做到专兼职结合。习近平总书记要求，“实际工作部门要选派理论水平较高的专家到高校任教”，对人才培养目标要共同制定、对课程体系要共同设计、对教材要共同编写、对专业教学任务要共同承担、对实践基地的建设要共同出力，“把社会主义法治国家建设实践的最新经验和生动案例带进课堂教学中”，[⑦]《全面依法治国决定》强

---

① 习近平：《论坚持全面依法治国》，中央文献出版社 2020 年版，第 177 页。
② 《法治中国建设规划（2020—2025 年）》，载《人民日报》2021 年 1 月 11 日，第 1—2 版。
③ 杨宗科：《习近平德法兼修高素质法治人才培养思想的科学内涵》，载《法学》2021 年第 1 期。
④ 习近平：《论坚持全面依法治国》，中央文献出版社 2020 年版，第 178 页。
⑤ 习近平：《在北京大学师生座谈会上的讲话》，人民出版社 2018 年版，第 9 页。
⑥ 习近平：《论坚持全面依法治国》，中央文献出版社 2020 年版，第 178 页。
⑦ 同上书，第 177 页。

调，“健全政法部门和法学院校、法学研究机构人员双向交流机制，实施高校和法治工作部门人员互聘计划，重点打造一支政治立场坚定、理论功底深厚、熟悉中国国情的高水平法学家和专家团队，建设高素质学术带头人、骨干教师、专兼职教师队伍”。

第五节　构建中国特色法治人才培养体系

习近平总书记高度重视法学教育改革和高素质法治人才培养工作，他强调，坚持建设德才兼备的高素质法治工作队伍，要坚持立德树人、德法兼修，创新法治人才培养机制，努力培养造就一大批高素质法治人才及后备力量。① 习近平总书记关于法治人才培养的新思想新理念，为中国特色法治人才培养体系的形成指明了方向，提供了根本遵循，是未来建设社会主义法治国家的行动指南。习近平总书记也指出了我国法学教育目前存在的一些问题，如法学教育重形式轻实效、法治人才培养重专业轻思想政治素质；法学学科结构不尽合理，法学学科体系、课程体系不够完善等问题。②

一、明确法学教育的目标

习近平总书记指出：“全面依法治国是一个系统工程，法治人才培养是其重要组成部分。”“法治人才培养上不去，法治领域不能人才辈出，全面依法治国就不可能做好。”③ 他指出，“要坚持立德树人，德法兼修，创新法治人才培养机制，努力培养造就一大批高素质法治人才及后备力量”。④

习近平总书记反复强调，法学教育要深入研究和解决“为谁教、教什么、教给谁、怎样教的问题”。⑤ 教育的首要问题就是我们需要“培养什么人”。不同时期法学教育的目标不同，所培养的人也不同。党的十八大之后，面对复杂多变、纷繁复杂的国际国内环境和法治实践的发展需求，习近平总书记明确提出要培养“德法兼修高素质法治

① 习近平：《加强党对全面依法治国的集中统一领导更好发挥法治固根本稳预期利长远的保障作用》，载中国政府网，http://www.gov.cn/xinwen/2018-08/24/content5316286.htm，2023 年 6 月 23 日访问。

② 习近平：《立德树人德法兼修抓好法治人才培养励志勤学刻苦磨炼促进青年成长进步》，载《人民日报》2017 年 5 月 4 日，第 1 版。

③ 习近平：《论坚持全面依法治国》，中央文献出版社 2020 年版，第 174 页。

④ 同上书，第 231 页。

⑤ 同上书，第 176、235 页。

人才”的新目标。

习近平总书记于2017年5月3日在中国政法大学、2018年8月24日在中央全面依法治国委员会第一次会议、2020年11月16日至17日在中央全面依法治国工作会议等重要场合发表了一系列重要论述，明确了法治人才培养基本要求——培养造就一大批德法兼修、明法笃行、德才兼备的高素质法治人才及后备力量。① 因此，培养德法兼修高素质法治人才是新时代法学教育培养目标的基本要求。

二、坚持立德树人、德法兼修的教育方针

在中国政法大学考察时提出了立德树人、德法兼修、明法笃行的法治人才培养方针。他指出，“希望我们的法学教育要坚持立德树人，不仅要提高学生的法学知识水平，而且要培养学生的思想道德素养”。② “希望法学专业广大学生德法兼修、明法笃行，打牢法学知识功底，加强道德养成，培养法治精神，而且一辈子都坚守，努力用一生来追求自己的理想。”法学教育要“坚持党的教育方针”，坚持“立德树人”，法学专业学生要“德法兼修”，总书记的论述为我国新时代法学教育和高素质法治人才培养指明了方向。

马克思主义法学思想和中国特色社会主义法治理论，是我国法治人才培养中应遵循的思想纲领和行动指南。法学教育要坚持立德树人、德法兼修的方针。各类从业人员不仅要具有扎实的专业基础知识和专业技能，而且也要具有较高的道德素养。习近平总书记指出：“我们的法学教育要坚持立德树人，不仅要提高学生的法学知识水平，而且要培养学生的思想道德素养。首先要把人做好，然后才可能成为合格的法治人才。” ③

三、构建法学学科体系

党的二十大报告中提出，“深入实施马克思主义理论研究和建设工程，加快构建中

① 杨宗科：《习近平德法兼修高素质法治人才培养思想的科学内涵》，载《法学》2021年第1期。
② 习近平：《论坚持全面依法治国》，中央文献出版社2020年版，第179页。
③ 同上书。

国特色哲学社会科学学科体系、学术体系、话语体系，培育壮大哲学社会科学人才队伍”。[①]2023年2月中共中央办公厅、国务院办公厅印发的《关于加强新时代法学教育和法学理论研究的意见》明确提出“优化法学学科体系”，对推进法学基础学科、新兴学科、交叉学科、涉外学科等学科建设作出了重要部署。习近平总书记指出，法学学科体系建设对于法治人才培养至关重要。他多次强调，我们有我们的历史文化，有我们的体制机制，有我们的国情，我们的国家治理有其他国家不可比拟的特殊性和复杂性，也有我们自己长期积累的经验和优势，在法学学科体系建设上要有底气、有自信。法治人才培养要以我为主、兼收并蓄、突出特色，深入研究和解决好为谁教、教什么、教给谁、怎样教的问题，努力以中国智慧、中国实践为世界法治文明建设作出贡献。因此，我们要以中国特色社会主义法治理论为引领，创新法学学科体系、课程体系、教材体系、教学体系，培养法治人才的法治素质。

习近平法治思想是新时代的法学学科体系的统领，法学学科体系建设要以习近平法治思想的方法论为指引。2017年习近平总书记在中国政法大学考察时精准指出了当前我国法学学科体系存在的问题是“学科结构不尽合理，法学学科体系、课程体系不够完善；社会亟需的新兴学科开设不足，法学学科同其他学科交叉融合还不够，知识容量需要扩充；有的学科理论建设滞后于实践，不能回答和解释现实问题；有的教材编写和教学实施偏重于西方法学理论、缺乏鉴别批判，对中国特色社会主义法治理论研究不够深入”。[②]并明确提出了法学学科建设的理念思路。有学者将这些理念思路概括为实践性、民族性、原创性、系统性和世界性。实践性指的是中国法学学科体系建设应当坚持扎根中国法治实践，从中国实际问题出发，在改革发展的实践中发现新问题，提出新观点，提炼新理论；民族性指的是应当充分挖掘和吸收中华优秀传统法律文化，根植本国、本民族的历史文化沃土，挖掘和传承中华法律文化精华，汲取营养、择善而用；自主性指的是我们应当构建自主的学科体系，不能照搬早期西方的法学学科体系；原创性指的是我们应当加强涉中国法治的原创性范畴、推断、理论的研究，

① 习近平：《高举中国特色社会主义伟大旗帜 为全面建设社会主义现代化国家而团结奋斗——在中国共产党第二十次全国代表大会上的报告》，人民出版社2022年版，第34、43、44页。

② 习近平：《论坚持全面依法治国》，中央文献出版社2020年版，第174—175页。

打造出法学学科具有独创性的范畴体系、理论体系、话语体系；系统性指的是我们应当对法学基础学科、新兴学科同等加强建设，对交叉学科、涉外学科、冷门学科等进行创新建设，构建全方位、全领域、全要素的法学学科体系；世界性指的是我们应当对世界先进的法学成果加以吸收借鉴，打造国际上传得开的新范畴、新理论、新学科，使所构建的法学学科体系具有国际话语权和传播力。①

四、注重法学教育与实践相结合

习近平总书记指出，“法学学科是实践性很强的学科。法学教育要处理好知识教学和实践教学的关系。学生要养成良好法学素养，首先要打牢法学基础知识，同时要强化法学实践教学。要打破高校和社会之间的体制壁垒，将实际工作部门的优质实践教学资源引进高校，加强校企、校地、校所合作，发挥政府、法院、检察院、律师事务所、企业等在法治人才培养中的积极作用。从事法学教育、法学研究工作的同志和法治实际工作部门的同志，要相互交流、取长补短，把法学理论和司法实践更好结合起来。实际工作部门要选派理论水平较高的专家到高校任教，参与人才培养方案制定、课程体系设计、教材编写、专业教学，把社会主义法治国家建设实践的最新经验和生动案例带进课堂教学中。”②《全面依法治国决定》提出，健全政法部门和法学院校、法学研究机构人员双向交流机制，实施高校和法治工作部门人员互聘计划。③相比其他很多学科而言，法学教育和法学研究具有更加明显的实践性，因此，要更加重视教育和实践的互动效果，建立有效的互动交流模式，助推法学教育的发展。

① 黄文艺：《论构建中国特色、世界一流的法学学科体系》，载《法学家》2023年第2期。
② 习近平：《论坚持全面依法治国》，中央文献出版社2020年版，第177页。
③《中共中央关于全面推进依法治国若干重大问题的决定》，载《人民日报》2014年10月29日，第4版。

第十二章　坚持抓住领导干部这个“关键少数”

2015年2月2日，省部级主要领导干部学习贯彻党的十八届四中全会精神全面推进依法治国专题研讨班在中央党校开班，习近平总书记在开班式上强调，各级领导干部在推进依法治国方面肩负着重要责任，全面依法治国必须抓住领导干部这个“关键少数”。领导干部要做尊法学法守法用法的模范，带动全党全国一起努力，在建设中国特色社会主义法治体系、建设社会主义法治国家上不断见到新成效。同年3月5日下午，习近平总书记在参加十二届全国人大三次会议上海代表团审议时再次提及“关键少数”。毫无疑问，习近平总书记的这一重大判断抓住了当前法治中国建设的要害，为推进中国特色社会主义法治体系和法治国家建设提供了根本遵循，因此，全面理解抓住领导干部“关键少数”的时代背景与历史意义，深刻把握抓住领导干部“关键少数”的主要内容、制度安排和实现路径，对于我们深入贯彻落实习近平法治思想，进一步明确推进全面依法治国的关键点和着力点，具有十分重要的意义。

第一节　抓住领导干部“关键少数”的时代背景与历史意义

一、抓住领导干部“关键少数”是全面依法治国的重要组成部分

在全面建成小康社会、全面深化改革、全面推进依法治国和全面从严治党的各个领域各项实践当中，领导干部都是最重要的组织者和推动者，抓住领导干部这个“关键少数”才能真正实现四个全面战略布局的深入推进。根据《党政领导干部选拔任用条例》，领导干部包括的范围主要是“中共中央、全国人大常委会、国务院、全国政协、中央纪律检查委员会工作部门领导成员或者机关内设机构担任领导职务的人员，国家监察委员会、最高人民法院、最高人民检察院领导成员（不含正职）和内设机构担任领导职务的人员；县级以上地方各级党委、人大常委会、政府、政协、纪委监委、

法院、检察院及其工作部门领导成员或者机关内设机构担任领导职务的人员；上列工作部门内设机构担任领导职务的人员”等。① 有学者认为在领导干部群体中以下几个群体尤为重要，首先是党和国家的高级干部，其次是党政领导干部中的一把手。前者在党和国家发展事业中具有重要影响，后者对一个单位一个部门一个区域的发展能起到主导作用。此外县委书记也是尤为值得关注的领导干部群体。②

全面推进依法治国，建设社会主义法治国家是我国的重要战略之一。党的十八届三中全会提出完善和发展中国特色社会主义制度推进国家治理体系和治理能力现代化，党的十八届四中全会提出建设中国特色社会主义法治体系，建设社会主义法治国家，将之作为全面推进依法治国的目标。“关键少数”对于我国全面推进依法治国有着关键的推动作用。领导干部的战略思维、创新思维、辩证思维是需要有法治思维和底线思维作为基础的，同样领导干部的其余各项能力也都应当筑基于法治能力和法治素养。在中央全面依法治国委员会第一次会议上，习近平指出，“领导干部具体行使党的执政权和国家立法权、行政权、监察权、司法权，是全面依法治国的关键”。③

党的十八大以来，在一系列从严治党措施中，对于领导干部这一关键群体也是尤为重视的。关键少数在全面依法治国中应当起到关键作用，这既是对权力的约束、对领导干部的约束，更是为了党能够更好地执政兴国，为人民谋求幸福安康，为国家长治久安所必须落实的一项重要任务。“要把全面依法治国放在‘四个全面’的战略布局中来把握，深刻认识全面依法治国同其他三个‘全面’的关系，努力做到‘四个全面’相辅相成、相互促进、相得益彰。”④ 因此，“关键少数”的法治理念也是支撑我国“四个全面”充分落实的关键一环。

二、抓住领导干部“关键少数”的历史传承

领导干部在我国的政治发展和法治建设的历史中，始终发挥着重要作用。识别、

① 《中共中央印发〈党政领导干部选拔任用工作条例〉》，载中国政府网，http://www.gov.cn/zhengce/2019-03/17/content_5374532.htm，2023 年 3 月 28 日访问。

② 参见王新清、高林：《坚持抓住“关键少数”的法理底蕴与实践导向》，载《中州学刊》2022 年第 7 期。

③ 《习近平谈治国理政》(第三卷)，外文出版社 2020 年版，第 287 页。

④ 习近平：《论坚持全面依法治国》，中央文献出版社 2020 年版，第 145 页。

培养、使用、爱护才德兼备的领导干部，是党的事业成功的重要保障。毛泽东在《中国共产党在民族战争中的地位》一文中就有专门的"干部政策"一节，其中指出"中国共产党是在一个几万万人的大民族中领导伟大革命斗争的党，没有多数才德兼备的领导干部，是不能完成其历史任务的"。[①] 随着历史进程的推进，当今的中国共产党所带领的是 14 亿中国人民，所领导的是新时代的伟大斗争，同样需要有德才兼备的领导干部。毛泽东同时指出要善于识别干部、善于使用干部、善于爱护干部，这一点对于当今的关键少数仍然适用。干部群体一方面担负着执政兴国的重要任务，另一方面又有着各种权力，故而抓住领导干部这个"关键少数"在我国的政治发展中，有着持续的历史传承。

首先，"关键少数"一直被视作我国各项事业成功的保障，是党的各项路线、政策、方针得以贯彻的重要保证。不仅在革命年代如此，在建设年代、发展年代仍然如此。江泽民同志在中共第二期中共中央委员和候补委员学习邓小平理论和十五大精神研讨班上的讲话中同样指出，"领导干部的思想、作风端正不端正，关系十分重大，直接关系党的理论和路线方针政策能不能真正贯彻落实，关系党和人民的事业能不能不断取得新的胜利"。[②]

其次，始终强调"关键少数"的精神境界和道德修养的一面，强调领导干部要有"先天下之忧而忧，后天下之乐而乐"的精神。在《治国必先治党，治党务必从严》一文中，江泽民强调领导干部需要"带头吃苦、甘于奉献"。他认为提高领导干部的思想理论水平可以起到防患于未然的作用——"领导干部的精神境界高了，思想防线真正牢固了，都自觉按照党的原则和要求行事，很多问题就可以防患于未然"。[③] 领导干部作为一个特殊的群体，其最重要的特征是掌握权力，因此领导干部要牢固树立正确的权力观，江泽民同志在中共中央纪律检查委员会第七次全体会议上的讲话中就曾经指出，树立正确的权力观最根本的是要保持党同人民群众的血肉联系，同时要正确认识领导干部手中权力的性质，保证人民的权力始终用来为人民服务。因此领导干部就必

---

① 毛泽东：《中国共产党在民族战争中的地位》，载《毛泽东著作选读》，人民出版社 1986 年版，第 279 页。

② 中共中央文献研究室：《江泽民思想年编》，中央文献出版社 2010 年版，第 332 页。

③ 《江泽民文选》（第二卷），人民出版社 2006 年版，第 501 页。

须加强学习，提高思想境界和道德修养。要破除官本位的意识，同时加强党性修养。①

最后，与德治相应的法治意识，也是“关键少数”所必须具备的品质。在我国法治化发展的同时，对领导干部的法治意识的培养就被提上了日程，在《依法治国》一文中，江泽民就指出，作为一种观念和意识的“法治”需要一个相当长的培养过程，其中，既需要一般的法制宣传教育，更需要对领导干部进行法治意识的培养——“特别是各级领导干部务必加强对法律和法学知识的学习，努力掌握和提高运用法律手段管理经济社会事务的本领，以自身的实际行动带动广大干部群众，在全社会形成学法、用法的良好风气，为坚持依法治国打下坚实的思想基础。”②“各级领导干部要带头学法、懂法、用法，支持和督促有关部门严格执法、秉公执法。”③在“法治”意识形成的基础上，还要进一步提高各级领导干部依法办事的能力，这是加强党的执政能力建设的重要方面，这也是我国法治建设的重要发展时期。“十届全国人大二次会议通过了宪法修正案，中央对学习和贯彻实施宪法进行了部署。国务院又制定印发了《全面推进依法行政实施纲要》。胡锦涛同志在主持中央政治局第十二次集体学习时强调，要始终坚持依法治国、依法执政，提高全社会法制化管理水平。”④

三、抓住领导干部“关键少数”的时代要求

我国迈入了中国特色社会主义新时代，党的十八大以来党和国家采取了一系列战略性的举措，推动了系统性的变革，实现了国家治理各方面的巨大突破，产生了一系列标志性的成果。这些已有的成就反映了在过去的一段时间内，中国共产党在政治领导力、思想引领力、群众组织力、社会号召力等方面能力的显著增强，“中国之治”已经初具规模和成效。在这样的时代背景之下，中国特色社会主义法治道路和中国特色社会主义法治体系的进一步发展也是必然的趋势，党领导全面依法治国各项体系将得到进一步健全。因此，2015 年，在省部级主要领导专题研讨班开班式上，习近平强调，“各级领导干部在推进依法治国方面肩负着重要责任，全面依法治国必须抓住领导干部

① 参见《江泽民文选》(第三卷)，人民出版社 2006 年版，第 418—424 页。
② 《江泽民文选》(第一卷)，人民出版社 2006 年版，第 513 页。
③ 《胡锦涛文选》(第二卷)，人民出版社 2016 年版，第 73 页。
④ 吴官正：《正道直行——党风廉政建设的实践与思考》，人民出版社 2008 年版，第 290 页。

这个‘关键少数’”。①

“关键少数”将面临更大的时代考验。“关键少数”在现阶段所发挥的作用要以中华民族伟大复兴的战略全局和世界百年未有之大变局为时代背景，以为人民服务的理念为根本立足点。时代要求领导干部在治理体系建设中抓住关键突破点，着力解决现存制度的难点，优化结构间的衔接点，在治理能力的建设中寻求共识、发挥优势、处理好各方关系，加强规划能力与学习能力，而这一切都是对领导干部的巨大考验。

“关键少数”将主导更为复杂的国家治理体系。国家治理能力和治理体系现代化是我国全面建设社会主义现代化国家的必然要求，在法治轨道上推进国家治理体系和治理能力现代化，将全面依法治国与治理系统相结合是未来我国治国理政的一个重要方向。法治思维和法律体系可以给予治理体系更加规范的形式，同时，提高我国治理体系的法治化与能力化也是将法治原则落实到国家治理的具体实践之中。这就要求国家治理体系的主导力量——领导干部能够意识到法治对于国家治理的重要意义，将法治作为一种国家治理的重要方式。

“关键少数”是全面实现中国式现代化的重要推进力量。法治建设是现代国家的重要标志之一。建立法治政府，走向法治国家，完成法治中国的塑造，这都需要中国共产党和人民完成“自上而下”和“自下而上”的双向互动推进。我国的领导干部是现代国家中的重要权力拥有者和执行者，领导干部手中的权力既是政治责任，同样也是法治责任。② 领导干部对于法律的遵从是引导整个政治系统，乃至全社会走向法治社会的最好示范，因而是建立社会主义法治国家，实现中国式政治现代化和法治现代化的目标的关键枢纽。

四、抓住领导干部“关键少数”与我国的法治未来

社会主义法治体系是一个复杂的体系，包含着从立法、执法到司法等各个环节，同时也包含着法律意识、法律思维等社会共识和执政理念的形成。面对实现第二个百

① 习近平：《抓住关键少数全面推进依法治国》，载《人民日报》2015 年 2 月 3 日，第 1 版。

② 参见上官酒瑞、张弈天：《推进型法治模式下的“关键少数”与全面依法治国》，载《天津行政学院学报》2015 年第 4 期。

年奋斗目标的新征程，抓住领导干部这个“关键少数”是我国法治未来开启的一个关键因素。

首先，领导干部的法治意识与法治思维对我国法治建设的引领示范作用。习近平曾经指出，领导干部需要“不断提高运用法治思维和法治方法深化改革、推动发展、化解矛盾、维护稳定、应对风险的能力，做尊法学法守法用法的模范”。[①]目前，我国领导干部与普通民众的法治意识与法治思维虽然较之过去有较大的进步，但仍有不足之处，突出表现在部分领导干部法治观念淡薄，出现以情代法、以权代法，甚至越过法律红线行使权力的现象。同时普通民众的法治意识也有所欠缺，一方面表现在不知法、不守法，会越过法律行事，另一方面也表现在不会运用法律保护自己的利益，因此我国社会中仍然存在着一些关系网、利益链，甚至是违法现象。要想进一步保证社会公平正义，法治思维和法治意识就需要得到更多地普及，在这一点上领导干部可以有所作为。

其次，领导干部主导的法治实践的影响力可以形成系统的法治未来。一个良好的法治社会的形成，需要各方面的长期努力实践，也需要环境的涵养。党的十八大以来，在从严治党的过程中，着力对领导干部滥用权力、破坏法治的行为进行了查处，使得我国的权力配置、权力运行与权力监督进入了一个更加良性的循环之中。未来，领导干部仍然要投身于法律实践之中，通过治国理政的各项实践活动，切实提高依法深化改革能力、依法推动发展能力、依法化解矛盾能力、依法维护稳定能力和依法应对风险能力等各项能力。社会主义法治国家的建设需要通过实践来进行检验，因此，领导干部需要进一步提高自己依法办事的能力，在法律的范围内推行自己的政治理想，落实党和国家的各项政策，改善人民的生活，成为真正的全面依法治国的组织者和推动者。

最后，领导干部的全局眼光与战略部署将对我国法治的未来形成长远影响。作为执政兴国的主要群体，领导干部可以积极推动国家立法，填补相关法律的空白点，增强法律的薄弱点，立足于当下和未来不同的国际、国内形势，运用法律思维来实践治

① 《习近平谈治国理政》(第四卷)，外文出版社2022年版，第298页。

国理政，解决经济、政治、社会发展各方面的深层次问题，通过筑牢法律根基，形成执法有力的态势，促进国家的进一步发展，从根本上系统促进我国中国式法治未来的实现。

第二节　抓住领导干部“关键少数”的主要内容

一、尊崇法治、敬畏法律是领导干部的基本素质

2015 年 2 月，习近平在省部级主要领导干部学习贯彻党的十八届四中全会精神全面推进依法治国专题研讨班上曾经谈到对领导干部的几点要求，其中第一条就是“做尊法的模范，带头尊崇法治，敬畏法律”。①

领导干部对于法治的尊崇与敬畏，是建立在对法治、法律的深刻认识之上的。领导干部需要意识到，法律并不只是法律条文，宪法和法律是党和人民共同意志，依法治国是党的权威和人民主体地位的体现。因此，维护法律的尊严就是捍卫党和人民共同意志的尊严。在这一认识的基础之上，领导干部要将对宪法和法律的尊崇与对党和国家的忠诚相联系，同时，这也是全心全意为人民服务、以人民为中心的表现之一。2015 年 7 月 1 日第十二届全国人民代表大会常务委员会第十五次会议通过，2018 年 2 月 24 日第十二届全国人民代表大会常务委员会第三十三次会议修订的《全国人民代表大会常务委员会关于实行宪法宣誓制度的决定》中要求“各级人民代表大会及县级以上各级人民代表大会常务委员会选举或者决定任命的国家工作人员，以及各级人民政府、监察委员会、人民法院、人民检察院任命的国家工作人员，在就职时应当公开进行宪法宣誓”。2018 年 3 月 11 日，第十三届全国人民代表大会第一次会议通过的宪法修正案，将《宪法》第二十七条增加一款，作为第三款：“国家工作人员就职时应当依照法律规定公开进行宪法宣誓。”这是将宪法宣誓写入了我国的根本大法之中。这是我国全面推进依法治国中的一个重要标志，宪法宣誓的庄严仪式感，对我国的法治社会和依法执政的形成起到了很好的推动作用。

领导干部对于法治的尊崇与敬畏，是建立在对全面依法治国必要性的认识基础上

① 习近平：《论坚持全面依法治国》，中央文献出版社 2020 年版，第 136 页。

的。领导干部必须认识到依法治国是党领导中国人民走向富强、民主、文明的现代化国家的必由之路，“依法治国”本身就是现代化国家建设进程中一种重要的理念与实践方式，是通过不断的宣传、普及而深植人心，成为现代政治文明的重要标志。同时，依法治国也是执政能力和执政水平的重要表现之一，依照法律执政、政治行为有法可依，这是政治制度化的一个重要面向。在现代政治中，一个国家成为现代国家最关键的表现是形成了表现其国家意志的宪法，依照宪法和法律活动是成熟国家的必然要求，也是国家能够在可预期的轨道内不断发展强大的长远之策和根本之策。中国特色社会主义法治由中国的具体国情所决定，其正处在不断的发展完善与成熟之中。

领导干部尊崇法治、敬畏法律既要表现在思想意识上，更要表现在行动实践上。对于宪法和法律的尊崇不能仅仅停留在理念之上，而且还需要领导干部将之从理念上升为平时工作中的实践本能，不但要在心中敬畏法律，更要把法律作为衡量平时各项行动的准绳。领导干部需要把对法律的信仰转化为执政中对法律权威的尊重，在施政中对于法律条文的遵守，以及在国家发展中对于法律体系的完善。而要做到理念和实践行动的一致，一方面有赖于领导干部个人素质，另一方面更重要的是要建立相关的工作保障机制，形成法治社会的氛围。

二、了解法律、掌握法律是领导干部的知识基础

法律是领导干部所必须掌握的基础知识，唯有了解法律、掌握法律，在具备法律知识的前提下，守法、执法才得以可能。领导干部首先要掌握的是宪法相关知识。习近平曾经指出，“要以宪法为根本活动准则，用科学有效、系统完备的制度体系保证宪法实施，加强宪法监督，弘扬宪法精神，切实维护宪法的权威和尊严”。[①] 领导干部需要认识到党领导人民制定和实施宪法法律，同时，党以及各级领导干部自身也必须在宪法法律范围内活动。依法治国要求领导干部要严格依照宪法法律积极主动、独立负责、协调一致开展工作。因此领导干部需要学习宪法、了解宪法、掌握宪法，宪法是领导干部首先必备的基础知识。同时，自从宪法颁布以来，为了培育全社会树立维护

---

① 《习近平谈治国理政》(第四卷)，外文出版社 2022 年版，第 252 页。

宪法，捍卫宪法尊严的宪法观念和宪法意识，党和国家始终将宪法教育作为法制宣传教育的核心，领导干部对于宪法的学习与尊重，将能进一步带动整个国家对于宪法的尊崇。可以在领导干部的法制教育设置中优先设置宪法环节，增强领导干部对于宪法的认同深度与研究深度。①

其次，领导干部还应重点学习好与自身的领导职能相关的法律。例如，在各级政府部门任职的领导干部应重点学习好行政法。在我国政治结构中，政府可以进行政策引领、资源配置等活动，并且在部分时候直接参与一定的与发展相关的经济活动。政府的职能需要行政法的全面协调，政府的发展也需要行政法作为根本保障。行政法为政府的有效履职提供了法律支撑，同时也对政府的行为进行了法律规范。② 作为国家和地方各级政府的领导干部需要学好行政法、遵守行政法、研究行政法，这应是其履职中的一个重要部分。与之相一致的，随着我国法律体系的不断完备，在其他不同的领导岗位中，大多有与其领导职责相应的法律，各级领导干部都应根据自身所行使的权利和所应承担的责任，对相关的法律进行深入研究、组织相关培训、落实相关考核，真正落实全面依法治国。

除了了解和掌握法律之外，领导干部还有一个重要的职责是推进立法工作的展开。《全面依法治国决定》明确指出：“党的领导是全面推进依法治国、加快建设社会主义法治国家最根本的保证。必须加强和改进党对法治工作的领导，把党的领导贯彻到全面推进依法治国全过程。”各级领导干部因其在国家治理中的实践，更加了解中国国家治理的总体运行状态以及面临的真正问题，可以给出更为专业和更为深入的立法建议，并且推动全面依法治国的深入。

三、遵纪守法、捍卫法治是领导干部的行事规则

在“社会主义荣辱观”中，就有“以遵纪守法为荣、以违法乱纪为耻”，③ 遵纪守法是一个社会良好风气和社会文明程度的标志，我国向来以遵纪守法为社会价值导向。

---

① 参见范进学、马冲冲：《我国宪法教育 40 年：经验、反思与展望》，载《法治社会》2023 年第 1 期。
② 参见薛刚凌、杨璇：《论政府发展职能与行政法回应》，载《行政法学研究》2023 年第 1 期。
③ 《胡锦涛文选》（第二卷），人民出版社 2016 年版，第 430 页。

树立领导干部遵纪守法、捍卫法治的良好风气，是广大人民群众的强烈愿望，也是经济社会顺利发展的必然要求。在第十八届中央纪律检查委员会第六次全体会议上，习近平也曾指出，“中华民族历来都有珍惜名节、注重操守、干净为官的传统，历来都讲‘为政以德’、‘守土有责’，领导干部要秉公用权、廉洁用权，做遵纪守法的模范，同时要坚持原则、敢抓敢管”。①

遵守法律，在法律的范围内行事，是每个公民应尽的义务。领导干部因其所掌握的权力和其所担任的职责，在遵守法律方面需要有更高的要求和更好的实践。领导干部无论是在个人生活方面或是在公共职责方面，都应当遵守法律法规。当领导干部行使公权力时，应当严格按照法定的权限、规则和程序行使权力、履行职责。这要求领导干部在施政时或进行重大决策时，需要注意让法律顾问、公职律师参与决策过程，提出法律意见，将之作为依法决策的重要程序。② 不断提高决策的科学性、程序的正当性和过程的公开性，这些都是领导干部遵守法律的关键所在。同时领导干部遵守法律还要在个人生活方面消除特权思想，特权思想和特权现象是对法律的极大破坏，也是权力观的扭曲。③ 消除特权思想和特权现象既是坚持全面从严治党的要求，也是全面依法治国的要求，唯有消除领导干部的特权，才能真正做到法律面前人人平等。

除了遵守法律之外，党员领导干部还受到党纪的约束，领导干部不仅要守法，还要守纪。打破旧有的凌驾于社会上的政治权力，摆脱政府公职人员的贪腐行为，建立一种全新的政权形式，将权力交给社会的“公仆”，这是世界共产主义运动的宗旨之一，是巴黎公社的伟大实践，马克思、恩格斯对此的理论思考构成了马克思主义反腐败思想的经典论述。列宁在此基础上更加强调了党的“纪律”，并形成了系统的马克思主义政党治理的论述。纪律建设是马克思主义政党建设的重要方面，也是我国法治建设的一个重要组成部分。“严明纪律是马克思主义政党的本质属性和内在要求，直接关系到党的先进性和纯洁性问题，直接关系到执政能力建设问题。”④ 因此，除了要求领导

---

① 习近平：《在第十八届中央纪律检查委员会第六次全体会议上的讲话》，人民出版社 2016 年版，第 14—15 页。

② 参见陈训秋：《坚持抓住领导干部这个“关键少数”》，载《中国法学》2021 年第 3 期。

③ 参见黄百炼：《消除特权是实现全面从严治党的突破口》，载《科学社会主义》2015 年第 2 期。

④ 陈明明：《从党的百年伟大奋斗历程中汲取从严守纪之力》，载《岭南学刊》2022 年第 1 期。

干部遵守法律之外，还应在领导干部中努力营造守纪律、讲规矩的氛围。加强对党员干部的党章党规教育，使党员干部有坚定的守纪律讲规矩的思想，同时，在完善法律的同时，也要进一步细化完善纪律规定，实施严格的执纪问责以及相关的追责制度。①

四、加强管理、强化监督是领导干部的纪律约束

强化监督是中国共产党管理干部的传统。对于如何跳出一个政权从兴起到腐败衰落的周期，共产党人给出了答案——实行民主，让人民来监督。1945年7月1日，毛泽东与前来考察的民主人士黄炎培有一段著名的对话，谈到历史周期律问题，毛泽东回答黄炎培“我们已经找到新路，我们能跳出这周期律。这条新路，就是民主。只有让人民来监督政府，政府才不致松懈，只有人人起来负责，才不会人亡政息”。②1948年，在晋绥干部会议上的讲话，毛泽东又强调了这点，让党外群众和积极分子监督党员，加强与群众的联系——“关于整理党的基层组织的工作，你们已经根据中央关于在老区半老区进行土地改革工作和整党工作的指示，采用晋察冀解放区平山县的整党经验，即是邀集党外群众中的积极分子参加党的支部会议，展开批评和自我批评，借以改变党的组织的成分不纯或者作风不纯的现象，使党和人民群众密切地联系起来。你们这样做，将使你们有可能健全地完成对于党的组织的全部整理工作”。③

在新时代，加强对领导干部的监督管理，仍然是我国对领导干部进行纪律约束的重要方式。在从严监督“关键少数”方面，在新时代着重从政治监督、用权监督、作风监督、道德监督方面着手。在方法上则强调把自上而下、同级之间、自下而上的监督充分调动起来，构建出一整套行之有效的监督制度体系。④从法治角度而言，关键是要形成严密的法律监督体系，法律监督的监督对象为“法律执行和法律遵守”，在对领导干部的法律监督上，可以将重点定位在对“违法行为”的监督上。同时，还“应当

① 参见龚上华：《健全党员干部守纪律讲规矩的刚性约束机制》，载《浙江学刊》2016年第1期。
② 黄炎培：《八十年来》，文史资料出版社1982年版，第148—149页。
③ 毛泽东：《在晋绥干部会议上的讲话》（一九四八年四月一日），载《毛泽东选集》（第四卷），人民出版社1991年版，第1308页。
④ 参见何旗：《习近平关于从严监督“关键少数”重要论述的科学意蕴》，载《行政论坛》2021年第1期。

根据责任政治原理，将法律监督与法律责任进行联结，以明确其与权力监督和政治监督的区别，防止法律监督脱离法律的控制而走入传统权力监督或政治监督的窠臼”。① 在法律监督之外，还有广义的法制监督和法治监督，前者多用于对政府进行的法制监督，这是在中国行政法治化过程中生成、发展的一种行政系统内部的层级监督制度。“政府法制监督具有自律性、专业性、贯通性的基本属性，其制度形式又具有多层级、多样化的特征。”② 后者一般是指如何通过有效监督来规制公权力，使其在法律框架内得以有效行使。其重点在于提高各级领导干部运用法治思维和法治方式的能力和强化法治监督体系的有效实现。③

在强调加强管理、强化监督的同时还应注意对干部依法执政积极性的保护，习近平曾经强调“权力监督的目的是保证公权力正确行使，更好促进干部履职尽责、干事创业”。④ 因此，在依法治国的要求下，不仅要管住领导干部乱用滥用权力的渎职行为，还要管住部分领导干部“不用弃用权力的失职行为，整治不担当、不作为、慢作为、假作为”，保护干部干事的积极性，这两者是相辅相成、相互促进的。

第三节　抓住领导干部“关键少数”的制度安排

一、建立法律顾问制度

党的十八届三中全会要求“普遍建立法律顾问制度”，党的十八届四中全会进一步明确“积极推行政府法律顾问制度，建立政府法制机构人员为主体、吸收专家和律师参加的法律顾问队伍，保证法律顾问在制定重大行政决策、推进依法行政中发挥积极作用”。⑤ 根据两次会议的要求，全国各级地方政府都积极反映，出台了相关的政策文件，贯彻落实了中央精神，为律师和专家担任政府法律顾问提供了现实的政策支持。例如 2015 年 5 月上海发布了《上海市人民政府关于推行政府法律顾问制度的指导意

① 门中敬：《法律监督的责任内涵与概念重塑》，载《法学评论》2022 年第 6 期。
② 王继：《政府法制监督：行政系统的自律机制》，载《长白学刊》2009 年第 6 期。
③ 参见沈国明：《论规制公权力与强化法治监督体系建设》，载《东方法学》2018 年第 1 期。
④ 习近平：《论坚持全面依法治国》，中央文献出版社 2020 年版，第 242 页。
⑤《中国共产党第十八届中央委员会第四次全体会议文件汇编》，人民出版社 2014 年版，第 36 页。

见》，2016 年 1 月，江苏省人民政府发布了《关于建立政府法律顾问制度的意见》。①

2016 年，中共中央全面深化改革领导小组第二十二次会议审议通过了《关于推行法律顾问制度和公职律师公司律师制度的意见》。同年 6 月，中共中央办公厅、国务院办公厅印发了该《意见》，其中规定：“党政机关法律顾问履行下列职责：1. 为重大决策、重大行政行为提供法律意见；2. 参与法律法规规章草案、党内法规草案和规范性文件送审稿的起草、论证；3. 参与合作项目的洽谈，协助起草、修改重要的法律文书或者以党政机关为一方当事人的重大合同；4. 为处置涉法涉诉案件、信访案件和重大突发事件等提供法律服务；5. 参与处理行政复议、诉讼、仲裁等法律事务；6. 所在党政机关规定的其他职责。”②

法律顾问制度的设立是很多现代国家都采用的一种推进法治的制度，例如美国白宫也有法律顾问，又被称为“总统的律师”，直接服务于总统。法律顾问是美国现代国家治理体系的重要组成部分，广泛参与到总统事务中，重点对其提供法律上的支持。③我国的政府法律顾问扮演着多重角色，共同推动了我国法治发展，法律顾问参与法治政府建设既是援助也是制约。法律顾问制度一方面代表着一种行政民主的取向，法律顾问在执业过程中可以督促政府在追求效益的同时关注行政民主；另一方面，法律顾问也是一种行政法治的标志，其可以进一步规范政府的行政行为。此外，法律顾问还是行政法的服务者，其目标是达到行政正义。其职业职责是保证其制定的相关规则是从公共利益的角度出发。④

二、设立公职律师制度

公职律师是指具有公职律师证书的、专门从事法律事务工作的党政机关公职人员。我国公职律师在新中国成立初期就有所探索，但从政策层面看，我国公职律师开始于

---

① 参见张金才：《中国法治建设 40 年（1978—2018）》，人民出版社 2018 年版，第 326 页。

② 中共中央办公厅、国务院办公厅印发《关于推行法律顾问制度和公职律师公司律师制度的意见》，载中国政府网，http://www.gov.cn/zhengce/2016-06/16/content_5082884.htm，2023 年 4 月 1 日访问。

③ 参见吴玄：《美国白宫法律顾问制度研究》，载《环球法律评论》2014 年第 5 期。

④ 参见江国华、刘文君：《政府法律顾问在法治政府建设中的角色与取向》，载《哈尔滨工业大学学报（社会科学版）》2018 年第 2 期。

1993年。公职律师的设置是适应了法治政府的需求。在2016年的《关于推行法律顾问制度和公职律师公司律师制度的意见》中，具体规定了公职律师的责任、权利和义务。“公职律师履行党政机关法律顾问承担的职责，可以受所在单位委托，代表所在单位从事律师法律服务。公职律师在执业活动中享有律师法等规定的会见、阅卷、调查取证和发问、质证、辩论等方面的律师执业权利，以及律师法规定的其他权利。”“公职律师不得从事有偿法律服务，不得在律师事务所等法律服务机构兼职，不得以律师身份办理所在单位以外的诉讼或者非诉讼法律事务。”①

公职律师的身份具有双重属性。与法律顾问不同，公职律师首先是党政机关的公职人员。因此其在录用、考核、晋升和待遇方面都遵循公务员法。公职律师又属于律师队伍的一个部分，具有律师资格，区别于其他的公职人员。因此公职律师又享有律师法所规定的包括会见、阅卷、调查、取证等法律律师职业权利，同样需要遵守律师职业的相关道德。②进一步推动我国的公职律师工作，其前提是建立一支政治坚定、业务精湛、素质高超的公职律师队伍，同时还要不断完善公职律师的相关制度，加强对于公职律师履职的有效保障。公职律师可以成为领导干部这种“关键少数”依法行政的“参谋”和“助手”。③需要用制度和程序保障公职律师的依法有效履职。目前，一些省份在实践中已经出台了更为细致的实施意见，专门规定了公职律师业务的基本条件、流程、范围与监管内容。进一步推动公职律师的职业发展，使之成为推动全面依法治国和参与法治中国建设的重要参与者，并且对领导干部的履职起到更大的协助作用，这是我国全面推进依法治国过程中的重要课题。

三、完善党政部门依法决策机制

“完善党委依法决策机制”是在党的十八届四中全会通过的《全面依法治国决定》中首次提出的，这也是第一次在党的重要决议中对党委依法决策作出的明确表述。《全

① 中共中央办公厅、国务院办公厅印发《关于推行法律顾问制度和公职律师公司律师制度的意见》，载中国政府网，http://www.gov.cn/zhengce/2016-06/16/content_5082884.htm，2023年4月1日访问。

② 参见苏镜祥：《中国特色公职律师制度的法理分析》，载《兰州大学学报（社会科学版）》2018年第1期。

③ 参见李林、王宗旗：《当好依法行政的“参谋”和“助手”——公职律师怎样充分发挥应有作用》，载《人民论坛》2018年第25期。

面依法治国决定》指出：“完善党委依法决策机制，发挥政策和法律的各自优势，促进党的政策和国家法律互联互动。”这一要求实际上是要求领导干部要把尊法守法转化为思维方式和行为方式，做到依法决策，依法办事。在全面依法治国进程中，完善党政部门的依法决策机制是抓住“关键少数”的重要一环，党政部门是我国各方面、各项政策的重要制定者，也是我国执政的主体。党政部门的依法决策是我国依法治国的最重要的抓手之一。而党政部门依法决策机制是一个整体的构架，其要求是在决策主体、决策程序、决策内容、决策责任等各个方面始终贯穿法治思维、运用法治方式、符合相关法律。①

依法决策要求，“把公众参与、专家论证、风险评估、合法性审查、集体讨论决定确定为重大行政决策法定程序，确保决策制度科学、程序正当、过程公开、责任明确”。② 依法行政首先要求决策公开，也就是说党政机关的相关决策必须通过一定的程序予以公开，这种使权力过程与结果公开的制度是政治现代化的重要标志，也从根本上杜绝了权力所有者，特别是领导干部将权力私有、私用的做法。依法决策还要求决策过程的规范化，这是国家治理体系和治理能力现代化的表现之一，通过规范化的决策可以避免人为因素的干扰，进一步提高决策的科学化。此外，依法决策还包含了决策的参与化，这是决策民主化的一种表现，比如决策的听证会制度，在我国的行政法典中确立了听证制度，可以作为决策程序的有机构成部分。③

四、建立行政机关内部重大决策合法性审查机制

2008 年，在《国务院关于加强市县政府依法行政的决定》中规定“建立重大行政决策的合法性审查制度。市县政府及其部门做出重大行政决策前要交由法制机构或者组织有关专家进行合法性审查，未经合法性审查或者经审查不合法的，不得做出决策”。④ 党的十八届四中全会通过的《全面依法治国决定》中还规定，“建立行政机关内

① 参见何峻：《全面从严治党的关键：完善党委依法决策机制》，载《决策探索》2016 年第 4 期。

② 《中共中央关于全面推进依法治国若干重大问题的决定》，人民出版社 2014 年版，第 16 页。

③ 参见关保英：《论依法决策的法理》，载《江汉论坛》2016 年第 2 期。

④ 《国务院关于加强市县政府依法行政的决定》(国发〔2008〕17 号），载中国政府网，http://www.gov.cn/zwgk/2008-06/18/content_1020629.htm，2023 年 4 月 1 日访问。

部重大决策合法性审查机制，未经合法性审查或经审查不合法的，不得提交讨论”。[①] 行政决策是指对社会公共事务的决策。作出行政决策时“不仅要反映国家意志，而且要体现其自身的程序化与合法化”。同时，行政决策也是一种重要的行政行为，必须按照国家法律规定执行。行政决策中包含程序的合法性，“合理行政、程序正当、高效便民”是现代行政决策的要求。[②]

建立行政机关内部重大决策合法性审查是对政府决策的一种前置性审查，它一方面可以增加政府重大决策的合法性，另一方面可以及时遏制政府决策失误，减少由决策带来的损失。同时，这一制度还可以对权力进行遏制，防止腐败，因此这也是协助“关键少数”依法使用权力，推动依法治国的一个关键所在。[③] 对于那些决定重要、影响面广、项目资金大的行政决策，通过合法性审查机制，一方面可以使其获得法律上的合法性，另一方面也可以使决策能够体现出公共性，体现出合法性和合理性，这也是利于决策的推行的。

五、建立重大决策终身责任追究制度及责任倒查机制

“重大决策”这一概念在实践中的定义主要来自 2019 年 5 月国务院颁布的《重大行政决策程序暂行条例》，其中列举了“有关公共服务、市场监管、社会管理、环境保护等方面的重大公共政策和措施，制定经济和社会发展等方面的重要规划，制定开发、利用、保护重要自然资源和文化资源的重大公共政策和措施，决定在本行政区域实施的重大公共建设项目，决定对经济社会发展有重大影响、涉及重大公共利益或者社会公众切身利益的其他重大事项等五方面重大行政决策事项范围”。[④] 这些都是会对我国的政治、经济、社会发展产生根本性的深远影响的一些决策。党的十八届四中全会通过的《全面依法治国决定》中更为明确地提出要建立重大决策终身责任追究制度及责任倒查机制。

① 《中共中央关于全面推进依法治国若干重大问题的决定》，人民出版社 2014 年版，第 16 页。

② 宋增秀：《试论建立行政机关内部重大决策合法性审查机制》，载《法制与社会》2015 年第 31 期。

③ 参见赵龙、江惠娟：《论行政机关内部重大决策合法性审查机制的建构》，载《成都行政学院学报》2015 年第 4 期。

④ 许丽英：《重大决策终身责任追究的制度构建》，载《黑龙江省社会主义学院学报》2021 年第 2 期。

建立重大决策终身责任追究制度以及责任倒查机制是按照“谁决策，谁负责”的原则，对于重大决策失误进行的责任追究的一种制度。这种责任不因领导人的在岗、在任或离岗、调转、退休等而改变。这一制度的推行，可以对作为“关键少数”的领导干部起到督促作用，使得领导干部在作出决策时，要明确自身的责任担当，具有很强的现实针对性。重大决策往往意味着，该决策运行时间长、产生效果周期长，但领导干部往往会在一段时间内出现岗位调动或退休等状况，难以在其任期内对其所应承担的决策责任进行判定，这种隐性的矛盾会造成个别领导轻率决策、对于重大决策考虑不周详、仅关注眼前利益、用长远利益换取短期利益等现象，这些现象均会对人民群众的切身利益产生影响。[①] 因此党的十八届四中全会强调要健全依法决策机制，就提出了建立重大决策终身责任追究制度和责任倒查机制，这种终身追责可以为决策者提供一种警醒警戒作用，使其在作出决策、特别是重大决策时要更加严谨考虑，更加考虑长远利益。

六、建立领导干部干预司法活动等的责任追究制度

司法活动的独立性是保证司法活动的合法合规性的重要前提。我国宪法和相关法律规定人民检察院和人民法院有权依照法律规定独立行使检察权和审判权，“不受行政机关、社会团体和个人的非法干涉”。[②] 领导干部干预司法活动会对司法活动的进行造成严重的侵害。干预司法的活动主要包括，“干预司法活动是指非案件承办人（行政机关、法院内部的其他与案件无关的人）违反法律法规的规定……试图影响司法案件进程及案件审判结果的违法行为”。在实际政治活动中，领导干部此类不当行为主要包括通过非法或不当手段，向司法案件承办单位或者是具体承办人施压，或给予某些好处，干预他人正在办理的司法案件，影响其结果等。[③]

① 参见中共中央宣传部理论局：《法治热点面对面——理论热点面对面·2015》，人民出版社 2015 年版，第 72 页。

② 张永进、李文静：《领导干部干预司法活动记录制度的落实难题与完善思路》，载《领导科学》2016 年第 8 期。

③ 参见李月红：《领导干部干预司法活动责任追究制度设计》，载《西安石油大学学报（社会科学版）》2015 年第 6 期。

为了防止这一现象，《全面依法治国决定》中明确提出了“建立领导干部干预司法活动、插手具体案件处理的记录、通报和责任追究制度”。此外，2015 年 3 月，中共中央办公厅、国务院办公厅制定颁布了《领导干部干预司法活动、插手具体案件处理的记录、通报和责任追究规定》、中央政法委出台了《司法机关内部人员过问案件的记录和责任追究规定》；2015 年 6 月，最高人民检察院颁布《最高人民检察院关于检察机关贯彻执行〈领导干部干预司法活动、插手具体案件处理的记录、通报和责任追究规定〉和〈司法机关内部人员过问案件的记录和责任追究规定〉的实施办法（试行）》；2015 年 8 月，最高人民法院颁布《人民法院落实〈领导干部干预司法活动、插手具体案件处理的记录、通报和责任追究规定〉的实施办法》《人民法院落实〈司法机关内部人员过问案件的记录和责任追究规定〉的实施办法》。① 通过这些法律法规以及各项司法措施之间的相互配合，一方面对普通领导干部，另一方面对法院系统的组成人员包括法官、法官助理、司法辅助人员等均起到约束作用，共同推动司法的公正和社会主义法治建设。

七、建立法治建设成效考核制度

《全面依法治国决定》中指出，“把法治建设成效作为衡量各级领导班子和领导干部工作实绩的重要内容，纳入政绩考核指标体系”。2016 年 12 月，中共中央办公厅、国务院办公厅印发了《党政主要负责人履行推进法治建设第一责任人职责规定》，进一步规定了相关细则，其中第七条和第八条规定，“党政主要负责人应当将履行推进法治建设第一责任人职责情况列入年终述职内容，上级党委应当对下级党政主要负责人履行推进法治建设第一责任人职责情况开展定期检查、专项督查”。“上级党委应当将下级党政主要负责人履行推进法治建设第一责任人职责情况纳入政绩考核指标体系，作为考察使用干部、推进干部能上能下的重要依据。” ②

---

① 参见徐亚文、邵敏：《内涵、困境与构建：领导干部干预司法问题及其防控》，载《河南财经政法大学学报》2016 年第 2 期。

② 中共中央办公厅、国务院办公厅印发《党政主要负责人履行推进法治建设第一责任人职责规定》，载中国政府网，http://www.gov.cn/zhengce/2016-12/14/content_5148026.htm?gs_ws=tsina_636255126121893930，2023 年 4 月 1 日访问。

考核是一种对被考核对象在完成相关项目后的评判机制。根据依法治国原则，法治建设考核即已进入政府绩效综合考核事项。我国党政部门的考核包括对政府部门的相关考核和对公务员个人的相关考核。其中个人考核又分为对领导干部的考核和对非领导职务人员的考核，前者主要由组织部门负责，后者主要由人事部门负责。当前，对于领导干部的政绩考核已经从“依法行政”发展到“法治建设”，这对领导干部作为法治建设中“关键少数”起到了极大的督促作用。[①]一般在对领导干部的活动考核方案和细则制定时，以德、能、勤、绩、廉等为主要内容，还应有关于“法治建设”的相关指标，进一步细化和量化考核办法，建立起一套能够反映领导干部能力、体现业绩、科学公正的综合考核评价体系。各级党政部门结合本部门特点，细化考核的实施意见，制定具体细则或办法，提高分类指导的针对性和有效性。要将常规性管理的普遍性要求与特殊需要相结合，制定符合实际、务实管用的考核指标体系，提升法治建设管理考核的精细化、科学化、规范化水平。

第四节　抓住领导干部“关键少数”的实现路径

一、党领导立法、保证执法、支持司法、带头守法

《法治中国建设规划（2020—2025年）》指出，“牢牢把握党的领导是社会主义法治最根本的保证，坚持党领导立法、保证执法、支持司法、带头守法，充分发挥党总揽全局、协调各方的领导核心作用，确保法治中国建设的正确方向”。其中，对于立法工作的要求是“完善立法工作格局。加强党对立法工作的领导，完善党委领导、人大主导、政府依托、各方参与的立法工作格局。党中央领导全国立法工作、研究决定国家立法工作中的重大问题，有立法权地方的党委按照党中央大政方针领导本地区立法工作”。[②]党领导立法是把党的主张通过法定程序转变为国家意志。党的领导是我国依法治国的保障，党的领导也贯穿依法治国的全过程。党领导立法是中国特色社会主义法治关系的集中体现，推动了实现党的领导、人民当家作主、依法治国三者的有机统

① 参见杜维超：《法治建设成效纳入政绩考核的问题及建议——一个激励理论的视角》，载《内蒙古社会科学》2019年第6期。

② 中共中央印发《法治中国建设规划（2020—2025年）》，载中国政府网，http://www.gov.cn/xinwen/2021-01/10/content_5578659.htm，2023年4月1日访问。

一。党领导立法需要重点处理好党与国家立法机关、党领导立法与人大主导立法、党领导国家立法与党领导党内立规等的关系。[①]全面依法治国是一项系统工程，理顺党的领导和立法、执法、司法主体之间的关系是全面依法治国的关键。党的领导要求各级党委要在政治上保证各级人民政府依法行政，支持和推动各级政府执法，保障规范公正文明执法。执法机关要自觉接受党的领导，将党的“执法为民”的理念、方针、政策贯彻于行政执法的全过程。[②]

习近平总书记在党的二十大报告中对“坚持全面依法治国，推进法治中国建设”作出了重大部署，强调“发挥领导干部示范带头作用，努力使尊法学法守法用法在全社会蔚然成风”。

在守法方面，不仅要在全社会形成一种普遍的风气，其行使者不仅包括公民，还包括国家机关、武装力量、政党、社会团体、企事业组织等组织。[③]尊法学法守法用法需要在全社会逐渐盛行，不仅是一般的民众需要如此，作为关键少数的领导干部更应该如此。推进法治建设，党政主要负责人是第一责任人。此外，全面依法治国是一个系统工程，我国法治建设的各个方面之间是彼此关联、相互影响的。全面依法治国是一场深刻的社会变革和政治变革，因此，“必须坚持在党的领导下，从实际国情出发，遵循法治规律，发挥政治优势，创新体制机制，不断创新和深化全面依法治国实践”。[④]党需要在立法、执法、司法、守法各个方面共同推进、整体谋划，是推进全面依法治国的有效方法和科学思路。

二、领导干部是全面依法治国的组织者、推动者、实践者

推进全面依法治国的重点群体首先是党员干部群体，特别是其中的“关键少数”。因此，全面推进依法治国的完善首先需要扎实推进中国共产党自身改革，积极发挥政党在法治体系中的枢纽性作用。党除了要做到领导立法、保证执法、支持司法、带头

① 参见封丽霞：《党领导立法的逻辑与意义》，载《行政法学研究》2023 年第 3 期。
② 参见江国华：《习近平法治思想中的主体间性》，载《社会科学辑刊》2023 年第 2 期。
③ 参见王晓光：《努力使尊法学法守法用法在全社会蔚然成风》，载《红旗文稿》2023 年第 1 期。
④ 江必新、龙峰：《“依法治国、依法执政、依法行政共同推进”的目标要求与实现路径》，载《求索》2022 年第 2 期。

守法之外，还应按照国家治理现代化、民主化、科学化要求，在新形势下从严治党，继承和发扬建党、治党、管党的优良传统和作风，加强网络、信息新技术在政党治理中的应用，激发党的组织活力，严抓党风廉政建设，增强党与群众的血肉联系，增强执政党参与社会的能力，这些都是全面推进依法治国的基础所在。

党的领导干部是法治的关键力量，党政主要负责人是推进法治建设的第一责任人，是推进法治建设的“重要前提和组织保证”。党政主要负责人的法治素养和法治能力直接决定其所在的组织和职能部门的法治能力，因此，领导干部在推进法治建设上始终居于领导核心作用。我国法治能力的成熟和完善，需要党员干部不断提高治国理政思维，增强政治意识、责任意识和担当意识，要扎实做好新形势下党风廉政建设和反腐败工作，充分发挥党员干部的组织性，使党更加团结统一、坚强有力，始终成为中国特色社会主义事业的坚强领导核心。同时还需要增强忧患意识和创新意识，发挥他们的积极性和创造性，全面推进法治能力的建设。“依法治国和以德治国相结合”是全面推进依法治国必须坚持的一项基本原则。“其身正，不令而行；其身不正，虽令不从”，除了组织者外，领导干部还是全面依法治国的推动者和实践者。“关键少数”应当成为法治模范，引发社会效仿。当“服从法律已成为一种民众的习惯和全社会的信仰，人们服从法律不是被动的而是主动的”。[①] 党政主要负责人的以身作则可以对下属部门和广大群众学法用法形成一种“头雁效应”。因此，一些地区探索建立党政主要负责人带头讲法制度，要求各级党政主要负责人每年至少讲一次法治课。[②] 这些实践都是领导干部组织、推进和实践法治的重要体现。

三、领导干部应提高依法执政的能力和水平

依法执政是我国执政的重要理念，党的十六届四中全会通过了《加强和改进党的执政能力建设的决定》，将党的执政方式概括为民主执政、依法执政、科学执政的理念。依法执政理念，既是一种执政观念，更是一种执政能力和执政水平。要能提高这

① 郭忠、贺梓恒：《“关键少数”在法治建设中的重要意义探析——从中国法治道路的基本逻辑切入》，载《党政研究》2023 年第 2 期。

② 参见北京市延庆区司法局：《抓实“关键少数”学法用法的实践与思考》，载《中国司法》2022 年第 9 期。

种能力和水平，需要党的领导干部能够更加深入理解党与国家机关的关系、党与法律的关系、党与社会的关系。① 只有深入理解我国政治运行的逻辑和法治运行的逻辑，才能真正在认识上有所体会，在实践中能够落实。当前广大人民参与政治和公共生活的意愿和能力大为增强，旧的知识体系、旧的执政方式和行政方式已经难以应对当前中国转型发展中提出的治理问题，为此，全党、全国有必要再次进行重新学习，各级党员干部、各级政府必须重新学习转型时代和现代社会的治理规律，转变管控型思维，塑造治理型思维，提高领导干部依法执政的能力和水平。国家治理现代化是建设现代社会主义国家形态和政治形态的关键，但如何建设这样一个现代国家，如何治理一个现代化的社会主义国家，尚需要理论与实践的探索，这种探索在当前中国的表现形式就是国家治理现代化的理论创新和实践创新，全党、全国必须重新学习现代国家治理规律。这是依法执政的重要背景，唯有在此背景下才能理解依法执政的必要性，才能理解领导干部提高依法执政能力和水平的必要性。

要提高领导干部依法执政的能力和水平，首先需要领导干部依法办事，遵守法律，牢固树立“法律红线不能触碰、法律底线不能逾越”的观念。领导干部需要增强法治意识、提高法治素养、培养法治习惯，又要加强管理，强化监督，摒弃人治思想和长官意识，和坚决破坏法治的行为作斗争。其次，领导干部要在执政中，“以严守规则为基本要求，强调将事情放入既定的程序及法定权限内运行”。领导干部依法执政的能力和水平的提高可以进一步促进社会的稳定，促进执政中矛盾的化解。领导干部在办事和解决问题的时候，要有“依法、靠法、找法和用法”的思维，在执政中积极与各方达成法治共识、增强全社会的法治思维，营造良好的法治环境，增强法治定力，把握法治规则。② 最后，依法执政中最关键的、与人民群众切身利益直接相关的是政府的依法执政—依法行政。“依法行政就是用法律规范调整国家与社会、政府与公民、组织之间等各种社会关系。”③ 行政机关负责具体执行和落实国家的大政方针，政府的行政权

① 参见曹义孙、梁文永：《加强依法执政的对策研究提高党的执政能力》，载《中国特色社会主义研究》2009 年第 6 期。

② 参见刘旺洪：《依法执政的概念内涵、重大意义和基本要求》，载《审计与经济研究》2021 年第 5 期。

③ 杨辉、梁胜文：《社会管理视阈下提高党的依法执政能力的实现路径》，载《学术论坛》2011 年第 12 期。

力涉及社会生活的方方面面，包括经济、政治、文化、科技、教育等各个领域，这些领域和群众的联系最为密切，在这些领域中的执政行为是不是遵守法律是广大人民群众最为关心的。因此，更有必要突出政府官员的依法执政的水平，把解决群众最关心、最直接、最现实利益问题的行为纳入法制轨道。

四、领导干部应推进各项治国理政活动的制度化与法律化

国家治理体系与治理能力建成的重要标志是形成稳定发展的政治秩序。这种政治秩序是一种以最大多数人的利益为主要目标、以最大程度的稳定和最顺应时代发展为主要特征的现代政治秩序。同时，这种政治秩序应当具有足够的弹性，能够适应人民政治权利意识的不断成长，满足人民不断增长的政治参与诉求。相应地，要培养全国人民良好的政治意识、法治意识，建立良好的民主表达机制、参与机制、监督机制，最大限度地保证和满足人民参与管理国家和社会事务的权利。在我国治国理政各项制度的实践中，目前在制度化和法律化方面仍有改进的空间。当下我国的法治建设仍存在着一些问题，突出表现在立法工作中仍然存在一定程度的“部门化倾向”，有法不依、执法不严、违法不究现象仍未杜绝，特别是“一些国家工作人员特别是领导干部依法办事观念不强、能力不足，知法犯法、以言代法、以权压法、徇私枉法现象依然存在”。[①] 推进和完善国家治理能力的现代化需要建立以法制化和法律化为代表的约束机制。约束机制则是指为规范组织成员行为，便于组织有序运转，充分发挥其作用而经法定程序制定和颁布执行的具有规范性要求、标准的规章制度和手段。在目前的治国理政的措施中，更多的是强调约束机制，通过一系列法律法规的出台，规范治国理政各方面各类主体的行为。完善的国家治理体系与治理能力现代化将打造与全球化、市场化、信息化相适应的服务政府、法治政府、责任政府、透明政府、廉洁政府、效能政府，提高政府治理能力和公共服务水平，促进经济、社会转型发展。因此，更需要领导干部推进各项治国理政活动的制度化与法律化。

① 桑玉成：《关于发展全过程人民民主的十点主张》，载《湖北社会科学》2023年第1期。

后　记

为贯彻落实习近平总书记关于加快构建中国特色哲学社会科学重要讲话精神和上海市委关于推动上海哲学社会科学大发展大繁荣的战略部署，我院党委提出以学科体系建设为抓手，发挥高端智库优势，加快推进中国特色哲学社会科学“三大体系”建设。

我们的基本设想是，坚持以习近平新时代中国特色社会主义思想为指导，按照习近平总书记在哲学社会科学工作座谈会上的讲话精神和上海市“推动上海哲学社会科学大发展大繁荣”建设目标要求，以我国经济与社会发展的实践经验和现实需求为起点，结合上海社会科学院各研究所专业学科特色和重点研究方向，组织开展学科体系建设，注重从我国改革发展的实践工作中挖掘新材料、发现新问题、提出新观点、构建新理论，注重深化对党的创新理论研究阐释，注重总结实践中的新规律，提炼新理论，提出具有主体性、原创性的新观点，彰显我国哲学社会科学的特色和优势，为构建中国特色哲学社会科学学科体系、学术体系、话语体系作出上海社会科学院的贡献。

2023 年，上海社会科学院结合主题教育，围绕科研工作、人才队伍建设、智库建设等开展大调研活动，在我院建院 65 周年院庆之际，组织全院 17 个研究所，开展集体研究和联合攻关，推出我院“中国特色哲学社会科学‘三大体系’研究丛书”学术成果，本书为丛书系列成果之一。

本书是法学研究所集体科研成果，在两年多时间的多次研讨、写作、论证及修改过程中，大家付出心血和艰辛工作，最终形成本书。本书具体分工如下：第一章由姚建龙研究员负责，第二章由段占朝助理研究员负责，第三章由彭辉研究员负责，第四章由邓少岭副研究员负责，第五章由肖军副研究员负责，第六章由李建伟研究员负责，第七章由马斌博士负责，第八章由彭峰研究员、何卫东副研究员负责，第九章由孟祥沛研究员负责，第十章由王海峰研究员负责，第十一章由涂龙科研究员负责，第十二章由陈庆安研究员负责。姚建龙研究员统筹负责本书的研究主题、研究框架、研究结构、统稿修订等总体工作，李建伟研究员协助进行了统稿工作。

在本书研究和写作过程中，院主要领导全程予以关心和指导，先后组织了多轮专题会和座谈会，听取法学研究所汇报并提出宝贵建议，在此谨表敬意和感谢！

最后，对上海人民出版社高效细致的出版工作一并致以谢意！

上海社会科学院法学研究所

2023 年 8 月

图书在版编目(CIP)数据

新时代中国特色社会主义法治基本问题研究/姚建龙等著.—上海:上海人民出版社,2023
(中国特色哲学社会科学"三大体系"研究丛书)
ISBN 978-7-208-18491-6

Ⅰ.①新… Ⅱ.①姚… Ⅲ.①社会主义法治-研究-中国 Ⅳ.①D920.0

中国国家版本馆 CIP 数据核字(2023)第 154724 号

责任编辑 夏红梅
封面设计 零创意文化

中国特色哲学社会科学"三大体系"研究丛书
新时代中国特色社会主义法治基本问题研究
姚建龙 李建伟 等著

出 版 上海人民出版社
(201101 上海市闵行区号景路 159 弄 C 座)
发 行 上海人民出版社发行中心
印 刷 上海新华印刷有限公司
开 本 787×1092 1/16
印 张 19.5
插 页 2
字 数 302,000
版 次 2023 年 9 月第 1 版
印 次 2023 年 9 月第 1 次印刷
ISBN 978-7-208-18491-6/D·4184
定 价 85.00 元